영어독립 VOCA 3000 ❹

영어독립 VOCA 3000 ④

초판 1쇄 인쇄 2024년 06월 12일
초판 1쇄 발행 2024년 06월 19일

지은이 상상스퀘어 영어독립콘텐츠팀
펴낸이 고영성

기획 김주현 **편집** 김채원, 박희라 **디자인** 강지은
영문 감수 Chadwick Mary Katherine

펴낸곳 주식회사 상상스퀘어
출판등록 2021년 4월 29일 제2021-000079호
주소 경기도 성남시 분당구 성남대로 52, 그랜드프라자 604호
팩스 02-6499-3031
이메일 publication@sangsangsquare.com
홈페이지 www.sangsangsquare.com

ISBN 979-11-92389-67-7 (14740)
     979-11-92389-63-9 (세트)

영어독립
VOCA 3000

4

상상스퀘어 영어독립콘텐츠팀 지음

상상스퀘어

머리말

여러분은 양질의 정보를 얻고 계십니까?

오늘날 정보 접근성이 과거에 비해 나아진 것은 사실입니다. 하지만 여러분은 정말로 양질의 정보를 얻고 계시나요? 양질의 정보는 어디서 어떻게 얻을 수 있을까요? 양질의 정보를 얻기 위해서 우리가 해야 할 가장 중요한 한 가지가 있습니다. 바로 '영어 읽기'입니다. 영어로 된 정보에 접근하느냐 못하느냐는 전쟁에서 칼로 싸울지 총으로 싸울지에 관한 문제와 같습니다. 영어 읽기가 어려우면 접근할 수 있는 정보가 한국어로 제한됩니다. 게다가 누군가가 번역한 후의 정보를 접한다는 것은 이미 속도에서 뒤처졌다는 의미이기도 합니다. 그래서 영어를 알면 정보 습득의 범위와 속도가 향상되고, 당연히 경쟁에서 유리한 고지를 차지할 수 있습니다.

영어 공부에는 여러 방법이 있지만, 영어 읽기만 놓고 본다면 가장 효과적인 방법은 꽤 명확합니다. 바로 배경지식과 단어를 공부하는 것입니다. 이것만으로도 어느 정도의 독해는 무리 없이 할 수 있습니다. 특히 단어를 공부하는 것이 빠르고 효과적입니다. 그럼 영어 단어를 어떻게 효율적으로 똑똑하게 공부할 수 있을까요? 바로 우선순위가 높은 단어들을 먼저 공략하여 완전히 내 것으로 만드는 것입니다.

〈영어독립〉은 영어 공부를 효율적이고 똑똑하게 할 수 있도록 도와주는 '영어 단어 학습 서비스'입니다. 〈영어독립〉은 최근 20년간 National Public Radio(미국 공영 라디오)

기사에서 사용된 영단어들을 표제어 추출(Lemmatization)을 통해 우선순위를 완벽하게 분석했습니다. 또한 단순히 우선순위가 높은 단어를 제공하는 것을 넘어, 여러분이 암기한 단어가 장기 기억으로 이어질 수 있도록 돕는 '인공지능 퀴즈'를 제공합니다. 이 인공지능 알고리즘은 데이터를 바탕으로 여러분께 틀리기 쉬운 단어를 반복적으로 노출함으로써, 모르는 단어를 확실히 짚고 넘어갈 수 있게 도와줍니다.

《영어독립 VOCA 3000》은 〈영어독립〉에서 가장 핵심적이고 기본이 되는 영어 단어를 책으로 제공하고자 제작되었습니다. 특히 여러 카테고리 중에서도 가장 권위 있는 아동문학상인 뉴베리상과 카네기상을 받은 동화들에서 추출한 3,000개의 단어를 선별하여 총 5권으로 구성하였습니다. p.8에 있는 그래프는 《영어독립 VOCA 3000》의 3,000개 단어 순서와 빈도수를 나타낸 것입니다.

여기서 꼭 기억하셔야 할 부분은 빈도에 따라 분류하였기 때문에 모든 단어가 똑같이 중요한 것이 아니라 빈도가 높은 앞쪽의 단어들을 꼼꼼하게 외우는 것이 중요하다는 점입니다. 처음 학습하실 때는 얼른 레벨이 높은 단어를 학습하고 싶은 마음에 비교적 쉬운 앞 단어는 대충 넘어가기 쉬운데, 하나하나 빠짐없이 외워 모르는 것이 없도록 하는 과정이 매우 중요합니다.

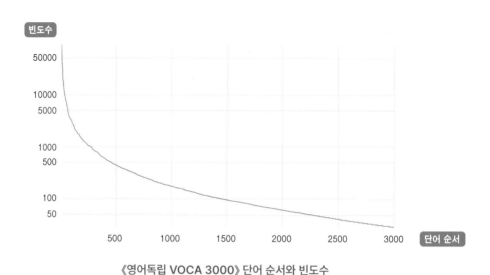

《영어독립 VOCA 3000》 단어 순서와 빈도수

무조건 단시간에 많은 단어를 학습하는 것이 좋은 결과로 이어지지는 않습니다. 똑같이 영어 단어 3,000개를 외우더라도 자주 쓰는 단어인지 아닌지에 따라 결과는 완전히 달라집니다. 따라서 우리는 똑똑하게 노력해야 합니다. 우선순위가 높은 3,000개의 단어를 완전히 내 것으로 만들어 보세요. 이 임계점을 확실히 넘고 나면, 이후에는 같은 노력을 다시 할 필요가 없습니다. 어떤 운동을 하더라도 좋은 결과를 내려면 충분한 힘을 내기 위한 근력 운동이 필수입니다. 《영어독립 VOCA 3000》은 여러분의 영어 실력 향상을 위한 기초 근육을 만들어 줄 것입니다.

《영어독립 VOCA 3000》과 함께 한다면 시간 대비 가장 효과적으로 영어 읽기 실력을 키울 수 있다고 확신합니다. 이 책을 통해 단어 3,000개를 외우는 임계점을 꼭 통과해 보시길 바랍니다. 그 경험이 여러분의 영어 실력과 경쟁력에 날개를 달아 줄 것입니다. 이를 통해 여러분이 원하는 목표를 이룰 수 있기를 진심으로 응원하겠습니다.

상상스퀘어 영어독립콘텐츠팀

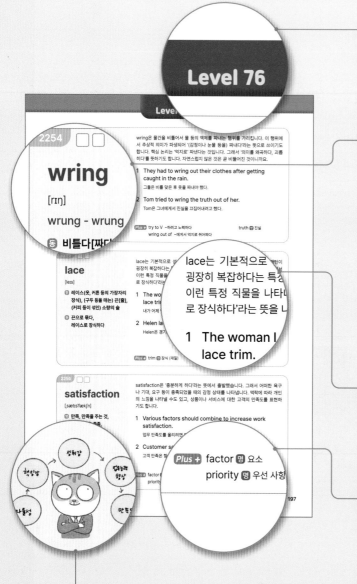

Level 76

Level별 구성

전체 Level 1에서 Level 100까지 Level 별로 구성되었으며 각 권별 20개의 Level 을 학습할 수 있습니다.

빈도에 따른 우선순위 학습

- 표제어를 0001부터 3000까지 빈도에 따른 우선순위로 학습할 수 있습니다.
- 학습 후 체크 박스에 표시하며 반복 학습 할 수 있습니다.
- 표제어의 발음 기호를 확인할 수 있습니다.
- 불규칙 변화 동사의 과거형과 과거분사 형을 학습할 수 있습니다.
- 표제어의 품사와 의미를 학습할 수 있습니다.

표제어에 대한 상세한 설명과 예문

표제어의 어원, 배경, 활용 등 상세한 설명 과 예문을 통해 의미를 확실하게 이해할 수 있습니다.

추가 단어 학습

표제어와 더불어 예문에 나온 단어와 구문 을 추가로 학습할 수 있습니다.

학습 효과를 돕는 일러스트

재미있는 일러스트를 통해 표제어의 이해 도를 높일 수 있습니다.

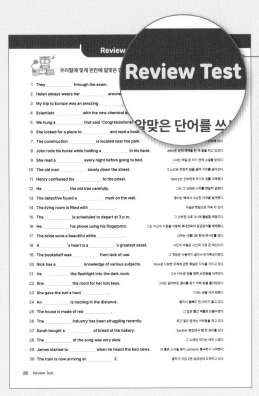

Review Test

알맞은 단어를 쓰

복습하기

예문을 통해 학습한 어휘를 다시 한번 점검할 수 있습니다.

본문 속 품사 및 기호

동 동사	명 명사	형 형용사
부 부사	대 대명사	조 조동사
전 전치사	접 접속사	
V 동사 원형	*pl.* 복수형의 의미	
[ ] 바꾸어 쓸 수 있는 표현		

음원 제공

원어민과 한국인 전문 성우의 목소리로 제작된 음원을 제공합니다.

① 영어 표제어, 한글 뜻, 예문 듣기
② 영어 표제어 먼저 듣고 한글 뜻 듣기
③ 한글 뜻 먼저 듣고 영어 표제어 듣기

유튜브
〈영어독립〉채널에서 들으실 수 있습니다.

MP3 파일
QR코드 혹은 상상스퀘어 출판사 홈페이지에서 다운받으실 수 있습니다.
(www.sangsangsquare-books.com)

영어독립

〈영어독립〉은 빅데이터-AI 기반으로 영어 단어를 효과적으로 학습하도록 도와줍니다. 퀴즈를 풀면서 모르는 단어를 찾아 학습하고, 학습한 단어를 다시 퀴즈 형식으로 복습하는 방식으로 이루어져 있습니다.

목차

영어독립 VOCA 3000 ④ 학습 플래너

Level 61	Level 62	Level 63	Level 64	Level 65
☐ 단어 30개 (1801 ~ 1830)	☐ 단어 30개 (1831 ~ 1860)	☐ 단어 30개 (1861 ~ 1890)	☐ 단어 30개 (1891 ~ 1920)	☐ 단어 30개 (1921 ~ 1950)
☐ Review Test	☐ Review Test	☐ Review Test	☐ Review Test	☐ Review Test
월 일	월 일	월 일	월 일	월 일

Level 66	Level 67	Level 68	Level 69	Level 70
☐ 단어 30개 (1951 ~ 1980)	☐ 단어 30개 (1981 ~ 2010)	☐ 단어 30개 (2011 ~ 2040)	☐ 단어 30개 (2041 ~ 2070)	☐ 단어 30개 (2071 ~ 2100)
☐ Review Test	☐ Review Test	☐ Review Test	☐ Review Test	☐ Review Test
월 일	월 일	월 일	월 일	월 일

Level 71	Level 72	Level 73	Level 74	Level 75
☐ 단어 30개 (2101 ~ 2130)	☐ 단어 30개 (2131 ~ 2160)	☐ 단어 30개 (2161 ~ 2190)	☐ 단어 30개 (2191 ~ 2220)	☐ 단어 30개 (2221 ~ 2250)
☐ Review Test	☐ Review Test	☐ Review Test	☐ Review Test	☐ Review Test
월 일	월 일	월 일	월 일	월 일

Level 76	Level 77	Level 78	Level 79	Level 80
☐ 단어 30개 (2251 ~ 2280)	☐ 단어 30개 (2281 ~ 2310)	☐ 단어 30개 (2311 ~ 2340)	☐ 단어 30개 (2341 ~ 2370)	☐ 단어 30개 (2371 ~ 2400)
☐ Review Test	☐ Review Test	☐ Review Test	☐ Review Test	☐ Review Test
월 일	월 일	월 일	월 일	월 일

Level
61

레벨별 단어 사용 빈도

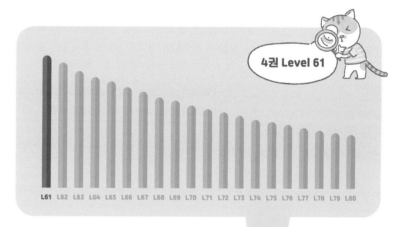

4권 Level 61

L61 L62 L63 L64 L65 L66 L67 L68 L69 L70 L71 L72 L73 L74 L75 L76 L77 L78 L79 L80

LEVEL 1~20 LEVEL 21~40 LEVEL 41~60 **LEVEL 61~80** LEVEL 81~100

1801

squeak

[skwiːk]

- 통 (동물, 아이, 물건 등이) 찍찍[삐걱, 끼끽, 삑삑] 우는 소리를 내다, (간신히) 성공하다, (가까스로) 위기를 벗어나다
- 명 (동물, 아이, 물건 등이) 찍찍[삐걱, 끼끽, 삑삑] 우는 소리

squeak은 '찍찍'거리는 소리를 본떠 만들어진 단어입니다. 그래서 기본적으로 동물이나 아이, 어떤 물건 등이 '찍찍 소리를 내는' 것을 의미합니다. 맥락에 따라 '간신히 성공하다'를 뜻하기도 하는데, 이는 아주 힘겹게 목표를 향해 정진할 때 겪게 되는 각종 잡음을 떠올리시면 쉽게 이해가 가실 겁니다.

1 When Peter opened the door, there was a squeak.
   Peter가 문을 열었을 때 삐걱거리는 소리가 났다.

2 They squeaked through the exam.
   그들은 시험을 간신히 통과했다.

Plus + squeak through[by] 간신히 성공하다

1802

slipper

['slɪpə(r)]

- 명 (실내용의 가벼운) 슬리퍼, 실내화
- 통 슬리퍼를 신다, 슬리퍼로 때려서 혼내다

우리가 신는 슬리퍼는 '미끄러지다'라는 뜻의 동사 slip에서 유래한 단어입니다. '미끄러지다'라는 말이 슬리퍼와 무슨 연관이 있는지 궁금하시죠? 사실 슬리퍼, 즉 '실내화'의 목적은 발이 미끄러지지 않도록 하는 것입니다. 이러한 맥락에서 의미가 확장되어 '실내화' 외에도 동사로는 '슬리퍼를 신다, 슬리퍼로 때려서 혼내다' 등의 뜻을 나타내게 된 것으로 보입니다.

1 Helen always wears her slippers around the house.
   Helen은 항상 실내화를 신고 집 안을 돌아다닌다.

2 The dog ran off with my slippers in his mouth.
   개가 내 슬리퍼를 입에 물고 도망쳤다.

Plus + run off 도망가다, 줄행랑치다

1803

experience

[ɪk'spɪriəns]

- 명 경험, 체험, 경력
- 통 경험하다

experience는 자세히 보면 ex(~에서 나온)와 per(~을 통해, 철저히)가 합쳐져 있는데 이는 through trials(시련과 역경을 거쳐) 등의 뜻으로 풀어 볼 수 있습니다. 아마 시련과 역경을 거쳐 얻게 되는 것이 '경험'이라 생각하여 지금의 뜻이 된 것으로 보이네요.

1 My trip to Europe was an amazing experience.
   나의 유럽 여행은 놀라운 경험이었다.

2 I experienced a lot of culture shock when I first moved to the new country.
   나는 새로운 나라로 처음 이사 갔을 때 다양한 문화 충격을 경험했다.

Plus + shock 명 (심리적) 충격   move 통 이사하다

1804

experiment

[ɪkˈsperɪmənt]

명 실험[시험]

동 실험[시험]하다

experiment는 '시험, 시도'를 뜻하는 라틴어 *experimentum*에서 유래했습니다. 생각해 보면 결국 '실험'이라는 것도 무언가 새로운 것을 '시도'하는 것이죠? 그래서 오늘날 experiment는 과학, 의학, 기술 등의 분야에서 새로운 것을 시도하거나, 어떤 가설을 검증하기 위해 하는 시도나 실험을 모두 의미합니다.

1 The experiment showed that plants grow faster in sunlight.

그 실험은 식물이 햇빛 아래에서 더 빨리 자란다는 것을 보여 주었다.

2 Scientists experimented with the new chemical substance.

과학자들은 새로운 화학 물질로 실험을 했다.

Plus + chemical 형 화학의　　　　　substance 명 물질

1805

banner

[ˈbænə(r)]

명 플래카드, 현수막, (국가나 단체 등의) 기(旗)

banner는 원래 '바람에 흔들리는 표식'이나 '나라를 대표하는 표식'을 의미하는 프랑스어에서 유래했는데 오늘날은 주로 광고나 이벤트 목적의 표지판이나 로고를 가리킵니다. '바람에 흔들리는' 대신 인터넷 웹사이트 상단에 떠다니고, '나라를 대표하는' 대신 기업이나 이벤트를 대표할 뿐 그 역할은 전혀 변하지 않았다고 볼 수 있습니다.

1 We hung a banner that said 'Congratulations!'

우리는 '축하합니다!'라는 문구가 적힌 배너를 걸어 두었다.

2 The banner at the top of the webpage advertised a sale.

웹페이지 상단에 있는 배너가 할인 판매를 광고하고 있었다.

Plus + hang 동 걸다, 매달다　　　　　congratulation 명 축하 (인사)
advertise 동 광고하다

1806

perch

[pɜːrtʃ]

동 앉다, 자리 잡다

명 높고 구경할 수 있는 자리

perch의 원래 의미는 '기둥'이나 '측량용 막대'였습니다. '기둥'이나 '측량용 막대'는 정확한 측정을 위해 일정한 높이에 위치해야 하는데 여기서 높고 구경할 수 있는 자리 등의 의미가 나왔습니다. 또한 perch는 새들이 앉아 쉬는 나뭇가지 등을 뜻하기도 하는데, 여기서 '앉다', '자리 잡다'와 같은 의미가 파생되었습니다.

1 The little bird perched on the branch.

작은 새가 나뭇가지에 앉아 있었다.

2 She looked for a place to perch and read a book.

그녀는 앉아서 책을 읽을 장소를 찾았다.

Plus + branch 명 나뭇가지　　　　　place 명 장소, 곳

site

[saɪt]

명 현장, 장소, 부지

site는 '위치'나 '배치'를 의미하는 라틴어 *situs*에서 유래했습니다. 그래서 오늘날 site는 주로 건축물이나 공사 현장 등에서 특정한 지역이나 위치를 나타냅니다. 우리가 인터넷을 할 때 흔히 쓰는 website라는 말도 특정 콘텐츠가 '위치한 장소'라고 생각하면 이해하기 쉬울 것 같습니다.

1 The construction site is located near the park.
공사 현장은 공원 근처에 위치해 있다.

2 I found a great site for buying cheap books online.
나는 온라인에서 저렴한 책을 구매하기 좋은 사이트를 찾았다.

 construction 명 공사   locate 동 (특정한 위치에) 두다
site 명 (인터넷) 사이트

whip

[wɪp]

명 채찍(질), (정당의) 원내 총무

동 채찍질하다

whip의 어원은 동사 wippen인데 이는 중세 영어에서 '치다'나 '휘두르다'를 의미했습니다. 그래서 오늘날은 다양한 것을 '치는' 것을 표현합니다. 예를 들면 크림을 계속 쳐서 거품 덩어리처럼 만든 whipped cream 등이 있지요. 그리고 독특하게도 '(정당의) 원내 총무'를 뜻하기도 하는데, 이는 채찍질하듯 앞장서 사람들을 이끄는 맥락에서 파생된 뜻으로 보입니다.

1 John rode his horse while holding a whip in his hand.
John은 손에 채찍을 든 채 말을 타고 있었다.

2 He was elected as the party whip last year.
그는 지난해에 (정당의) 원내 총무로 선출되었다.

 hold 동 (손에) 쥐다, 잡다   elect 동 (선거로) 선출하다

novel

['nɑːvl]

명 소설

형 새로운, 기발한[참신한]

novel은 '새로운'이나 '낯선'을 의미하는 라틴어 *novellus*에서 유래했습니다. 현대 영어에서도 novel은 '이전에 없던, 새로운'이라는 의미로 쓰이고 있죠. 예를 들어, a novel idea는 '새로운 아이디어'를 의미합니다. 그런데 *novellus*가 영어에 들어오던 시기에는 '소설'을 새로운 형태의 글쓰기로 여겼나 봅니다. 그래서 이때부터 '소설'을 novel이라 부르게 되었다는 설이 있습니다.

1 She read a novel every night before going to bed.
그녀는 매일 밤 자기 전에 소설을 읽었다.

2 They discovered a novel way to produce clean energy.
그들은 깨끗한 에너지를 생산하는 새로운 방법을 발견했다.

Plus + discover 동 발견하다   produce 동 생산하다

1810

shuffle

[ˈʃʌfl]

- 동 교체[개편]하다,
  발을 (질질) 끌며 걷다,
  이리저리 피하다,
  교활하게 떠맡기다,
  (카드 등을) 뒤섞다

- 명 발을 질질 끄는 걸음,
  발을 끄는듯한 춤

shuffle은 기본적으로 '교체[개편]하다' 또는 '발을 (질질) 끌며 걷다'를 뜻합니다. 그리고 shuffle은 카드를 섞거나 음악을 재생할 때 플레이어에서 노래를 '임의로 섞는' 것을 나타내기도 하는데, 이렇게 '무작위로 섞는' 모습에서 '이리저리 피하다'라는 뜻이 파생되기도 하였습니다.

1 The old man shuffled slowly down the street.
그 노인은 천천히 발을 끌며 거리를 걸어갔다.

2 The DJ shuffled through his playlist to find the perfect song.
DJ는 딱 맞는 노래를 찾기 위해 재생 목록을 섞었다.

Plus+ playlist 명 재생 목록

1811

sin

[sɪn]

- 명 죄악, 과실[위반], 어리석은 일

- 동 죄를 범하다[짓다]

sin은 '나쁜 행동'이나 '죄'를 의미하는 고대 영어 *synn*에서 유래했습니다. 현재의 sin은 '윤리적으로 잘못된 일'을 의미합니다. 예를 들어, commit a sin은 '죄를 짓다', a life of sin은 '죄악의 삶'을 뜻하지요. 우리가 '범죄'라는 뜻으로 알고 있는 crime은 대개 법적으로 처벌되는 범죄 행위를 의미하는 반면 sin은 주로 종교적이거나 도덕적인 관점에서 범하는 잘못된 행위를 의미합니다.

1 It is a sin to lie.
거짓말을 하는 것은 죄악이다.

2 Henry confessed his sins to the priest.
Henry는 신부에게 자기의 죄를 고해했다.

Plus+ confess 동 고백하다   priest 명 사제, 성직자

1812

inspect

[ɪnˈspekt]

- 동 점검[검사]하다,
  면밀하게 살피다,
  시찰[검열]하다

inspect는 주로 '점검하다', '검사하다'라는 뜻의 동사로 쓰입니다. 이 단어는 in과 spec이 결합한 것으로, in은 '~ 안'을 뜻하고 spec은 '보다'를 뜻합니다. 즉, '들여다보다'라는 뜻이 되지요. 기계 따위가 이상하거나 고장 났을 때 뚜껑을 열고 안을 살펴보는 장면을 떠올려 보세요.

1 The health department is expected to inspect the restaurant tomorrow.
보건부는 내일 그 식당을 점검할 예정이다.

2 He inspected the old tree carefully.
그는 그 오래된 나무를 면밀히 살폈다.

Plus+ department 명 부처, 부서   be expected to V ~할 예정이다

1813
suspicious
[sə'spɪʃəs]

형 의심스러운, 수상쩍은,
의심하는 듯한, 신용하지 않은

혹시 〈유주얼 서스펙트The Usual Suspects〉라는 영화를 보신 적 있나요? 여기서 suspect는 '용의자'를 뜻합니다. 바로 이 단어의 형용사형이 suspicious이죠. 이렇게 보니 '의심스러운, 수상쩍은'이라는 뜻이 한 번에 이해되지 않나요?

1 She gave a suspicious answer to the police officer's question.
그녀는 경찰의 질문에 의심스러운 대답을 했다.

2 The detective found a suspicious mark on the wall.
형사는 벽에서 수상한 자국을 발견했다.

Plus + detective 명 형사   mark 명 자국, 흔적

1814
sunshine
['sʌnʃaɪn]

명 햇빛,
행복의 근원[빛남, 즐거움]

sunshine은 아마 많은 분들이 아시는 단어일 겁니다. 직역하면 '태양의 빛'이라는 뜻이죠. 그러나 이 단어는 단순히 날씨나 자연환경에 대한 묘사를 넘어서 은유적으로 쓰이기도 합니다. 예를 들어, You are my sunshine.이라고 하면 사랑하는 사람을 향한 표현이 되기도 하지요.

1 The living room is filled with sunshine.
거실은 햇빛으로 가득 차 있다.

2 Alex comforted Jim that there would be sunshine tomorrow.
Alex가 내일은 햇빛이 쨍쨍할 것이라고 Jim을 위로했다.

Plus + be filled with ~로 가득 차다   comfort 동 위로하다

1815
vessel
['vesl]

명 (대형) 선박,
그릇[용기(容器)], 관(管),
(동물의) 혈관

vessel은 보통 '선박'이나 '그릇'을 뜻하는 명사입니다. 그런데 '선박'과 '그릇'이 무슨 관련이 있을까요? 사실 이 둘은 생김새가 닮았습니다. 그릇이 물 위에 둥둥 떠 있는 모습을 상상해 보세요. 마치 배가 떠 있는 모습을 닮지 않았나요? 그리고 무언가를 '담아서 운반하는' 역할을 한다는 점에서 용도 또한 비슷하지요. 그 밖에도 맥락에 따라 vessel은 '관', '(동물의) 혈관'을 뜻하기도 합니다.

1 The vessel is scheduled to depart at 3 p.m.
그 선박은 오후 3시에 출발할 예정이다.

2 The ceramic vessel was full of olive oil.
그 도자기 그릇은 올리브 오일로 가득 찼다.

Plus + be scheduled to V ~할 예정이다   depart 동 출발하다
ceramic 명 도자기

1816

unlock

[ʌnˈlɑːk]

동 열다[드러내다]

unlock은 un-과 lock이 결합된 것입니다. lock은 '잠그다'라는 뜻이죠. 대부분의 영어 단어는 앞에 un-을 붙이면 반대의 의미가 됩니다. 따라서 unlock은 '잠그다'의 반대인 '열다'를 뜻합니다. 그밖에 비유적으로 어떤 것을 '해제하거나 드러내는' 것을 의미하기도 하지요.

1 Julie unlocked the door and entered the room.

Julie는 문을 열고 방에 들어갔다.

2 He unlocked his phone using his fingerprint.

그는 자신의 지문을 이용해 휴대전화의 잠금장치를 해제했다.

Plus + enter 동 들어가다[오다]　　　fingerprint 명 지문

1817

veil

[veɪl]

명 베일[면사포], 장막, (생물 등의) 막

동 베일로 가리다, 숨기다

veil은 우리말에 외래어로 자리 잡았을 정도로 일상적으로 흔히 쓰는 단어입니다. '베일을 벗다'라는 표현 아시죠? 여기서 '베일'이 바로 이 veil을 뜻합니다. veil은 '면사포, 장막' 등을 가리키는 명사로 쓰이거나 '베일로 가리다'라는 의미의 동사로 쓰입니다.

1 The bride wore a beautiful white veil.

신부는 아름다운 흰색 면사포를 썼다.

2 The mountainside was veiled in a dusting of snow.

산허리는 얇게 쌓인 눈으로 가려져 있었다.

Plus + bride 명 신부　　　mountainside 명 산허리
a dusting of snow 얇게 쌓인 눈

1818

poet

[ˈpoʊət]

명 시인, 시인 같은 사람

poet은 시를 쓰는 사람, 즉 '시인'이죠. 그러나 poet은 시인뿐 아니라 시인과 관련된 특성이나 풍부한 상상력과 감성을 가진 사람을 지칭하기도 합니다. 예를 들어, 매우 감성 있는 글을 잘 쓰는 사람도 poet이라고 부를 수 있어요.

1 A poet's heart is a poet's greatest asset.

시인의 마음은 시인의 가장 큰 재산이다.

2 The way Sue describes the beauty of nature shows her poet soul.

Sue가 자연의 아름다움을 묘사하는 방식은 그녀의 시인 같은 면모를 보여 준다.

Plus + asset 명 재산, 자산　　　describe 동 묘사하다

1819

dusty

[ˈdʌsti]

🔲 먼지투성이의

dusty는 '먼지'를 뜻하는 명사 dust의 형용사형입니다. 즉, 먼지투성이인 상태를 나타내죠. 또한 '무미건조한', '바람이 심한', '칙칙한' 등의 무언가 뿌연 느낌 자체를 나타내기도 합니다. 영어에서는 이처럼 구체적인 의미에서 추상적인 의미로 그 뜻이 확장되어 형성된 단어들을 많이 볼 수 있습니다.

1 The bookshelf was dusty from lack of use.

그 책장은 사용하지 않아서 먼지투성이였다.

2 The two men drove down the long dusty road.

두 남자는 먼지투성이의 긴 도로를 따라 차를 몰았다.

Plus + bookshelf 🔲 책장　　　　　　　　　lack 🔲 부족

drive down 차로 지나가다

1820

broad

[brɔːd]

🔲 (폭이) 넓은, 일반[개괄]적인, 광대한

🔲 충분히[완전히]

broad는 물리적으로 '폭이 넓은'을 뜻하기도 하고, 추상적으로는 '일반적인, 광대한'을 뜻합니다. 생각해 보면 '일반적인, 광대한'이라는 추상적 개념은 무언가의 범위나 영향력이 넓다는 것을 나타내기도 하지요. broad는 또한 부사로 '충분히'를 뜻하기도 합니다.

1 There is a broad river near our house.

우리 집 근처에는 넓은 강이 있다.

2 Nick has a broad knowledge of various subjects.

Nick은 다양한 주제에 관한 폭넓은 지식을 가지고 있다.

Plus + knowledge 🔲 지식　　　　　　　　various 🔲 다양한

subject 🔲 주제

1821

shine

[ʃaɪn]

shone/shined - shone/shined

🔲 빛나다, 비추다, 두드러지다

shine에는 다양한 뜻이 있습니다. 첫 번째로 빛 따위가 '빛나다'를 뜻합니다. 그런데 빛을 특정한 방향으로 조준하면 물체를 비출 수 있지요? 그래서 '비추다'라는 뜻이 되기도 합니다. 마지막으로 무언가를 비추어서 주변을 밝게 만들면 그것이 잘 보이게 되겠죠? 그래서 shine은 '두드러지다'라는 뜻으로 쓰이기도 합니다.

1 The sun shines brightly in the sky.

해가 하늘에서 밝게 빛난다.

2 He shined the flashlight into the dark room.

그는 어두운 방을 향해 손전등을 비추었다.

Plus + brightly 🔲 밝게　　　　　　　　flashlight 🔲 손전등

1822

scan

[skæn]

통 자세히[꼼꼼하게] 조사하다,
(체내 등을) 정밀 촬영[검사]
하다, (스캐너로) 스캔하다

scan의 원래 의미는 '시를 읽다'였습니다. 특이하죠? 그런데 시를 읽으려면 각 단어와 문장을 자세히 보아야 하지요. 여기서 '자세히 조사하다'라는 뜻이 파생되었습니다. 20세기에 들어서 과학 기술의 발전과 함께 '(체내 등을) 정밀 촬영하다', '스캐너로 스캔하다' 등의 뜻이 생겨났습니다.

1 She scanned the room for her lost keys.

그녀는 잃어버린 열쇠를 찾기 위해 방을 훑어보았다.

2 The doctor scanned the patient's body to check for abnormalities.

의사는 이상 징후를 확인하기 위해 환자의 몸을 정밀 검사했다.

Plus+ lost 형 잃어버린, 분실된   check 통 확인하다
abnormality 명 이상

1823

smack

[smæk]

통 (손바닥 등으로) 때리다

명 맛[풍미], 한 입[조금],
(손바닥 등으로) 때리기

smack은 '탁 소리가 나게 치다'라는 뜻이랍니다. '스먹' 또는 '스막'이라는 소리 자체가 주는 느낌을 표현한 것이지요. smack은 '맛, 풍미'를 뜻하기도 합니다. 무언가 맛있는 것을 먹을 때 경쾌하게 '탁' 치는 듯한 느낌에서 '맛'이라는 뜻이 나오게 된 걸까요?

1 Jim smacked the poison apple out of his hand.

Jim은 그의 손에서 독이 들어있는 사과를 쳐냈다.

2 She gave the ball a hard smack.

그녀는 공을 세게 때렸다.

Plus+ poison 형 독 있는   hard 부 세게, 강력하게 형 강렬한, 심한

1824

owl

[aʊl]

명 올빼미, 밤잠을 안 자는 사람

형 밤새 움직이는

owl은 '올빼미'를 가리키는 명사입니다. 또한 '밤새 움직이는'이라는 뜻의 형용사로 쓰이기도 합니다. 이는 올빼미가 야행성이라는 특성에서 기인한 것이지요. 흔히 '일찍 일어나는 사람'을 early bird라고 말합니다. 그렇다면 주로 '밤에 활동하는 사람'은 뭐라고 부를까요? 네! 맞습니다. 바로 night owl이지요!

1 An owl is hooting in the distance.

멀리서 올빼미 한 마리가 울고 있다.

2 A few people boarded the owl train.

야간 열차에 몇 명의 사람들이 탑승했다.

Plus+ hoot 통 (올빼미가) 부엉부엉 울다   board 통 탑승하다, 승차하다

1825

brick

[brɪk]

- 명 벽돌, 벽돌 모양의 덩어리
- 형 벽돌의
- 동 ~에 벽돌을 깔다[쌓다]

brick은 주로 '벽돌' 또는 '벽돌 모양의 덩어리'라는 뜻으로 쓰이는 명사입니다. 또한 형태의 변화 없이 '벽돌의'라는 뜻을 가진 형용사로 쓰이거나 '벽돌을 깔다'라는 동사로 쓰이기도 합니다. 예를 들어, brick up이라고 하면 '~을 벽돌로 막다'라는 뜻을 나타냅니다.

1 The house is made of red bricks.
그 집은 빨간 벽돌로 만들어졌다.

2 She bricked up the window.
그녀는 창문을 벽돌로 막았다.

Plus+ be made of ~으로 만들어지다

1826

steel

[stil]

- 명 강철, 철강업
- 형 강철로 된
- 동 ~에 강철을 입히다,
  [마음 등을] 굳게 다지다

steel은 주로 '강철'과 관련된 뜻을 나타냅니다. '철강업'이나 '강철로 된'을 의미하기도 하고 어떤 대상에 강철을 입히는 것을 뜻하기도 하지요. 이들의 공통점은 모두 '견고하고 내구성이 있는' 속성을 나타내는 점입니다. 또한 여기서 의미가 추상적으로 확장되어 '(마음 등을) 굳게 다지다'를 뜻하기도 합니다.

1 This bridge is constructed from steel.
이 다리는 강철로 만들어졌다.

2 The steel industry has been struggling recently.
최근 철강 업계는 어려움을 겪고 있다.

Plus+ construct 동 만들다, 건설하다   industry 명 업계
struggle 동 허우적[버둥]거리다

1827

loaf

[loʊf]

- 명 (빵 등의) 덩어리,
  직사각형의 식품, 빈둥거리기
- 동 빈둥거리다

loaf는 크게 두 가지 의미를 가지고 있습니다. 첫째로, '빵 또는 빵과 같은 직사각형 모양의 음식'을 뜻합니다. 둘째로, '아무것도 하지 않고 느긋하게 시간을 보내는 것'을 의미하지요. loaf가 '빈둥거리다'라는 뜻을 갖게 된 데에는 여러 가지 설이 있는데 빵을 굽는 시간 동안 별다른 일을 하지 않고 느긋하게 기다리는 모습에서 '빈둥거리다'라는 뜻이 되었다는 것이 그중 하나입니다.

1 Sarah bought a loaf of bread at the bakery.
Sarah는 빵집에서 빵 한 덩이를 샀다.

2 Alex spent the whole day loafing around at home.
Alex는 집에서 하루 종일 빈둥거렸다.

Plus+ spend 동 (시간 등을) 보내다   whole 형 전체의

1828

tempo

['tempoʊ]

명 (연주, 생활 등의)
템포[빠르기, 속도]

tempo는 주로 '속도, 빠르기'를 나타내는 명사입니다. 원래 '시간'을 뜻하는 이탈리아어 *tempo*가 영어로 들어오면서, 이를 음악에서도 사용하기 시작했습니다. 음악에서의 tempo는 주로 곡의 '속도'를 나타냅니다. 특정 시간 동안 연주된 음표의 개수를 계산하여 곡의 빠르기를 나타내는 용어가 바로 tempo지요.

1　The conductor sets the tempo for the orchestra.
지휘자가 오케스트라의 템포를 맞춘다.

2　The tempo of the song was very slow.
그 노래의 박자는 매우 느렸다.

Plus + conductor 명 지휘자

1829

wail

[weɪl]

동 (비통하여) 통곡하다
[울부짖다], (바람, 음악 등이)
흐느끼는 듯한 소리를 내다,
(울먹이며) 한탄[탄식, 불평]
하다, 음악으로 감정을 잘
표현하다

wail은 주로 큰 소리로 슬프게 울거나 통곡하는 행동을 묘사하는 동사입니다. 구체적으로는 통증, 슬픔 또는 절망감을 강하게 표현하는 행위를 나타내죠. 그리고 여기서 뜻이 파생되어 바람이나 음악 등이 흐느끼는 듯한 소리를 내는 것을 나타내기도 합니다.

1　James started to wail when he heard the bad news.
안 좋은 소식을 듣자 James는 통곡하기 시작했다.

2　The wind wailed through the trees in the forest.
바람이 숲속 나무 사이로 흐느끼듯이 불었다.

Plus + forest 명 숲

1830

platform

['plætfɔːrm]

명 승강장, 강단[연단],
정견 발표장, (시스템) 플랫폼

platform은 원래 역의 '승강장'을 뜻했습니다. 그러다 점점 승강장처럼 사람이 서 있을 수 있는 직사각형의 무언가를 표현하게 되었죠. 그래서 platform은 '무대'나 '강단'을 뜻하기도 합니다. 기술과 관련된 맥락에서는 컴퓨터 하드웨어나 소프트웨어의 기반 시스템을 가리키기도 합니다.

1　The train is now arriving at platform 2.
열차가 지금 2번 승강장에 도착하고 있다.

2　She stepped onto the platform to give her speech.
그녀는 연설을 하기 위해 강단에 올랐다.

Plus + step 동 걸음을 옮기다, 나아가다　　　give a[one's] speech 연설하다

우리말에 맞게 빈칸에 알맞은 단어를 쓰세요.   (정답은 본문을 확인하세요.)

1 They _____ through the exam.   그들은 시험을 간신히 통과했다.

2 Helen always wears her _____ around the house.   Helen은 항상 실내화를 신고 집 안을 돌아다닌다.

3 My trip to Europe was an amazing _____.   나의 유럽 여행은 놀라운 경험이었다.

4 Scientists _____ with the new chemical substance.   과학자들은 새로운 화학 물질로 실험을 했다.

5 We hung a _____ that said 'Congratulations!'   우리는 '축하합니다!'라는 문구가 적힌 배너를 걸어 두었다.

6 She looked for a place to _____ and read a book.   그녀는 앉아서 책을 읽을 장소를 찾았다.

7 The construction _____ is located near the park.   공사 현장은 공원 근처에 위치해 있다.

8 John rode his horse while holding a _____ in his hand. John은 손에 채찍을 든 채 말을 타고 있었다.

9 She read a _____ every night before going to bed.   그녀는 매일 밤 자기 전에 소설을 읽었다.

10 The old man _____ slowly down the street.   그 노인은 천천히 발을 끌며 거리를 걸어갔다.

11 Henry confessed his _____ to the priest.   Henry는 신부에게 자기의 죄를 고해했다.

12 He _____ the old tree carefully.   그는 그 오래된 나무를 면밀히 살폈다.

13 The detective found a _____ mark on the wall.   형사는 벽에서 수상한 자국을 발견했다.

14 The living room is filled with _____.   거실은 햇빛으로 가득 차 있다.

15 The _____ is scheduled to depart at 3 p.m.   그 선박은 오후 3시에 출발할 예정이다.

16 He _____ his phone using his fingerprint.   그는 자신의 지문을 이용해 휴대전화의 잠금장치를 해제했다.

17 The bride wore a beautiful white _____.   신부는 아름다운 흰색 면사포를 썼다.

18 A _____'s heart is a _____'s greatest asset. 시인의 마음은 시인의 가장 큰 재산이다.

19 The bookshelf was _____ from lack of use.   그 책장은 사용하지 않아서 먼지투성이였다.

20 Nick has a _____ knowledge of various subjects.   Nick은 다양한 주제에 관한 폭넓은 지식을 가지고 있다.

21 He _____ the flashlight into the dark room.   그는 어두운 방을 향해 손전등을 비추었다.

22 She _____ the room for her lost keys.   그녀는 잃어버린 열쇠를 찾기 위해 방을 훑어보았다.

23 She gave the ball a hard _____.   그녀는 공을 세게 때렸다.

24 An _____ is hooting in the distance.   멀리서 올빼미 한 마리가 울고 있다.

25 The house is made of red _____.   그 집은 빨간 벽돌로 만들어졌다.

26 The _____ industry has been struggling recently.   최근 철강 업계는 어려움을 겪고 있다.

27 Sarah bought a _____ of bread at the bakery.   Sarah는 빵집에서 빵 한 덩이를 샀다.

28 The _____ of the song was very slow.   그 노래의 박자는 매우 느렸다.

29 James started to _____ when he heard the bad news.   안 좋은 소식을 듣자 James는 통곡하기 시작했다.

30 The train is now arriving at _____ 2.   열차가 지금 2번 승강장에 도착하고 있다.

Level 62

레벨별 단어 사용 빈도

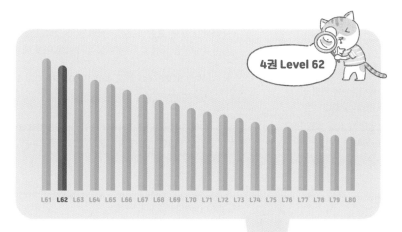

4권 Level 62

L61 **L62** L63 L64 L65 L66 L67 L68 L69 L70 L71 L72 L73 L74 L75 L76 L77 L78 L79 L80

LEVEL 1~20 LEVEL 21~40 LEVEL 41~60 **LEVEL 61~80** LEVEL 81~100

1831

hire

['haɪə(r)]

- 图 고용하다, 빌리다[빌려주다]
- 图 고용, 임차[임대],
  (회사의) 신입 사원

hire의 뜻은 크게 두 가지입니다. 첫째는 사람을 일정한 비용으로 고용하는 것이고, 둘째는 물건이나 서비스를 일정 기간 사용하려고 돈을 지불하는 것입니다. 이렇게 hire는 사람을 대상으로 하면 '고용하다', 물건이나 서비스를 대상으로 하면 '빌리다'를 뜻합니다. 그밖에 '(회사의) 신입사원'을 의미하기도 해요.

1 We hired more staff to handle the increased workload.
우리는 늘어난 업무량을 처리하기 위해 더 많은 직원을 고용했다.

2 The new hire will start work next Monday.
신입 사원은 다음 주 월요일부터 업무를 시작할 예정이다.

Plus + handle 图 처리하다　　　　　increased 图 증가한
workload 图 업무량, 작업량

1832

steer

[stɪr]

- 图 (자동차 등을) 조종하다
  [몰다], ~의 키를 잡다,
  나아가게 하다,
  (영향력 등을 발휘하여)
  이끌다

steer는 크게 두 가지 뜻을 가지고 있습니다. 첫 번째는 '방향을 제어하다' 또는 '운전하다'이며, 두 번째는 '이끌다' 또는 '안내하다'입니다. 보시다시피 첫 번째는 물리적인 것을 표현하고, 두 번째는 추상적인 것을 표현합니다. 그렇기 때문에 물리적 실체를 조종할 때나 추상적 개념을 이끌 때 모두 steer를 쓸 수 있습니다.

1 John steered the car into the garage.
John은 창고 쪽으로 차를 몰았다.

2 The doctor steered her towards a healthier lifestyle.
의사는 그녀를 더 건강한 생활 방식으로 이끌었다.

Plus + garage 图 차고, 주차장　　　　toward(s) 图 ~ 쪽으로
lifestyle 图 생활 방식

1833

cardboard

['kɑːrdbɔːrd]

- 图 판지[보드지]
- 图 진부한

cardboard의 기본 의미는 '판지'입니다. 우리가 흔히 '보드지'라고 하죠. 그런데 이 단어는 '진부한'이라는 형용사로 쓰이기도 하는데 이는 아마도 판지가 평면적이고 세부 사항이 없다는 점에서 유래된 것으로 추정됩니다.

1 We need a piece of cardboard to make a sign.
우리는 표지판을 만들기 위해 판지 조각이 필요하다.

2 The book is filled with cardboard characters with no depth.
그 책은 깊이가 없는 진부한 캐릭터들로 가득하다.

Plus + sign 图 표지판　　　　　be filled with ~로 가득하다
depth 图 깊이

1834

mount

[maʊnt]

동 (산 등에) 오르다,
(말 등에) 타다, 설치하다,
(서서히) 증가하다

mount의 기본 의미는 '오르다'입니다. 형태가 '산'을 뜻하는 mountain과 비슷하죠? 실제로 mount는 mountain과 뿌리가 같습니다. '위로 올라타는 행위'를 뜻하죠. 이런 의미에서 mount는 추상적으로 '(양이나 정도가) 서서히 증가하다'라는 뜻으로 쓰이기도 합니다.

1 I decided to mount the steep hill.

나는 그 가파른 언덕을 오르기로 결정했다.

2 Ann mounted her horse and rode off.

Ann은 말을 타고 떠났다.

Plus + steep **형** 가파른　　　　　　　　　　hill **명** 언덕
ride off (뭔가를 타고) 떠나가다

1835

mist

[mɪst]

명 엷은 안개[연무, 박무],
안개 같은 것[빛깔],
(물 등에 의해 눈앞이) 흐려짐,
(이해, 생각, 기억, 결정 등을)
흐리게 하는 것

mist는 '엷은 안개, 흐림' 등을 나타냅니다. 실제로 자연 현상인 '안개'를 의미하기도 하지만, '(물이나 눈물 등으로) 눈이 흐려지는 상태', 또는 정신적인 혼란이나 불명확함을 표현하기도 합니다. 그래서 in a mist라고 하면 '어리둥절하여, 난처하여' 등을 뜻합니다.

1 The morning mist is covering the lake.

아침 안개가 호수를 덮고 있다.

2 Sam's appearance disappeared into the mist.

Sam의 모습은 안개 속으로 사라졌다.

Plus + cover **동** 뒤덮다　　　　　　　　lake **명** 호수
appearance **명** 모습　　　　　　disappear into ~속으로 사라지다

1836

necessary

['nesəseri]

형 필요한, 불가피한, 필연적인

명 필수품

necessary는 '필요한, 필수적인'을 의미하는 형용사입니다. 주로 어떤 목표나 목적을 달성하기 위해 반드시 필요한 것 또는 피할 수 없는 그 무언가를 나타내는 역할을 합니다. 그래서 '불가피한'이나 '필연적인'이라는 의미로 쓰이기도 하며 명사로는 '필수품'을 뜻하기도 합니다.

1 It is necessary to finish this project on time.

이 프로젝트를 제때 완료해야 한다.

2 The necessary tools for the task are in the toolbox.

작업에 필요한 도구들은 공구 상자에 있다.

Plus + tool **명** 도구　　　　　　　　task **명** 작업[힘든 일]

1837

maid

[meɪd]

명 가정부, 하녀, 소녀[아가씨]

maid는 주로 '가정부'나 '하녀'를 나타냅니다. 지금은 계급 사회가 아니기 때문에 주로 '가정부'라는 뜻을 갖습니다만, 예전에는 '하녀'만을 의미했습니다. 그리고 당시 시대적 배경상 가정부나 하녀의 일을 하는 사람들이 대부분 어린 여자들이 었으므로 '소녀', '아가씨'라는 의미로 쓰이기도 했습니다.

1 Jerry hired a maid to help with housework.
Jerry는 가사일을 도와줄 가정부를 고용했다.

2 The maid cleans the house every day.
가정부가 매일 집을 청소한다.

Plus + hire 동 고용하다   housework 명 가사, 집안일

1838

skeleton

['skelɪtn]

명 해골[골격, 뼈대]

형 해골[골격, 뼈대]의, 최소한의[기본적인]

skeleton이라는 단어는 주로 동물이나 사람의 뼈대, 골격을 나타내며 특히 '해골'을 의미합니다. 원래 뜻은 '건조된 몸'이었는데, 생각해 보면 다 말라서 없어지고 남은 게 '뼈'였을 테니 당연합니다. 그리고 다른 게 다 사라져도 남는 것을 우리가 '뼈대'라고 하듯이 영어에서도 skeleton은 '(아이디어 등의) 기본 구조, 뼈대'를 나타내기도 합니다.

1 The human skeleton consists of 206 bones.
인간의 골격은 206개의 뼈로 구성되어 있다.

2 The hotel worked with a skeleton staff for a while.
그 호텔은 한동안 최소한의 직원들과 함께 일했다.

Plus + consist of ~로 이루어지다   bone 명 뼈

1839

mighty

['maɪti]

형 강력한, 대단히 큰, 대단한

부 대단히

mighty는 might의 형용사형입니다. 흔히 might를 조동사로만 알고 있지만 사실 '힘'이라는 기본 의미를 가지고 있습니다. 그래서 mighty가 '강력한'이라는 뜻이 되는 것이죠. 이 mighty 앞에 '모두'를 의미하는 all이 붙어 만들어진 단어가 almighty입니다. 무슨 뜻일까요? 바로 '전능한'입니다. 그래서 주로 '신'을 묘사할 때 쓴답니다.

1 She is a mighty warrior.
그녀는 강력한 전사다.

2 The mighty river flowed through the old city.
거대한 강이 오래된 도시를 통과해 흘렀다.

Plus + warrior 명 전사   flow 동 흐르다

1840

madame

[ˈmædəm, məˈdæm]

명 (존칭으로서) 부인, 마님

생김새로 유추할 수 있듯 madame은 프랑스어에서 온 단어입니다. 원래는 결혼한 여성을 뜻하는 단어였지만 중요한 지위에 있는 여성에게 존경의 의미로 사용하기도 하는 호칭입니다. Mrs.와 같은 의미지만 주로 더 공식적인 맥락에서 사용됩니다.

1 Madame, could you tell me the time?
부인, 실례지만 시간을 알려 주실 수 있습니까?

2 The person Amy admires the most is Madame Curie.
Amy가 가장 존경하는 인물은 퀴리 부인이다.

Plus + tell 동 알려 주다   admire 동 존경하다

1841

county

[ˈkaʊnti]

명 자치주, 군(郡)

county는 중세 유럽에서 특정 면적의 땅을 관리하던 '귀족'을 가리켰으나 시간이 지나면서 이들이 소유한 '영토'를 나타내게 되었습니다. 그래서 오늘날은 주로 영어권 국가에서 사용되는 '행정 구역 단위'를 뜻합니다. 일반적으로 주(state)나 국가 내에서 하위 행정 단위로 기능하며 지역 정부의 역할을 수행합니다.

1 Orange County is holding elections next month.
오렌지 카운티에서는 다음 달에 선거를 실시한다.

2 The county line is a few miles north.
군(郡)의 경계가 북쪽으로 몇 마일 떨어져 있다.

Plus + hold 동 열다, 개최하다   election 명 선거
line 명 (두 지역·물건 사이의) 경계(선)

1842

trade

[treɪd]

명 거래, 무역

동 매매하다, 거래하다

trade는 주로 상품이나 서비스를 교환하는 행위나 혹은 이러한 행위를 수행하는 것을 의미합니다. trade는 원래 '길'을 의미했습니다. 여기서 상품 및 서비스의 교환, 즉 '이동'이 이루어지는 상황을 나타내는 의미로 확장되어 오늘날의 뜻을 갖게 되었습니다.

1 International trade has become significantly important.
국제 무역이 상당히 중요해졌다.

2 Wendy trades stocks for a living.
Wendy는 생계를 위해 주식을 거래한다.

Plus + international 형 국제적인   significantly 부 상당히
stock 명 주식   living 명 생계 수단

1843

adjust

[ə'dʒʌst]

동 조정[조절]하다,
적합하게 하다, 적응하다,
순응하다

adjust는 주로 물체나 상황을 조정하거나 변경하여 더 적합하게 만드는 행위를 나타내는 동사입니다. 무언가를 더 정확히 맞추는 행위라고 생각하면 보다 직관적으로 이해하기 쉬우실 겁니다. 그래서 adjust는 새로운 상황이나 환경에 적응하는 것을 의미하기도 합니다.

1 **We need to adjust the focus of the camera.**
우리는 카메라의 초점을 조정해야 한다.

2 **She is still adjusting to the new job.**
그녀는 아직 새로운 일에 적응하고 있다.

Plus + focus 명 (렌즈 등의) 초점   still 부 아직(도) (계속해서)

1844

military

['mɪləteri]

명 군대
형 군대의

military는 주로 군사, 전쟁과 관련된 것을 나타내거나 '군대'를 의미하는 단어입니다. 원래 milit-라는 말이 들어가는 단어들은 '싸움'과 관련이 있는데 대표적으로 militant(싸움꾼), militia(민병대) 등이 있습니다. 이렇듯 military는 싸움과 관련된 모든 것을 총칭하는 말이라고 보시면 됩니다.

1 **Jamie is serving in the military.**
Jamie는 군대에서 복무 중이다.

2 **Both countries discussed the military strategy.**
양국은 군사 전략에 대해 논의했다.

Plus + serve 동 (국가 등을 위해) 근무[복무]하다   discuss 동 논의하다
strategy 명 전략

1845

donkey

['dɑːŋki]

명 당나귀, 얼간이
형 보조의

donkey는 '당나귀'라는 뜻으로 잘 알려져 있습니다. 원래는 '어린 말'을 의미했는데, 시간이 지나면서 '당나귀'만을 가리키게 되었다고 합니다. 한 가지 재미있는 것은 우리말의 '어리석은'과 '어린'이 같은 뿌리에서 나왔듯이 donkey도 '당나귀' 외에 '얼간이'라는 뜻을 나타내기도 한다는 점입니다.

1 **The farmers used donkeys to carry the load.**
농부들은 짐을 나르기 위해 당나귀를 사용했다.

2 **The donkey work is often left to the interns.**
보조 업무는 종종 교육 실습생들에게 맡겨진다.

Plus + carry 동 나르다   load 명 짐
leave 동 맡기다   intern 명 교육 실습생

1846

mix

[mɪks]

통 섞다, 혼합[배합]하다,
어울리게 하다

명 혼합[배합]

mix는 동사로는 주로 '섞다, 혼합하다'를 뜻하고, 명사로는 '혼합, 배합'을 나타냅니다. 추상적으로도 잘 쓰이는 단어여서 mix를 활용한 표현들이 많이 있습니다. mix and match(자유롭게 조합하다), mix up(혼동하다) 등이 대표적입니다.

1 First, mix the flour and water in a large bowl.
먼저 밀가루와 물을 큰 그릇에 넣고 섞어라.

2 The crowd is a mix of young and old fans.
군중들은 젊은 팬들과 나이 든 팬들이 섞여 있다.

Plus + flour 명 밀가루   bowl 명 그릇
crowd 명 군중, 무리

1847

process

[ˈprɑːses, ˈprouses]

명 과정[절차], 진행

통 가공하다, 처리하다

process는 '과정'이나 '절차'라는 뜻의 명사 또는 '처리하다'라는 뜻의 동사로 주로 쓰입니다. 원래 process는 '행진'이나 '행렬'을 의미했는데, 시간이 지나면서 '작업의 진행'이나 '일련의 단계'를 가리키는 더 넓은 의미로 발전했다고 합니다.

1 The manufacturing process of the product is complex.
그 제품의 제조 과정은 복잡하다.

2 The company processes raw materials into finished goods.
그 회사는 원자재를 완제품으로 가공한다.

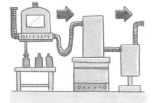

Plus + manufacture 통 제조하다   complex 형 복잡한
raw material 원자재

1848

pitch

[pɪtʃ]

통 던지다[내던지다],
(음조를) 조정하다,
(텐트 등을) 치다,
(이야기의 수위를) 조절하다

명 음의 높이

pitch의 가장 일반적 의미는 '던지다'입니다. 종종 야구에서 투수가 공을 던지는 행동을 나타낼 때도 쓰입니다. 무언가를 던지면 그것이 특정 높이에 위치하겠죠? 그래서 pitch는 '음의 높낮이'를 의미하기도 합니다. 이런 경우를 단어의 의미가 물리적인 의미에서 추상적인 의미로 확장되었다고 말합니다.

1 The pitcher was ready to pitch the ball.
투수는 공을 던질 준비가 되었다.

2 The musician has perfect pitch.
그 음악가는 절대음감을 가지고 있다.

Plus + ready 형 (사람이) 준비가 (다) 된

1849

measure

[ˈmeʒə(r)]

- 동 측정하다, (치수를) 재다,
평가[판단]하다
- 명 측정

measure의 가장 일반적 의미는 '측정하다, 재다'입니다. 물리적인 거리, 무게, 시간 등을 정확히 알아보는 행위를 의미하죠. 그리고 이것이 추상적인 의미로 확장되어 '(성공, 행복, 능력 등을) 판단하거나 평가하다'라는 뜻도 갖게 되었습니다.

1 Suzy used a ruler to measure the length of the paper.

Suzy는 종이의 길이를 재기 위해서 자를 사용했다.

2 The measure of a left angle is 180 degrees.

왼쪽 각도의 측정값은 180도이다.

Plus + length 명 길이   angle 명 각도, 각
degree 명 (각도의 단위인) 도

1850

reflect

[rɪˈflekt]

- 동 반사[반향]하다,
나타내다[반영하다],
숙고하다, 상[모습]을 비추다

reflect는 re-와 -flect가 결합된 단어입니다. re-는 '다시'라는 의미이고 -flect 는 '굽히다'라는 뜻인데, 이를 합치면 '다시 굽히다'입니다. 빛이나 소리가 부딪쳐 다시 튀어나오는 그림이 그려지시죠? 그래서 '반사하다'라는 뜻을 갖게 되었습니다. 여기서 추상적인 의미로 확장되어 무언가를 다시 비추어 보다, 즉 '숙고하다'라는 뜻도 나타내게 되었지요.

1 The dog is looking at himself reflected in the stream.

그 개는 개울에 비친 자신의 모습을 바라보고 있다.

2 The test scores reflected the students' effort.

시험 점수가 학생들의 노력을 나타냈다.

Plus + stream 명 개울, 시내   effort 명 노력

1851

collection

[kəˈlekʃn]

- 명 소장[수집]품, 수집[채집],
더미[퇴적], 모금

collection은 주로 물건이나 정보의 모음 또는 그 모음을 만드는 행위를 나타냅니다. 그래서 맥락에 따라 '소장품', '수집품' 또는 '수집', '채집' 등 다양한 의미를 갖습니다. 주로 책이나 음악, 예술 작품 등 특정 주제 및 분야의 물건들이나 정보를 모으는 것을 지칭하지만 기금 모금을 위해 돈을 모으는 행위를 나타내기도 합니다.

1 Ann has a large collection of vintage cars.

Ann은 다양한 고전적인 자동차를 소장하고 있다.

2 The man's baseball card collection is worth over $1 million.

그 남자의 야구 카드 수집품은 100만 달러 이상의 가치가 있다.

Plus + vintage 형 고전적인   worth 형 (금전 등의 면에서) ~의 가치가 있는

1852

cave

[keɪv]

명 동굴

동 ~에 굴을 파다,
움푹 들어가다, 함몰하다

cave는 원래 '구멍'이라는 뜻을 나타내는 단어에서 유래했습니다. 아주 옛날에는 '구멍'이라 하면 보통 '동굴'을 의미했겠죠? 그러다 시간이 흐르면서 '굴을 파다', '움푹 들어가다', '함몰하다' 등을 뜻하는 동사로도 쓰이기 시작했습니다.

1 They explored a deep cave in the mountain.
그들은 산속 깊은 동굴을 탐험했다.

2 The ceiling of the tunnel began to cave in.
터널의 천장이 무너지기 시작했다.

Plus + explore 동 탐험하다   ceiling 명 천장

1853

goldfish

['gouldfɪʃ]

명 금붕어

goldfish는 gold(금)와 fish(물고기)가 결합한 명사로 '금붕어'를 의미합니다. '금붕어'라는 한자어는 goldfish를 그대로 직역한 것입니다. 실제 금붕어를 자세히 보면 나름 '금색'을 띠고 있죠. 그래서인지 일부 문화권에서 '금붕어'는 행운의 상징으로도 여겨지기도 합니다.

1 We were observing a gold fish in a fishbowl.
우리는 어항 속 금붕어를 관찰하고 있었다.

2 Jack loves feeding his goldfish.
Jack은 그의 금붕어에게 먹이 주는 것을 좋아한다.

Plus + observe 동 관찰하다   fishbowl 명 어항
feed 동 먹이를 주다

1854

relic

['relɪk]

명 유물[유적],
(과거의) 유풍[잔재],
유품[기념품], 시체

relic은 '남겨진 것'을 의미하는 단어에서 유래했습니다. 주로 과거의 흔적이나 잔재를 가리키며, 종종 역사적인 유물이나 유적을 뜻합니다. 과거에 relic은 기독교에서 성인의 유해나 성지와 관련된 물체를 가리키는 용어로만 쓰였으나 현대로 오면서 그 의미가 확장되었습니다.

1 This museum houses relics from the ancient world.
이 박물관은 고대 세계의 유물을 소장하고 있다.

2 The old tradition has become a relic of the past.
그 오래된 전통은 과거의 잔재가 되어 버렸다.

Plus + house 동 보관[수용, 소장]하다   tradition 명 전통
past 명 과거, 지난날

1855

stride

[straɪd]

strode - stridden

동 성큼성큼 걷다[건너다]

명 성큼성큼 걷기, 한[큰] 걸음,
발전[진보, 진전]

stride는 주로 '걷는 행동'을 나타냅니다. 특히 큰 걸음으로 나아가는 것을 의미하죠. 여기서 뜻이 추상적으로 확장되어 '발전', '진전', '진보' 등을 나타내기도 합니다. 생각해 보면 우리말에서도 '첫발을 내딛다'라는 표현이나 '큰 걸음'이라는 단어를 그런 맥락에서 쓰이기도 하죠? stride도 비슷한 맥락이랍니다.

1 She strode across the room.

그녀는 방을 성큼성큼 가로질러 갔다.

2 Jane is making great strides in her career.

Jane은 그녀의 일에서 큰 진전을 보이고 있다.

Plus+ across 전 ~을 가로질러   career 명 업무[일], 경력

1856

command

[kəˈmænd]

동 명령하다, 지휘[통솔]하다,
(감정 등을) 불러일으키다

명 명령

command는 주로 지시나 명령을 내리는 행위를 뜻하는 동사로 쓰입니다. 명사로는 '명령' 자체를 나타내죠. 또한, command는 '감정 등을 불러일으키다'라는 뜻의 동사로도 쓰입니다. 생각해 보면 말로 어떤 행동을 불러일으키는 것이나 감정을 불러일으키는 것이나 원리는 같아 보이는군요.

1 She commanded the troops during the war.

그녀는 전쟁 동안 병사들을 지휘했다.

2 The general waited to give his command.

장군이 명령을 내리기 위해 기다렸다.

Plus+ troop 명 부대, 군대   general 명 장군
give a[one's] command 명령하다

1857

grasp

[græsp]

동 (꽉) 움켜쥐다[붙잡다,
매달리다], 파악[이해]하다

명 움켜쥐기[붙잡기],
지배[권력]

grasp는 '움켜쥐다'라는 의미의 동사입니다. 그런데 물리적으로 움켜쥐는 행위뿐만 아니라 추상적인 맥락으로 확장되어 쓰이기도 합니다. 어떤 내용과 개념을 움켜쥔다는 것은 그것을 파악하고 이해하는 것으로도 볼 수 있겠죠? 바로 이러한 추상적인 의미로도 grasp를 쓸 수 있습니다.

1 Lily grasped my hand tightly.

Lily가 내 손을 꽉 움켜쥐었다.

2 He quickly grasped the seriousness of the situation.

그는 상황의 심각성을 빠르게 파악했다.

Plus+ tightly 부 꽉, 단단히   seriousness 명 심각함, 중대함
situation 명 상황

reserve

[rɪˈzɜːrv]

- 통 예약하다, 남겨 두다, 보류[유보]하다
- 명 비축(물)

reserve는 '남겨 두다', '보관하다'라는 뜻에서 출발했습니다. 그런데 시간이 지나 의미가 확장되면서 '특정 목적을 위해 무언가 남겨 두다'라는 의미를 갖게 되었죠. 오늘날 reserve는 바로 여기서 파생된 '예약하다'라는 의미로 가장 많이 쓰입니다.

1 We would like to reserve a table for two.

우리는 2인용 테이블을 예약하고 싶습니다.

2 The water reserves ran low during the drought.

가뭄이 지속되는 동안 저수량이 고갈되었다.

Plus+ would like to V ~하고 싶다   run low 모자라게 되다, 고갈되다
drought 명 가뭄

heave

[hiːv]

heaved/hove - heaved/hove

- 통 들어 올리다[던지다], (특정 방향으로) 움직이다, 부풀게 하다[융기시키다], (한숨 등을) 내쉬다

heave의 기본 의미는 '들어 올리다', '높이다'입니다. 그런데 무언가를 들어 올린다는 것은 '중력에 반하는' 행동이겠죠? 여기서 의미가 확장되어 heave가 '특정 방향으로 움직이다,' '부풀게 하다', '융기시키다' 등의 의미도 나타내게 되었습니다. '(한숨 등을) 내쉬다'라는 뜻도 있는데, 이것도 인위적으로 힘을 써서 공기를 밀어낸다는 개념에서 확장된 뜻입니다.

1 The workers struggled to heave the heavy box into the truck.

일꾼들은 무거운 상자를 트럭으로 들어 올리려고 안간힘을 썼다.

2 Tony's chest heaved as he slept.

Tony가 잘 때 그의 가슴이 들썩였다.

Plus+ struggle 통 애쓰다, 분투하다   chest 명 가슴

troop

[truːp]

- 명 군대, 병력
- 통 무리를 지어 걸어가다

troop은 '집단' 또는 '군중'을 가리키는 단어에서 유래되었습니다. 그러고 보면 '군대', '병력'이라는 뜻을 갖게 된 것은 필연이었죠. troop은 동사로는 '떼지어 모이다', '무리를 지어 걷다'라는 뜻이 됩니다. 명사로든, 동사로든 결국 그 기본 그림은 변하지 않는군요.

1 The troops were sent to overseas on a classified mission.

그 부대는 기밀 임무를 위해 해외로 파견되었다.

2 The children trooped into the classroom.

어린이들이 교실로 줄지어 들어갔다.

Plus+ overseas 부 해외로   classified 형 기밀의

우리말에 맞게 빈칸에 알맞은 단어를 쓰세요.

(정답은 본문을 확인하세요.)

1 The new _____ will start work next Monday.　신입 사원은 다음 주 월요일부터 업무를 시작할 예정이다.

2 John _____ the car into the garage.　John은 창고 쪽으로 차를 몰았다.

3 We need a piece of _____ to make a sign.　우리는 표지판을 만들기 위해 판지 조각이 필요하다.

4 Ann _____ her horse and rode off.　Ann은 말을 타고 떠났다.

5 The morning _____ is covering the lake.　아침 안개가 호수를 덮고 있다.

6 It is _____ to finish this project on time.　이 프로젝트를 제때 완료해야 한다.

7 Jerry hired a _____ to help with housework.　Jerry는 가사일을 도와줄 가정부를 고용했다.

8 The human _____ consists of 206 bones.　인간의 골격은 206개의 뼈로 구성되어 있다.

9 The _____ river flowed through the old city.　거대한 강이 오래된 도시를 통과해 흘렀다.

10 _____, could you tell me the time?　부인, 실례지만 시간을 알려 주실 수 있습니까?

11 The _____ line is a few miles north.　군(郡)의 경계가 북쪽으로 몇 마일 떨어져 있다.

12 International _____ has become significantly important.　국제 무역이 상당히 중요해졌다.

13 She is still _____ to the new job.　그녀는 아직 새로운 일에 적응하고 있다.

14 Both countries discussed the _____ strategy.　양국은 군사 전략에 대해 논의했다.

15 The farmers used _____ to carry the load.　농부들은 짐을 나르기 위해 당나귀를 사용했다.

16 First, _____ the flour and water in a large bowl.　먼저 밀가루와 물을 큰 그릇에 넣고 섞어라.

17 The manufacturing _____ of the product is complex.　그 제품의 제조 과정은 복잡하다.

18 The pitcher was ready to _____ the ball.　투수는 공을 던질 준비가 되었다.

19 Suzy used a ruler to _____ the length of the paper.　Suzy는 종이의 길이를 재기 위해서 자를 사용했다.

20 The test scores _____ the students' effort.　시험 점수가 학생들의 노력을 나타냈다.

21 Ann has a large _____ of vintage cars.　Ann은 다양한 고전적인 자동차를 소장하고 있다.

22 They explored a deep _____ in the mountain.　그들은 산속 깊은 동굴을 탐험했다.

23 Jack loves feeding his _____.　Jack은 그의 금붕어에게 먹이 주는 것을 좋아한다.

24 This museum houses _____ from the ancient world.　이 박물관은 고대 세계의 유물을 소장하고 있다.

25 She _____ across the room.　그녀는 방을 성큼성큼 가로질러 갔다.

26 She _____ the troops during the war.　그녀는 전쟁 동안 병사들을 지휘했다.

27 Lily _____ my hand tightly.　Lily가 내 손을 꽉 움켜쥐었다.

28 We would like to _____ a table for two.　우리는 2인용 테이블을 예약하고 싶습니다.

29 Tony's chest _____ as he slept.　Tony가 잘 때 그의 가슴이 들썩였다.

30 The children _____ into the classroom.　어린이들이 교실로 줄지어 들어갔다.

Level
63

레벨별 단어 사용 빈도

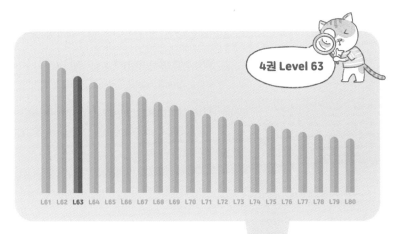

4권 Level 63

L61 L62 **L63** L64 L65 L66 L67 L68 L69 L70 L71 L72 L73 L74 L75 L76 L77 L78 L79 L80

LEVEL 1~20   LEVEL 21~40   LEVEL 41~60   **LEVEL 61~80**   LEVEL 81~100

1861

backyard

[ˌbækˈjɑːrd]

명 (담을 두른) 뒷마당, 자주 가는 곳

backyard는 생김새에서 유추할 수 있듯 back과 yard가 결합된 단어입니다. back은 '뒤쪽'을, yard는 '마당'을 뜻하죠. 그래서 backyard는 특히 주택 뒤쪽에 있는 개인적인 공간을 의미합니다. '(담을 두른) 뒷마당' 정도가 가장 정확한 의미에 가깝겠네요.

1 I like to sit in a chair in my backyard and watch the sunset.

나는 뒷마당에 있는 의자에 앉아서 석양을 바라보는 것을 좋아한다.

2 We are having a barbecue in our backyard.

우리는 뒷마당에서 바비큐 파티를 하고 있다.

Plus + sunset 명 석양, 일몰, 해질녘

1862

hut

[hʌt]

명 오두막, 임시 막사[가옥]

hut은 원래 '작은 집'을 의미했습니다. 그런데 '작은 집'들은 대부분 간단하게 나무나 짚과 같은 재료로 만들어지고, 사람들이 잠시 머물거나 도구를 보관하는 장소로 사용하기도 해서 '오두막', '임시 막사' 등의 뜻으로 발전하게 되었답니다.

1 We are staying in a small hut in the mountains.

우리는 산속의 작은 오두막에서 머무르는 중이다.

2 The shepherd lives in a hut near his flock.

목동은 그의 양 떼 근처에 있는 오두막에서 살고있다.

Plus + shepherd 명 양치기, 목동   flock 명 떼

1863

furniture

[ˈfɜːnɪtʃə(r)]

명 가구, (배 따위의) 비품 [부속 설비]

furniture는 원래 '제공하다'를 뜻하는 동사에서 출발했습니다. 그래서 초기에는 가구나 장비를 제공하는 행위를 의미했는데, 시간이 지나면서 뜻이 확장되어 '가구' 자체를 가리키게 되었습니다. furniture는 일반적 의미의 '가구'를 가리키는 경우가 대부분이지만, 배나 항공기와 같은 이동 수단의 내부 장비나 비품을 지칭하기도 합니다.

1 We need to buy new furniture for our living room.

우리는 거실에 놓을 새 가구를 사야 한다.

2 The office furniture is old and worn out.

그 사무용 가구는 오래되어 못 쓰게 되었다.

Plus + wear out 못쓰게 되다, (낡아서) 떨어지다

1864

dangle

[ˈdæŋgl]

동 매달리다, 대롱거리다,
쫓아다니다

명 매달리기

dangle은 물체가 허공에 매달려 자유롭게 움직이는 모습을 묘사하는 동사입니다. 그래서 주로 '매달리다, 대롱거리다' 등을 뜻하지요. 그리고 명사로는 '매달리기' 자체를 뜻하기도 합니다. 뭔가 dangle의 발음도 그 뜻과 닮아 있는 것 같습니다.

1 The cat is intrigued by the string dangling from the rod.
고양이는 막대에 매달려 있는 끈에 강한 흥미를 느꼈다.

2 Cindy dangled the key in front of him.
Cindy는 그의 앞에서 열쇠를 흔들었다.

Plus+ intrigue 동 강한 흥미를 불러일으키다　　　string 명 끈
rod 명 막대

1865

occasion

[əˈkeɪʒn]

명 (특수한) 경우[때],
(특별한) 행사[경사],
원인[계기]

동 원인이 되다

occasion은 원래 '나타나다', '발생하다'라는 뜻으로 쓰였는데, 이것이 명사화되어 '발생한 것'을 뜻하게 되었습니다. 그래서 지금은 특정한 경우나 특별한 행사 또는 사건, 나아가 일반적인 상황을 모두 나타냅니다. 그밖에도 occasion은 어떤 일의 '원인이 되다'를 뜻하기도 합니다.

1 His graduation was a joyous occasion.
그의 졸업식은 기쁜 행사였다.

2 The car accident occasioned a long delay.
그 차 사고는 긴 정체의 원인이 되었다.

Plus+ graduation 명 졸업(식)　　　joyous 형 기쁜, 기쁨을 주는
delay 명 정체, 지체

1866

ladder

[ˈlædə(r)]

명 사다리, 사닥다리 모양의 것,
출세의 수단[연줄],
(신분·지위 등의) 단계

ladder는 '사다리'를 의미합니다. 물론 우리가 쓰는 실제 '사다리' 자체를 뜻하기도 하지만 추상적인 의미로 사회적, 경제적 성공을 위한 '출세의 수단'이나 '단계'라는 의미로도 쓰일 수 있습니다.

1 Bella climbed the ladder to fix the roof.
Bella는 지붕을 고치기 위해 사다리를 올라갔다.

2 He has been steadily moving up the career ladder.
그는 꾸준히 직장에서 승진하고 있다.

Plus+ roof 명 지붕　　　steadily 부 꾸준히
move up 승진[출세]하다

1867

favor

[féɪvər]

📖 호의, 친절, 편애, 우세

📖 호의를 보이다, 찬성하다, 편애하다

favor는 주로 '친절'이나 '호의'를 의미합니다. 그러나 이렇게 좋은 뜻도 맥락에 따라서는 부정적 의미가 되기도 하는데 어떤 사람에 대한 친절과 호의가 지나치면 그것을 우리는 '편애'라고 하지요. 그래서 favor는 결과적으로 '호의', '친절'과 '편애', '우세' 등을 모두 나타낼 수 있습니다.

1 Would you do me a favor and pick up some milk on your way home?

부탁이 있는데 집에 오는 길에 우유 좀 사다 줄 수 있어?

2 Angela tends to favor her younger daughter.

Angela는 그녀의 어린 딸을 편애하는 경향이 있다.

 Plus + pick up ~을 사다   tend to V ~하는 경향이 있다

1868

courage

[ˈkɜːrɪdʒ]

📖 용기[담력]

courage는 '용기'나 '담력'을 의미하는 명사입니다. 이 단어는 '심장'을 뜻하는 라틴어 *corage*에서 유래했습니다. 이는 '용기'가 '가슴'에서 나온다는 당시 사람들의 인식을 나타냅니다. 우리가 용기 있는 사람을 '강심장'이라고 하듯이 말입니다.

1 It always takes courage to stand up for what you believe in.

자신이 믿는 것을 지지하기 위해서는 언제나 용기가 필요하다.

2 Max showed great courage during his illness.

Max는 아픈 와중에도 큰 용기를 보여 주었다.

Plus + stand up for ~을 지지하다, 옹호하다   illness 📖 병, 아픔

1869

remark

[rɪˈmɑːrk]

📖 언급[발언]하다, 주의[주목]하다

📖 주의[주목], 발언[말]

remark는 그 생김새에서 유추할 수 있듯이 원래 '다시 표시하다'라는 뜻이었습니다. 그래서 초기에는 원본에 '주석을 달다'라는 뜻으로 쓰이다가 '주석' 자체를 의미하기 시작했었죠. 그러다 시간이 지나면서 오늘날 remark는 '언급하다', '발언하다'라는 뜻의 동사와 '발언'이라는 명사로 모두 쓰입니다.

1 He remarked that it was a beautiful day.

그는 날씨가 아름답다고 언급했다.

2 Emily made a number of rude remarks about Kyle's suit.

Emily는 Kyle의 정장에 대해 여러 차례 무례한 발언을 했다.

 Plus + a number of 다수의   rude 📖 무례한

1870

patrol
[pəˈtroʊl]

동 순찰을 돌다, 순시하다, (거리 등을) 행진하다

명 순찰

patrol은 보통 범죄 예방과 안전을 위해서 특정 지역을 정기적으로 '순찰하는' 것을 가리킵니다. 예를 들어, patrol one's round라고 하면 '담당 구역을 순찰하다'라는 뜻이 됩니다. 그밖에 맥락에 따라 '(거리 등을) 행진하다'라는 뜻으로도 쓰일 수 있습니다.

1 The police patrolled the streets to maintain safety.
경찰은 안전을 지키기 위해 거리를 순찰했다.

2 The Border Patrol checked every car at the US-Canada border.
국경 순찰대는 미국과 캐나다 국경에서 모든 차량을 검문했다.

Plus + maintain **동** 지키다, 유지하다   border **명** 국경
check **동** 검사[조사]하다

1871

ox
[ɑ:ks]

명 소[황소], 소 같은 사람

ox는 보통 농업에서 노동력으로 사용되는 소를 가리킵니다. 농사를 짓는 소를 떠올리면 힘이 세고 묵묵히 일하는 모습이 그려지지 않나요? ox는 뭔가 그런 맥락에서 '소 같은 사람', 즉 소와 같이 힘이 센 사람을 묘사하는 데 쓰이기도 합니다.

1 The farmer plowed the field with an ox.
농부는 소로 밭을 갈았다.

2 Ben is strong as an ox and can carry all the boxes.
Ben은 황소처럼 힘이 세서 모든 상자들을 운반할 수 있다.

Plus + plow **동** 갈다, 경작하다   field **명** 밭, 들판

1872

braid
[breɪd]

명 (납작한, 끈) 끈 (모양의 것), 땋은 머리, (머리카락을 매는) 리본[끈]

동 (머리, 끈 등을) 땋다 [꼬다, 매다]

braid는 명사로는 머리카락, 끈, 나무줄기 등을 꼬아 만든 것을 가리킵니다. 동사로는 머리카락, 끈, 나무줄기 등을 꼬는 행위를 의미하죠. braid는 원래 '동작을 반복하다', '뒤엉켜버리다'라는 뜻이었습니다. 이처럼 braid는 무엇을 꼬아서 매는 행위를 연상할 수 있습니다.

1 The tailor altered a dress with a silver braid.
재단사는 은색 끈으로 드레스를 수선했다.

2 Nate braided her hair before going to bed.
Nate는 잠자리에 들기 전에 그녀의 머리를 땋아 주었다.

Plus + tailor **명** 재단사   alter **동** (옷을) 고치다
silver **형** 은색의

1873

involve

[ɪnˈvɑːlv]

동 관련시키다, 수반하다,
참여시키다, 포함하다

involve의 기본 의미는 '~ 안으로 굴려 넣다'입니다. in이 '안으로'를, volve가 '굴리다'를 뜻하죠. 그래서 involve는 개인이나 무리를 어떤 활동이나 과정에 참여하게 하거나 포함시키는 것을 의미합니다. 즉, '관련시키다'라는 뜻이 되는 것이죠.

1 The project involved a great deal of time and effort.
   그 프로젝트는 많은 시간과 노력이 필요했다.

2 Jack was involved in a car accident.
   Jack은 차 사고에 연루되었다.

Plus + a great deal of 다량의, 많은   effort 명 노력
          be involved in ~에 개입되다, 관계되다

1874

purple

[ˈpɜːrpl]

형 자주색의, 제왕의,
화려[현란]한

명 자주색, 보라색, 왕권[제위]

purple은 red와 blue의 혼합색으로 자주색과 보라색을 모두 포함합니다. 보통 violet보다 진하고 붉은빛을 띤 보라색을 가리킵니다. 또한 purple은 '제왕의', '화려한'이라는 뜻을 갖기도 하는데 이는 역사적으로 자주색이 왕족이나 귀족이 사용하는 색상이었다는 점과 연결시킬 수 있습니다.

1 Sophia was dressed in a purple gown.
   Sophia는 보라색 드레스를 입고 있었다.

2 The sky has turned a deep purple as the sun set.
   해가 지자 하늘이 짙은 자줏빛으로 변했다.

Plus + be dressed in ~을 입고 있다   gown 명 (여성용) 드레스
          deep 형 (색깔이) 짙은   set 동 (해 등이) 지다

1875

edition

[ɪˈdɪʃn]

명 (출간된 책의 형태로 본)
판(版), (간행물의) 호[회]

edition은 원래 '발행하다', '발표하다'라는 뜻의 라틴어 *editionem*에서 유래했는데 이 뜻이 시간이 지나면서 출판물의 '호'나 '회'로 확장되었다고 합니다. 또한 edition은 '(같은 작품의) 개정판[확장판]', '(일정 지역을 위한) 판' 등의 특정한 버전을 의미하기도 합니다.

1 That is a first edition of the book.
   그것이 이 책의 초판이다.

2 The newspaper's morning edition reported on the incident.
   조간 신문에서 그 사건에 대해 보도했다.

Plus + report 동 (신문, 방송 등에서) 보도하다   incident 명 사건

1876

hidden

[hídn]

형 숨은, 숨겨진, 비밀의

hidden은 동사 hide가 변형된 것인데, hide는 '숨기다', '감추다'라는 뜻입니다. 그래서 hidden은 보통 '숨겨진', '보이지 않는', '발견되지 않은', '알려지지 않은' 등을 뜻하는 형용사로 쓰입니다.

1 Alice has a hidden talent for music.
Alice는 음악에 대한 숨겨진 재능이 있다.

2 The hidden meaning of the poem was difficult to understand.
그 시의 숨겨진 의미를 이해하는 것은 어려웠다.

Plus + talent 명 재능   meaning 명 의미
poem 명 시

1877

gesture

[ˈdʒestʃə(r)]

명 몸짓, (의사 표시로서의) 행위

동 몸짓[제스처]을 하다

gesture는 명사로는 주로 '몸짓'을 나타냅니다. 손, 팔, 머리, 얼굴 등 신체의 움직임을 통해 의사를 전달하거나 감정을 표현하는 모든 행위를 포함하죠. make a gesture는 '손짓하다'를, an meaningless gesture는 '무의미한 몸짓[태도]'을 의미합니다. gesture는 동사로도 사용되어 '몸짓[제스처]을 하다'를 뜻하기도 합니다.

1 His gift was a gesture of goodwill.
그의 선물은 호의의 표시였다.

2 Lily gestured to the seat beside her.
Lily는 그녀의 옆자리로 제스처를 했다.

Plus + goodwill 명 호의   seat 명 자리
beside 전 ~옆에

1878

grader

[ˈgreɪdə(r)]

명 ~학년생, 등급을 매기는 사람

grader는 주로 두 가지 의미를 갖습니다. 첫째로는 학교의 특정 학년에 있는 학생, 둘째로는 시험, 논문 등을 채점하거나 품질 등급을 결정하는 사람을 의미합니다. grader는 grade라는 동사에서 파생된 단어인데, grade가 '등급을 나누다[분류하다]'라는 뜻을 가지고 있어서 이렇게 상이한 두 가지 뜻으로 나뉘었습니다.

1 My little brother is a third grader.
나의 남동생은 3학년생이다.

2 We work as graders for the English department.
우리는 영어과에서 채점관으로 일한다.

Plus + third 형 세 번째의   department 명 학과

1879

flush
[flʌʃ]

동 홍조를 띠게 하다,
씻어 내리다,
의기양양하게 하다

명 홍조

flush는 '홍조를 띠게 하다' 또는 '홍조'를 뜻하는 단어입니다. 홍조를 띠는 것은 감정의 변화와 체온의 상승에 의해 나타나는 결과인데, flush의 어원에 '흐름'이라는 뜻이 있어서 지금과 같은 의미로 확장되었습니다. 또한 flush는 화장실 물을 내리는 등의 '씻어 내리다'라는 뜻으로 쓰이기도 합니다.

1 His cheeks flushed with embarrassment.
그의 볼은 당황해서 빨개졌다.

2 Please remember to flush the toilet.
화장실 물을 내리는 것을 잊지 마십시오.

Plus + cheek 명 볼, 뺨　　　　　embarrassment 명 당황, 난처, 당혹

1880

anxious
[ˈæŋkʃəs]

형 불안해하는, 걱정[근심]하는,
갈망[열망]하는

anxious는 원래 '조이다', '괴롭히다'라는 뜻을 가진 동사에서 유래했습니다. 그래서 사람이 심적으로 위축된 것을 나타내며 주로 '불안해하는'이나 '걱정하는'이라는 뜻으로 자주 쓰입니다. 또한 무언가를 간절히 원할 때도 심적으로 매우 긴장한 상태겠죠? 그래서 anxious는 '갈망하는', '열망하는'이라는 뜻이 되기도 합니다.

1 He felt anxious about the upcoming presentation.
그는 곧 있을 발표 때문에 불안했다.

2 We're anxious for your safety.
우리는 당신의 안전을 걱정하고 있다.

Plus + upcoming 형 곧 있을, 다가오는　　　　　safety 명 안전

1881

unlike
[ʌnˈlaɪk]

전 ~와 다른[달리], ~답지 않게

형 같지 않은, 서로 다른

unlike는 전치사로 쓰일 때 '~와 다른', '~답지 않게'라는 뜻을 나타냅니다. 예를 들어, Unlike my brother, I enjoy playing sports.라고 하면 '우리 형과는 달리 나는 운동을 즐긴다.'라는 뜻이 됩니다. unlike는 드물게 형용사로 '같지 않은', '서로 다른'을 의미하기도 합니다.

1 Unlike our bodies, our minds can keep growing.
우리의 몸과 달리, 마음은 계속 성장할 수 있다.

2 The experience was unlike any other.
그 경험은 다른 어떤 것과 달랐다.

Plus + mind 명 마음, 정신　　　　　keep -ing 계속 ~하다
any other 뭔가 다른(것)

1882

starve

[stɑːrv]

동 굶주리다[굶기다],
굶어 죽다[죽이다], 갈망하다,
~의 부족[결핍]을 느끼게 하다

starve는 '굶주리다' 또는 '굶어 죽다'를 뜻하는 동사입니다. 그냥 배가 고픈 상태와는 조금 다른데, 허기를 느껴서 무언가 좀 먹고 싶은 정도를 넘어서 없으면 죽을 것 같은 그런 느낌을 표현합니다. 그래서 '~을 갈망하다'라는 뜻으로 쓰이기도 하죠.

1 Plants starve without water.

식물은 물이 없으면 굶어 죽는다.

2 She is starving for constant attention.

그녀는 변함없는 관심을 갈망하고 있다.

Plus + without 전 ~ 없이　　　　　　constant 형 변함없는, 끊임없는
attention 명 관심

1883

player

['pleɪə(r)]

명 선수, 연주자, 참가자,
재생 장치

player는 'play하는 사람'이라는 뜻이므로 play가 무엇을 나타내는지에 따라 의미가 달라집니다. 우선 play는 무언가 '규칙이 있는 것을 하다'라는 뜻에 가장 가깝습니다. 그래서 player는 '선수, 연주자, 참가자' 등을 의미합니다. 기술 분야에서는 미디어를 재생하는 장치나 소프트웨어를 의미하기도 합니다.

1 Max is one of the champion golf players in Europe.

Max는 유럽 챔피언 골프 선수 중 한 명이다.

2 Evelyn is a professional piano player.

Evelyn은 프로 피아노 연주자다.

Plus + professional 형 전문적인, 전문가의

1884

print

[prɪnt]

동 인쇄하다,
(책 등을) 발행[출간]하다,
~의 자국을 내다,
(사진을) 인화하다

명 출판

print는 동사로 '물체를 특정한 재료에 기록하거나 복제하는 행위'를 의미합니다. 외래어라고 느껴지지 않을 정도로 일상에서도 '프린트' 또는 '프린터'라는 말을 많이 사용하는데 print는 명사로 '출판' 자체를 의미하기도 합니다.

1 Judy printed the documents for the meeting.

Judy는 회의를 위해 서류를 인쇄했다.

2 This book went out of print two years ago.

이 책은 2년 전에 절판되었다.

Plus + document 명 서류　　　　　　go out of print (서적이) 절판되다

1885

expensive

[ɪkˈspensɪv]

형 비싼, 고가의, 사치스러운

expensive는 가격이 높은 것을 의미하는 형용사입니다. 원래 '돈을 쓰다'라는 뜻에서 출발했다고 합니다. 옛날 사람들은 그리 풍족한 편이 아니었기 때문에 '돈을 쓴다'는 것 자체가 일단 비싸게 느껴졌나 봅니다. expensive는 주로 '서비스, 경험, 제품' 등의 가격이 평균보다 더 높을 때 사용됩니다. 물질적인 비용 외에도 시간, 노력, 감정적인 비용 등을 나타내기도 하지요.

1 The coat was too expensive for me to buy.
   그 코트는 내게는 너무 비싸서 살 수 없었다.

2 Peter has expensive taste in jewelry.
   Peter는 보석에 대한 비싼 취향을 가지고 있다.

Plus + too ~ to … 너무 ~해서 …할 수 없다   taste 명 취향, 기호

1886

trash

[træʃ]

명 쓰레기, 허튼소리[시시한 이야기]

동 부수다[엉망으로 만들다], 쓰레기 취급하다

trash만큼 뜻이 다양한 단어도 없을 겁니다. 명사로는 주로 '쓰레기, 폐기물'을 뜻하는데, '쓰레기 같은 것'이라는 의미로 어떤 대상을 비하하는 말로 쓰일 수 있습니다. 그밖에도 '매우 낮은 품질'을 의미하기도 하지요. 동사로는 '부수다, 엉망으로 만들다' 등 어떤 대상을 쓰레기처럼 만든다는 뜻도 됩니다.

1 Can you please take out the trash?
   쓰레기 좀 내다 버려 줄 수 있니?

2 The guests trashed the hotel room and left without paying.
   그 손님들은 호텔 방을 엉망으로 만들고 비용도 지불하지 않은 채 떠났다.

Plus + take out 가지고 나가다   pay 동 (비용 등을) 지불하다

1887

spite

[spaɪt]

명 앙심[악의], 심술

동 심술부리다, 괴롭히다

spite는 명사로는 '악의, 심술'을 뜻하고, 동사로는 '심술부리다, 괴롭히다'를 의미합니다. spite는 명사와 동사의 형태가 같은데, 이와 비슷한 단어로 request, access, graduate 등이 있습니다. spite의 정확한 어감은 '타인에게 해를 끼치거나 불쾌감을 주려는 악의적인 의도' 정도로 이해할 수 있습니다.

1 My sister said it out of spite.
   내 여동생은 악의적으로 그 말을 했다.

2 The man spited his neighbor by playing loud music late at night.
   그 남자는 늦은 밤에 음악을 크게 틀어 이웃을 괴롭혔다.

Plus + out of spite 악의적으로, 화풀이로   neighbor 명 이웃

1888

laboratory

['læbrətɔːri]

몡 실험실, (약품 따위의) 제조소

혱 실험실의

laboratory는 주로 과학적 연구나 실험을 수행하는 장소를 가리킵니다. 물론 보다 일반적인 의미에서 개발이나 연구가 이루어지는 장소를 총칭하기도 합니다. laboratory는 '실험실'이라는 뜻의 형용사로도 쓰여 특정한 실험실 관련 물건이나 활동을 나타낼 수 있습니다.

1 The laboratory had the latest equipment.
그 실험실은 최신 장비를 갖추었다.

2 We wore laboratory coats during the experiment.
우리는 그 실험을 하는 동안 실험복을 입었다.

Plus+ latest 혱 최근의　　　　　　　　equipment 몡 장비
experiment 몡 실험 됭 실험을 하다

1889

snarl

[snɑrl]

됭 으르렁거리다[고함치다]

몡 으르렁거림[포효]

snarl은 주로 개나 사자 같은 동물이 으르렁거리는 소리를 의미합니다. 보통 경계심이나 위협을 나타내는 소리가 snarl에 해당합니다. 으르렁거리거나 울부짖는 소리를 나타내는 단어로는 roar, growl, howl 등도 있으니 함께 알아 두면 좋습니다. snarl은 동사와 명사로 모두 쓰일 수 있습니다.

1 The dogs snarled when the stranger approached.
낯선 사람이 다가오자 개들이 으르렁거렸다.

2 Lucy heard a snarl from the bushes and knew an animal was there.
Lucy는 덤불에서 으르렁거리는 소리를 듣고 거기에 동물이 있다는 것을 알았다.

Plus+ stranger 몡 낯선 사람　　　　　　bush 몡 관목, 덤불

1890

peaceful

['piːsfl]

혱 평화로운, 평온한,
비폭력적인, 평화를 사랑하는

peaceful은 말 그대로 peace(평화)로 ful(꽉 찬)한 상태를 의미합니다. 그래서 일반적으로 '평화로운, 평온한, 비폭력적인', 또는 '평화를 사랑하는' 등을 나타내죠. 예를 들어, peaceful protest는 '비폭력 시위'를, peaceful resolution은 '평화적 해결'을 뜻합니다.

1 He lives in a peaceful village in the countryside.
그는 시골의 평화로운 마을에서 살고 있다.

2 It is a peaceful protest against the government's policies.
그것은 정부의 정책에 항의하는 평화적인 시위다.

Plus+ protest 몡 시위　　　　　　policy 몡 정책

우리말에 맞게 빈칸에 알맞은 단어를 쓰세요.

(정답은 본문을 확인하세요.)

1   We are having a barbecue in our _____.
우리는 우리 뒷마당에서 바비큐 파티를 하고 있다.

2   We are staying in a small _____ in the mountains.
우리는 산속의 작은 오두막에서 머무르는 중이다.

3   We need to buy new _____ for our living room.
우리는 거실에 놓을 새 가구를 사야 한다.

4   Cindy _____ the key in front of him.
Cindy는 그의 앞에서 열쇠를 흔들었다.

5   His graduation was a joyous _____.
그의 졸업식은 기쁜 행사였다.

6   Bella climbed the _____ to fix the roof.
Bella는 지붕을 고치기 위해 사다리를 올라갔다.

7   Angela tends to _____ her younger daughter.
Angela는 그녀의 어린 딸을 편애하는 경향이 있다.

8   Max showed great _____ during his illness.
Max는 아픈 와중에도 큰 용기를 보여 주었다.

9   He _____ that it was a beautiful day.
그는 날씨가 아름답다고 언급했다.

10 The police _____ the streets to maintain safety.
경찰은 안전을 유지하기 위해 거리를 순찰했다.

11 The farmer plowed the field with an _____.
농부는 소로 밭을 갈았다.

12 Nate _____ her hair before going to bed.
Nate는 잠자리에 들기 전에 그녀의 머리를 땋아 주었다.

13 The project _____ a great deal of time and effort.
그 프로젝트는 많은 시간과 노력이 필요했다.

14 Sophia was dressed in a _____ gown.
Sophia는 보라색 드레스를 입고 있었다.

15 That is a first _____ of the book.
그것은 이 책의 초판이다.

16 Alice has a _____ talent for music.
Alice는 음악에 대한 숨겨진 재능이 있다.

17 Lily _____ to the seat beside her.
Lily는 그녀의 옆자리로 제스처를 했다.

18 My little brother is a third _____.
나의 남동생은 3학년생이다.

19 His cheeks _____ with embarrassment.
그의 볼은 당황해서 빨개졌다.

20 He felt _____ about the upcoming presentation.
그는 곧 있을 발표 때문에 불안했다.

21 _____ our bodies, our minds can keep growing.
우리의 몸과 달리, 마음은 계속 성장할 수 있다.

22 She is _____ for constant attention.
그녀는 변함없는 관심을 갈망하고 있다.

23 Max is one of the champion golf _____ in Europe.
Max는 유럽 챔피언 골프 선수 중 한 명이다.

24 Judy _____ the documents for the meeting.
Judy는 회의를 위해 서류를 인쇄했다.

25 The coat was too _____ for me to buy.
그 코트는 내게는 너무 비싸서 살 수 없었다.

26 Can you please take out the _____?
쓰레기 좀 내다 버려 줄 수 있니?

27 My sister said it out of _____.
내 여동생은 악의적으로 그 말을 했다.

28 The _____ had the latest equipment.
그 실험실은 최신 장비를 갖추었다.

29 The dogs _____ when the stranger approached.
낯선 사람이 다가오자 개들이 으르렁거렸다.

30 He lives in a _____ village in the countryside.
그는 시골의 평화로운 마을에서 살고 있다.

Level 64

레벨별 단어 사용 빈도

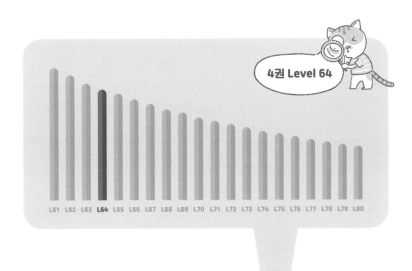

4권 Level 64

L61 L62 L63 **L64** L65 L66 L67 L68 L69 L70 L71 L72 L73 L74 L75 L76 L77 L78 L79 L80

LEVEL 1~20   LEVEL 21~40   LEVEL 41~60   **LEVEL 61~80**   LEVEL 81~100

1891

package

['pækɪdʒ]

명 소포[꾸러미], 일괄, 포장

동 포장하다

우리에게 '패키지'라는 외래어로 익숙한 package는 명사로는 주로 '(어떤 물건이나 정보가 담겨 있는) 포장, 상자, 봉투' 등을 뜻합니다. 흔히 우리가 말하는 '소포'에 해당하지요. package가 동사로 쓰이면 '포장하다'라는 행위를 뜻하기도 합니다.

1 The package will be delivered tomorrow morning.
그 소포는 내일 아침에 배달될 것이다.

2 Harry slammed the package down on the table in anger.
Harry는 화가 나서 꾸러미를 탁자 위에 쾅 내려 놓았다.

Plus + deliver 동 배달하다　　　　　　　slam 동 쾅 내려놓다

1892

mysterious

[mɪˈstɪriəs]

형 불가사의한, 수수께끼 같은,
신비로운, 비밀의

mysterious는 mystery(수수께끼)의 형용사형으로 '알려지지 않은' 것이나 '설명이 어려운 요소가 많은' 것을 묘사합니다. 우리말로는 '불가사의한, 수수께끼 같은, 신비로운' 등으로 표현할 수 있습니다. 이는 사물, 사람, 사건 또는 개념에도 모두 적용된다는 점을 잊지 마세요!

1 Alex received a mysterious letter in the mail.
Alex는 우편으로 수수께끼 같은 편지를 받았다.

2 Everyone found their new colleague mysterious.
모두가 새로운 동료를 비밀스럽다고 여겼다.

Plus + receive 동 받다　　　　　　　find 동 ~라고 여기다[생각하다]
colleague 명 동료

1893

nasty

['næsti]

형 불결한[몹시 더러운], 불쾌한,
비열한[심술궂은],
위험[험악]한

nasty는 무언가 불쾌한 것을 묘사하는 형용사입니다. 이 단어가 수식할 수 있는 범위는 매우 넓습니다. 불쾌한 냄새, 행동, 사람, 상황 등 다방면으로 적용할 수 있죠. 또한 무언가 심하고, 위험하고, 고통스럽게 느껴질 때 쓰이기도 합니다.

1 Levi is known for his nasty temper.
Levi는 성격이 고약하다고 알려져 있다.

2 Many diners complained that the soup was nasty.
많은 손님이 수프가 형편없다고 불평했다.

Plus + be known for ~로 알려져 있다　　　temper 명 기질, 성질
diner 명 (특히 식당에서) 식사하는 손님　　complain 동 불평하다

1894

loss

[lɔːs]

명 손실[손해], 분실, 죽음[사망], 패배

loss는 무언가를 놓치거나 잃어버렸음을 나타내는 명사입니다. 물리적인 손실 외에도 비물질적인 것도 표현할 수 있는데 예를 들어 '기회, 사람, 시간 등을 잃어버린 것도 loss라고 합니다. 스포츠 경기에서는 '패배'를 의미하기도 합니다.

1 The company has reported a loss of $5 million this quarter.

그 회사는 이번 분기에 5백만 달러의 손실을 보고했다.

2 I felt a deep loss when my dog died.

나는 강아지가 죽자 깊은 상실감을 느꼈다.

Plus + million 명 100만   quarter 명 1분기

1895

support

[səˈpɔːrt]

동 지지[옹호]하다, 지원하다, 후원하다

명 버팀대, 지원[지지]

support는 '도움을 주거나 도와주는 행위' 또는 '지원하는 무언가'를 의미합니다. 스포츠에서 어떤 팀을 응원하는 사람들을 '서포터스(supporters)'라고 하죠? 그들이 팀을 위해 직·간접적으로 많은 도움을 주는 것을 떠올리시면 support의 의미가 직관적으로 이해될 것입니다.

1 Few people supported the mayoral candidate.

그 시장 후보를 지지하는 사람은 거의 없었다.

2 Amelia thanked her fans for their continuous support.

Amelia는 팬들의 끊임없는 지지에 감사를 전했다.

Plus + mayoral 형 시장(직)의   candidate 명 (선거의) 입후보자
continuous 형 끊임없는, 지속적인

1896

depend

[dipénd]

동 의존[의지]하다, 신뢰하다, 좌우되다, ~에 달려 있다

depend는 전치사 on과 함께 쓰여 주로 '의존하다, 신뢰하다, 좌우되다'라는 뜻을 나타냅니다. 그리고 이 모든 것을 아우르는 말은 '~에 달려 있다'가 아닌가 싶습니다. 예를 들어 The final decision depends on Zoe.(최종 결정은 Zoe에게 달려 있다.)라고 하면 팀원들이 Zoe에게 의존하고, 그를 신뢰하고, 그에 의해 팀의 방향이 좌우된다는 것을 의미합니다.

1 Sam was the friend I could depend on.

Sam은 내가 의지할 수 있는 친구였다.

2 I told him to depend on me if it was hard.

나는 그에게 힘들면 내게 의지하라고 말했다.

Plus + hard 형 (~하기) 힘든, 어려운

1897

bellow

['beloʊ]

동 (소가) 큰 소리로 울다, 고함치듯이 말하다, (천둥 따위가) 울리다

명 고함소리

bellow는 동사로 큰 소리로 울거나 말하는 것을 포함해 소리가 크게 울리는 것을 나타냅니다. 따라서 매우 크고 강렬한 소리를 내거나 발언하는 것뿐만 아니라 천둥 따위가 크게 울리는 것도 bellow로 나타낼 수 있습니다. 또한 명사로는 '고함소리'를 의미하기도 합니다.

1 The thunder suddenly bellowed throughout the sky.

갑자기 천둥소리가 하늘을 가득 메워 울렸다.

2 The man let out a bellow of rage.

남자는 분노의 고함을 질렀다.

Plus+ thunder 명 천둥(소리)　　　　throughout 전 ~ 도처에
let out (울음 소리·신음소리 등을) 내다　　rage 명 분노

1898

whale

[weɪl]

명 고래

whale은 '고래'를 의미합니다. 어원을 추적해 보면 원래는 '물고기'를 뜻했던 것 같습니다. 지금은 고래가 포유류인 것을 알지만 당시에는 고래를 물고기의 한 종류로 여겼을 테고, 그 크기가 다른 물고기에 비해 엄청난 만큼 특별히 지칭해서 불렀던 것 같습니다. 그래서일까요? a whale of a~라고 하면 '엄청난 ~', '대단한 ~'라는 의미를 나타냅니다.

1 We saw a whale while sailing.

우리는 항해하면서 고래를 봤다.

2 Olivia made a whale of a profit on that deal.

Olivia는 그 거래로 엄청난 이익을 남겼다.

Plus+ sail 동 항해하다　　　　profit 명 이익
deal 명 거래

1899

brave

[breɪv]

형 용감한, 화려한[멋진, 훌륭한]

동 용감하게 맞서다[도전하다]

명 용감한 사람들[용사, 전사]

brave는 기본적으로 '용감한'이라는 뜻입니다. brave는 bravo(브라보)와 어원이 같다고 하는데 사실 두 단어의 원래 의미는 '폭력적인, 야만적인'이었다고 합니다. 폭력에 맞서 용감하게 싸우는 모습을 연상해 보세요. 어원과 다른 뜻으로 변화한 사례입니다.

1 Ethan was a brave man who wasn't afraid to fight for what he believed in.

Ethan은 자신이 믿는 것을 위해 싸우는 것을 두려워하지 않는 용감한 사람이었다.

2 We must brave the storm and keep moving forward.

우리는 역경에 용감히 맞서 계속 앞으로 나아가야 한다.

Plus+ fight for ~을 위해 싸우다　　move forward 앞으로 나아가다, 전진하다

1900

object

[ˈɑːbdʒekt] [əbˈdʒekt]

명 물건[물체], 목적[목표], 대상[사물]

동 반대하다

object는 명사로 '물체, 목적, 대상' 등을 뜻합니다. 어원을 살펴보면 원래 의미는 '던져진 것'이었는데, 무언가 우리 앞에 던져졌을 때, 그것을 어떻게 부르는지에 따라 object가 '물체'일 수도, '목적'일 수도, '대상'일 수도 있는 것이죠. object는 동사로 사용되어 '반대하다'라는 의미를 나타내기도 합니다.

1 The mysterious objects turned out to be pieces of an old satellite.

그 신비한 물체는 오래된 인공위성의 조각들로 밝혀졌다.

2 People object to the implementation of the new policy.

사람들은 새로운 정책의 시행을 반대한다.

Plus + turn out ~인 것으로 드러나다[밝혀지다] satellite 명 인공위성
implementation 명 이행, 수행

1901

exchange

[ɪksˈtʃeɪndʒ]

동 교환하다, 맞바꾸다, 환전하다

명 교환

exchange를 보면 ex(밖으로)와 change(바꾸다)가 결합한 것임을 알 수 있습니다. 즉, 서로 가지고 있는 것을 상대에게 넘겨주며 바꾸는 행위를 뜻합니다. 그래서 '교환하다, 맞바꾸다'라는 뜻을 갖게 되었죠.

1 I would like to exchange this shirt for a smaller size.

이 셔츠를 더 작은 사이즈로 교환하고 싶습니다.

2 We exchanged email addresses before we left the seminar.

우리는 세미나를 떠나기 전에 이메일 주소를 교환했다.

Plus + would like to V ~하고 싶다

1902

spine

[spaɪn]

명 척추[등뼈, 지느러미 가시], 근성[정신력], 등성이[산마루, 돌기]

spine은 주로 '척추'를 의미하며 '가시, 뼈' 등을 나타내기도 합니다. 대개 가시는 뾰족하고 뼈는 단단합니다. 무언가 '날카롭고 강인한' 느낌이 들지 않나요? 이러한 의미에서 확장되어 spine은 '근성, 정신력'이라는 뜻으로 쓰이기도 합니다.

1 Max has a flexible spine, enabling him to bend and twist easily.

Max는 유연한 척추를 가져서, 쉽게 구부리고 비틀 수 있다.

2 Be careful of the fish's sharp spines when you handle it.

그 물고기를 다룰 때는 날카로운 가시를 조심 해.

Plus + flexible 형 유연한 enable 동 (사람에게) ~을 할 수 있게 하다
handle 동 다루다

1903

clever

['klevər]

형 영리한, 재주가 있는,
정교한[독창적인]

clever는 일반적으로 '똑똑한'이라는 뜻의 형용사입니다. 원래 의미는 '유쾌한, 예의 바른'이었는데, 옛날 사람들은 성격이 좋고 예의가 바르면 똑똑하다고 여겼나 봅니다. 그래서인지 clever는 '재주가 있는'이라는 뜻으로도 쓸 수 있습니다.

1　He was always a clever child and did well in school.
　그는 항상 영리한 아이였고 학교에서도 잘했다.

2　Chloe is clever with her hands and good at fixing things.
　Chloe는 손재주가 좋아서 물건을 잘 고친다.

Plus+ be good at ~에 능숙하다, 잘하다

1904

desperate

['despərət]

형 절망적인, 자포자기의,
필사적인[절박한],
극도의[지독한]

desperate는 원래 '희망이 전혀 없는'이라는 뜻이었습니다. 그런데 너무 힘들고 희망이 없으면 자포자기하게도 되지만, 오히려 절박해지기도 하지요? 그래서 오늘날은 무언가를 필사적으로 갈망하는 상태도 나타내게 되었습니다.

1　The situation is desperate, and it seems there is no way out.
　상황이 절망적이어서 빠져나갈 길이 없어 보인다.

2　In a desperate attempt to avoid being caught, Ivy ran into the woods.
　붙잡히지 않기 위한 필사적인 시도로 Ivy는 숲으로 뛰어 들어갔다.

Plus+ seem 동 (~인 것처럼) 보이다　　　　way out (곤란한 상황의) 탈출구
attempt 명 시도　　　　　　　　　　run into ~로 뛰어 들어가다

1905

polite

[pə'laɪt]

형 예의 바른[공손한, 고상한]

polite가 원래 '광나는, 매끄러운'이라는 뜻이었다는 것을 알고 계셨나요? 이러한 의미가 사람의 태도에 적용되어 모나지 않고 매끄러운 사람을 나타내는 단어가 되었나 봅니다. 그래서 오늘날 polite는 '예의 바른, 공손한, 고상한' 등을 나타내는 형용사로 쓰입니다.

1　Eva was polite and kind to the guests.
　Eva는 손님들에게 예의 바르고 친절했다.

2　It's always polite to say "please" and "thank you."
　"부디"와 "감사합니다"라고 말하는 것은 항상 예의 바른 행동이다.

Plus+ guest 명 손님

1906

desire

[dɪˈzaɪə(r)]

명 욕구[욕망], 욕정, 요구[요청]

동 바라다

desire의 기본 의미는 '그리워하다'입니다. 옛날 사람들은 별을 보며 무언가를 기원하고 그리워했다고 하죠? 이것이 세월이 지나면서 '욕구, 욕망, 욕정'이라는 뜻을 나타내게 되었다고 합니다. 그래서 desire는 동사로는 '바라다', 명사로는 '바라는 것', 즉 '욕구, 욕망' 등을 나타냅니다.

1 Her desire for power led her to corruption.

권력에 대한 욕망이 그녀를 부패로 이끌었다.

2 He desired to be president of the company one day.

그는 언젠가 그 회사의 회장이 되기를 바랐다.

Plus + power 명 권력 corruption 명 부패, 타락
president 명 (사업체 등의) 회장[-장]

1907

brief

[brif]

형 잠깐의, 잠시의, 간결한[간단한]

명 짧은 보고[발표]

brief는 원래 '짧은'이라는 뜻을 나타내는 형용사입니다. 짧다는 것은 꼭 길이가 짧은 것만을 의미하지는 않습니다. brief는 늘어지지 않고 군더더기 없다는 뉘앙스도 포함하고 있습니다. 그래서 '간결한'이라는 뜻으로 쓰이기도 하고, 명사로는 주로 '짧은 보고'를 뜻합니다.

1 I had a brief meeting this morning.

나는 오늘 오전에 짧은 회의가 있었다.

2 I gave Paul a brief explanation of the mission.

나는 Paul에게 임무에 관해 간단히 설명했다.

Plus + explanation 명 설명 mission 명 임무

1908

guilty

[ˈɡɪlti]

형 유죄의, 떳떳지 못한, 죄책감이 드는

guilty의 기본 의미는 '범죄에 대한 책임이 있는'입니다. 그래서 '유죄의, 떳떳지 못한, 죄책감이 드는' 등의 다양한 의미를 나타내죠. 영어권에는 guilty가 들어간 표현들이 많습니다. 대표적으로 일상생활에서 많이 쓰는 feel guilty(죄책감을 느끼다), find guilty of(~에게 유죄 판결을 내리다), feel a guilty conscience (양심의 가책을 느끼다) 등이 있습니다. 참고로 '죄책감', '유죄'라는 뜻의 명사는 guilt입니다.

1 Jimmy argued that the man was guilty of the crime.

Jimmy는 그 남자가 유죄라고 주장했다.

2 He gave me a guilty look.

그는 내게 떳떳지 못한 표정을 지었다.

Plus + argue 동 주장하다 look 명 (얼굴의) 표정

1909

descend

[dɪ'send]

동 내려오다[가다],
(아래쪽으로) 경사지다,
(성질 따위가) 전해지다,
(순차적으로) 감소하다

descend는 원래 '아래로 가다'라는 뜻이었습니다. 말 그대로 물리적 움직임만을 표현했죠. 그러나 시간이 지나면서 의미가 점점 추상적으로 확대되어 '~이 전해지다, ~이 감소하다'라는 뜻도 나타내게 되었습니다.

1 Ann descended the mountain carefully.

Ann은 조심스럽게 산을 내려갔다.

2 The plane descended slowly towards the airport.

비행기는 공항을 향해 천천히 내려왔다.

Plus+ airport 명 공항

1910

manor

['mænə(r)]

명 (봉건시대) 영지[장원],
(큰 영지 안에 있는)
영주의 저택, 경찰 관할 구역

manor는 봉건시대의 '영지, 장원'을 뜻하는 명사입니다. 원래는 '주거지, 거주지'라는 말에서 유래했습니다. 생각해 보면 봉건시대에는 특정 땅에 거주하는 지배자가 있었고 그 지배자가 '영주'였죠. 그 땅이 영주의 땅이었던 것을 생각해 보면 manor의 모든 의미가 쉽게 이해되실 겁니다.

1 The manor is owned by the local lord.

그 영지는 지방의 영주가 소유하고 있다.

2 They visited a historic manor in the countryside.

그들은 시골에 위치한 역사적인 영주의 저택을 방문했다.

Plus+ own 동 소유하다   local 형 지역의
historic 형 역사적인

1911

bee

[biː]

명 벌[꿀벌],
(비유적) 부지런한 일꾼[사람],
(오락 등을 위한) 모임

잘 알고 계시듯이 bee는 '벌'을 의미합니다. 대개 벌을 생각하면 꿀을 모으기 위해 부지런히 날아다니는 모습이 떠오르실 텐데요, 그래서 bee는 비유적으로는 '부지런한 일꾼, 사람' 등을 뜻하기도 합니다. 또한 벌이 집단으로 일하는 모습이 마치 여러 사람이 모여 특정한 일을 하는 모습과 닮았다고 하여 '사회적 모임'이라는 뜻을 나타내기도 합니다.

1 A bee stung Jane on her right leg.

벌이 Jane의 오른쪽 다리를 쏘았다.

2 Harry is hosting a quilting bee at his house.

Harry는 그의 집에서 퀼트 만들기 모임을 주최하고 있다.

Plus+ sting 동 쏘다 (stung - stung)   host 동 (행사를) 주최하다

1912

pluck

[plʌk]

- 图 뽑다, 뜯어내다
- 图 담력, 용기, 잡아당기기

pluck은 동사로는 '뽑다, 뜯어내다'를 뜻합니다. 원래 '날개의 깃털을 뽑아내다'라는 뜻에서 유래했다고 합니다. pluck이 명사로는 '잡아당기기' 외에도 '담력'을 뜻하기도 하는데, 이는 '뽑다, 뜯어내다'라는 행위가 '어려움 속에서도 계속해서 시도하고 노력하다'라는 의미로도 해석될 수 있기 때문으로 추측됩니다.

1 He plucked out weeds in the garden.

그는 정원에서 잡초를 뽑았다.

2 It took a lot of pluck for Kate to give that speech in front of many people.

Kate가 많은 사람들 앞에서 연설을 하는 데는 많은 용기가 필요했다.

Plus + weed 图 잡초　　　　　　take 图 필요하다, 있어야 하다

1913

professor

[prəˈfesə(r)]

- 图 (대학) 교수

professor는 '공개적으로 선언하다'를 뜻하는 동사 profess에서 파생된 단어입니다. 애초에 '교수'라는 직업은 자신의 학문적 성과를 공개적으로 선언하고 가르치는 일이죠. 이런 이유로 professor가 '교수'라는 뜻으로 굳어진 듯합니다.

1 The professor lectured on the history of the Middle Ages.

그 교수는 중세 시대의 역사에 대해 강의했다.

2 Jade had a meeting with her professor to discuss her thesis.

Jade는 그녀의 학위 논문에 대해 논의하기 위해 교수님과 면담했다.

Plus + lecture 图 강의하다　　　　thesis 图 학위 논문

1914

relax

[rɪˈlæks]

- 图 휴식을 취하다, (긴장 등을) 늦추다, 안심[진정]하다, (규칙 등을) 완화하다

relax 역시 우리가 일상에서 자주 쓰는 단어이지요? 일반적으로 휴식을 취하거나 긴장을 푸는 행동 또는 상태를 뜻합니다. 원래 relax는 어떤 물체가 '느슨해짐'을 뜻했습니다. 이 뜻이 추상적으로 확대되면서 오늘날의 의미를 갖게 되었다고 합니다.

1 After a long day at work, Jane likes to relax by reading a book.

회사에서 긴 하루를 보낸 후, Jane은 책을 읽으며 휴식을 취하는 것을 좋아한다.

2 I need to relax my muscles before a workout.

나는 운동 전에 근육을 이완시켜야 한다.

Plus + muscle 图 근육　　　　　workout 图 운동

1915

miserable

[ˈmɪzrəbl]

혱 비참한, 불쌍한, 보잘것없는, 비열한

miserable은 매우 불행하거나 불쾌한 상태를 묘사하는 형용사입니다. 원래 '불행한 사람, 불쌍한 사람'을 가리키는 말에서 파생되었습니다. 감정적인 불편함이나 불만족스러움은 물론 매우 부정적인 평가나 낮은 품질을 뜻하는 형용사로도 사용됩니다.

1 Tom felt miserable after the breakup.

Tom은 이별 후 매우 비참했다.

2 Her behavior made me miserable.

그녀의 행동이 나를 불쌍하게 만들었다.

Plus + breakup 몡 이별　　　　　　behavior 몡 행동

1916

wool

[wʊl]

몡 양털[양모], 모직물, 털실[솜털]

wool은 주로 양 같은 동물의 털을 나타냅니다. 양털은 주로 두툼하고 곱슬거리는 특징이 있지요? 그래서인지 wool은 '양털'이라는 본래 뜻 외에도 곱슬머리나 꼬인 머리카락을 비유적으로 묘사하는 데 쓰이기도 합니다. 하지만 특정 인종이나 문화에서는 민감할 수 있기 때문에 때로는 부적절하거나 무례하게 해석될 수도 있습니다.

1 The wool from these sheep is soft.

이 양들의 털은 부드럽다.

2 Zoey bought a beautiful wool blanket.

Zoey는 아름다운 양모 담요를 샀다.

Plus + sheep 몡 양　　　　　　blanket 몡 담요

1917

domain

[doʊˈmeɪn]

몡 영역[분야], 범위, 영토[영지]

domain의 기본 의미는 '소유한 것'입니다. 오늘날 domain은 다양한 맥락에서 특정 활동, 관심사, 아이디어, 기능 등의 '범위, 영역'을 의미하고 실제 '영토'나 '소유지'를 뜻하기도 합니다. 또한 요즘에는 의미가 확장되어 인터넷상의 '도메인'을 나타내기도 합니다.

1 Math is Emily's domain, and she excels in it.

수학은 Emily의 영역이고, 그녀는 그 분야에서 뛰어나다.

2 The subject of physics is not within his domain.

물리학 주제는 그의 영역에 속하지 않는다.

Plus + excel in ~에서 뛰어나다　　　　　　physics 몡 물리학
within 젠 (범위 등) ~이내에

1918

hound

[haʊnd]

- 몡 사냥개, (특정 주제에) 광적인[열중인] 사람, 비열한 인간
- 통 사냥개로 사냥하다, 괴롭히다

hound의 기본 의미는 '사냥개'입니다. 이 밖에도 사냥개의 특징을 따라서 누군 가를 계속해서 괴롭히거나 쫓는 사람을 의미하기도 하죠. hound는 동사로는 말 그대로 '사냥개로 사냥하다' 또는 '따라다니며 괴롭히다'라는 뜻으로 쓰입니다.

1 **The hound is chasing after the fox.**
그 사냥개는 여우를 쫓고 있다.

2 **My parents hounded me to do homework.**
부모님은 내가 숙제를 하게끔 들볶았다.

Plus + chase after ~을 쫓다

1919

equipment

[ɪˈkwɪpmənt]

- 몡 장비, 설비, 준비[채비]

equipment는 '(특정 작업을 수행하는 데 필요한) 도구, 기계, 장비 또는 용품' 을 의미합니다. 원래는 '준비하다, 갖추다'라는 뜻의 프랑스어 *équiper*에서 유래 했다고 합니다. '갖추어 차림'이라는 우리말 '장비'의 사전적 정의에 잘 부합하지 않나요?

1 **This construction company has a lot of heavy equipment.**
이 건설 회사는 중장비를 많이 보유하고 있다.

2 **The lab was filled with advanced scientific equipment.**
그 연구실은 첨단 과학 설비로 가득 차 있었다.

Plus + construction 몡 건설　　　　advanced 혱 고급[상급]의
scientific 혱 과학의

1920

owe

[oʊ]

- 통 빚지고 있다, 신세 지고 있다, 은혜를 입고 있다

owe는 빚이나 신세를 지고 있거나 은혜를 입고 있는 상황을 나타내는 동사입 니다. 주로 자신이 빚을 갚아야 하거나, 은혜에 대해 보답해야 하거나, 특성 행동 을 해야 하는 의무가 있다는 표현을 할 때 쓰이지요. 비슷한 맥락에서 '~ 덕분 이다'라는 뜻으로도 사용됩니다.

1 **Lucas owes a lot of money to the bank.**
Lucas는 은행에 많은 빚을 지고 있다.

2 **I owed Lucy a lot for this project.**
나는 이번 프로젝트로 Lucy에게 큰 신세를 졌다.

Plus + owe A to B A는 B 덕분이다

우리말에 맞게 빈칸에 알맞은 단어를 쓰세요.

(정답은 본문을 확인하세요.)

1   The _____ will be delivered tomorrow morning.

그 소포는 내일 아침에 배달될 것이다.

2   Everyone found their new colleague _____.

모두가 새로운 동료를 비밀스럽다고 여겼다.

3   Levi is known for his _____ temper.

Levi는 성격이 고약하다고 알려져 있다.

4   I felt a deep _____ when my dog died.

나는 강아지가 죽자 깊은 상실감을 느꼈다.

5   Amelia thanked her fans for their continuous _____.

Amelia는 팬들의 끊임없는 지지에 감사를 전했다.

6   Sam was the friend I could _____ on.

Sam은 내가 의지할 수 있는 친구였다.

7   The thunder suddenly _____ throughout the sky.

갑자기 천둥소리가 하늘을 가득 메워 울렸다.

8   We saw a _____ while sailing.

우리는 항해하면서 고래를 봤다.

9   We must _____ the storm and keep moving forward.

나는 역경에 용감히 맞서 계속 앞으로 나아가야 한다.

10 People _____ to the implementation of the new policy.

사람들은 새로운 정책의 시행을 반대한다.

11 I would like to _____ this shirt for a smaller size.

이 셔츠를 더 작은 사이즈로 교환하고 싶습니다.

12 Be careful of the fish's sharp _____ when you handle it.

그 물고기를 다룰 때는 날카로운 가시를 조심 해.

13 Chloe is _____ with her hands and good at fixing things.

Chloe는 손재주가 좋아서 물건을 잘 고친다.

14 The situation is _____, and it seems there is no way out.

상황이 절망적이어서 빠져나갈 길이 없어 보인다.

15 Eva was _____ and kind to the guests.

Eva는 손님들에게 예의 바르고 친절했다.

16 Her _____ for power led her to corruption.

권력에 대한 욕망이 그녀를 부패로 이끌었다.

17 I had a _____ meeting this morning.

나는 오늘 오전에 짧은 회의가 있었다.

18 He gave me a _____ look.

그는 내게 떳떳지 못한 표정을 지었다.

19 Ann _____ the mountain carefully.

Ann은 조심스럽게 산을 내려갔다.

20 The _____ is owned by the local lord.

그 영지는 지방의 영주가 소유하고 있다.

21 A _____ stung Jane on her right leg.

벌이 Jane의 오른쪽 다리를 쏘았다.

22 He _____ out weeds in the garden.

그는 정원에서 잡초를 뽑았다.

23 The _____ lectured on the history of the Middle Ages.

그 교수는 중세 시대의 역사에 대해 강의했다.

24 I need to _____ my muscles before a workout.

나는 운동 전에 근육을 이완시켜야 한다.

25 Tom felt _____ after the breakup.

Tom은 이별 후 매우 비참했다.

26 The _____ from these sheep is soft.

이 양들의 털은 부드럽다.

27 The subject of physics is not within his _____.

물리학 주제는 그의 영역에 속하지 않는다.

28 The _____ is chasing after the fox.

그 사냥개는 여우를 쫓고 있다.

29 This construction company has a lot of heavy _____.

이 건설 회사는 중장비를 많이 보유하고 있다.

30 Lucas _____ a lot of money to the bank.

Lucas는 은행에 많은 빚을 지고 있다.

Level 65

레벨별 단어 사용 빈도

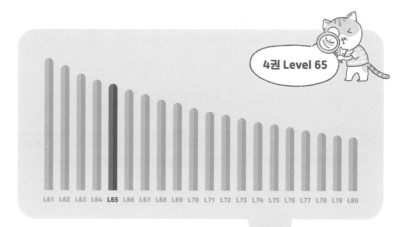

4권 Level 65

L61 L62 L63 L64 **L65** L66 L67 L68 L69 L70 L71 L72 L73 L74 L75 L76 L77 L78 L79 L80

LEVEL 1~20   LEVEL 21~40   LEVEL 41~60   **LEVEL 61~80**   LEVEL 81~100

1921

sticky

[ˈstɪki]

형 끈적거리는,
습기 차고 무더운, 곤란한,
매우 불쾌한

sticky의 기본 뜻은 '끈적거리는'입니다. 이는 물리적 특성을 뜻하기도 하지만 비유적인 상황을 설명할 때도 사용됩니다. 즉, sticky는 물질이 끈적거리거나 달라붙는 성질을 나타내기도 하고 습하고 더운 날씨, 또는 불편하거나 까다로운 상황을 표현하기도 합니다.

1 This glue is very sticky and easy to use.

이 접착제는 매우 끈적거리고 사용하기 쉽다.

2 The weather was hot and sticky today.

오늘 날씨가 덥고 습했다.

Plus+ glue 명 접착제

1922

brass

[bræs]

형 놋쇠, 금관 악기, 고관들

brass는 크게 세 가지 뜻을 나타냅니다. 바로 '놋쇠, 금관 악기, 고관들'이지요. 사실 '놋쇠'가 구리와 아연의 합금을 의미하므로 '금관 악기'라는 뜻까지 확장되는 것은 이해되는데, '고관들'이라는 뜻은 어떻게 나온 것인지 궁금하시죠? 이는 과거 군대에서 고위직 장교들이 놋쇠 재질로 만든 배지와 장식을 많이 사용하던 것에서 유래했다고 합니다.

1 Nora made a brass sculpture.

Nora는 놋쇠로 조각품을 만들었다.

2 Jace is a good player of brass instruments.

Jace는 훌륭한 금관 악기 연주자이다.

Plus+ sculpture 명 조각품   instrument 명 악기

1923

toilet

[ˈtɔɪlət]

형 화장실, 변소[변기], 화장,
몸단장

toilet은 참으로 이상한 단어입니다. 미국에서는 '변기'를 의미하는 반면 영국에서는 '화장실'을 나타내니 말이죠. 더 재미있는 점은 toilet이 원래 미용이나 청결을 위해 사용되는 용품을 가리키는 말이었다는 것입니다. 그래서인지 오늘날에도 '화장, 몸단장'이라는 의미를 나타내기도 합니다. 생각해 보면 변기도 나름 청결을 위한 것이니 의미가 완전히 다르지는 않은 것 같네요.

1 Could you tell me where the men's toilet is?

남자 화장실이 어디에 있는지 알려 주실 수 있습니까?

2 We need to install a ventilation system in the toilet.

우리는 화장실에 환기 장치를 설치해야 한다.

Plus+ install 동 설치하다   ventilation 명 환기
system 명 장치

1924

harm
[hɑːrm]

- 명 해[해악], 손해[손상]
- 동 해를 끼치다, 훼손하다

harm은 명사로는 주로 '해, 해악' 등을 의미하고, 동사로는 '해를 끼치다'라는 뜻을 나타냅니다. 신체적·정신적 손상뿐만 아니라 부정적 영향 등 넓은 범위를 포괄하는 개념이라고 생각하시면 됩니다. 영어권에서는 harm을 활용하여 Do no harm.이라는 표현을 많이 쓰는데, 이는 '해를 끼치지 마라.'라는 뜻입니다.

1 The storm did considerable harm to the crops in this region.
그 폭풍은 이 지역의 농작물에 상당한 피해를 입혔다.

2 Smoking harms your health.
흡연은 당신의 건강에 해를 끼친다.

Plus + considerable 형 상당한　　crop 명 (농)작물
region 명 지역

1925

soften
['sɔːfn]

- 동 부드럽게[연하게] 하다,
(마음 등을) 누그러지게 하다,
완화시키다,
(고통 등을) 경감하다

soften은 '부드러운'을 의미하는 형용사 soft에서 파생된 동사입니다. 주로 '부드럽게 하다, 연하게 하다' 등의 뜻으로 많이 쓰이죠. soften은 물리적 부드러움뿐만 아니라 감정적 부드러움이나 완화, 경감 등도 나타낼 수 있습니다.

1 You can soften butter by leaving it at room temperature.
버터를 실온에 두면 부드럽게 만들 수 있다.

2 Helen's harsh words did nothing to soften John's anger.
Helen의 거친 말은 John의 분노를 누그러뜨리는 데 전혀 도움이 되지 않았다.

Plus + at room temperature 실온에서　　harsh 형 거친
anger 명 분노, 화

1926

balance
['bæləns]

- 명 균형, 잔고[잔액], 천칭[저울]
- 동 균형을 잡다

balance는 '두 개의 접시'라는 뜻을 가진 라틴어 *bilanx*에서 유래했습니다. 두 개의 접시가 의미하는 것은 무엇일까요? 바로 저울입니다! 저울은 양쪽에 무게를 달아 서로 비교하는 것이지요. 이러한 맥락에서 balance는 동사로는 '균형을 잡다', 명사로는 '균형'이라는 뜻을 나타냅니다. 여기서 한 걸음 더 확장된 뜻이 바로 '잔고, 잔액'인데, 잔고가 마치 저울처럼 입금과 출금의 균형을 맞게 하는 역할을 한다고 하여 생겨난 뜻입니다.

1 Good balance is needed for riding a bicycle.
자전거를 타기 위해서는 좋은 균형감각이 필요하다.

2 What's the balance of your bank account?
당신의 은행 계좌 잔액이 얼마인가요?

Plus + account 명 계좌

1927

jam
[dʒæm]

명 (과일) 잼, 혼잡, 교통 체증, 막힘[걸림]

jam은 처음에 '단단히 누르다'라는 뜻이었습니다. 우리가 즐겨 먹는 잼을 만들기 위해서는 과육을 눌러 으깨야 하는 것을 떠올려 보면 '단단히 누르다'라는 의미가 여기에 적용되어 현재 우리가 잘 알고 있는 '(과일) 잼'이라는 의미가 생겨난 것 같습니다. 그밖에도 무언가 단단히 누른다는 뉘앙스에서 '교통 체증, 막힘'과 같은 의미도 파생되었습니다.

1 Sophie likes strawberry jam on her toast.
Sophie는 토스트에 딸기잼을 발라 먹는 것을 좋아한다.

2 Gerald was stuck in a traffic jam on his way to work.
Gerald는 출근길에 교통 체증에 갇혀 있었다.

Plus+ be stuck 꼼짝도 못 하다   traffic jam 교통 체증

1928

neighborhood
['neɪbərhʊd]

명 이웃, 주위, 인근

neighborhood는 '이웃, 주위, 인근' 등을 나타냅니다. 이 단어는 '이웃'을 뜻하는 neighbor와 hood가 합쳐진 것입니다. hood는 '상태, 직위, 직업' 등을 나타내는 단어에서 유래했습니다. 오늘날 hood가 들어간 단어들은 그 앞에 붙은 단어의 속성을 지닌 무언가를 의미하는데 여기서는 neighbor(이웃)의 속성을 지닌 것들을 의미한다고 보시면 됩니다.

1 My new neighborhood is friendly and welcoming.
나의 새로운 이웃은 친절하고 따뜻하다.

2 Mia lives in a neighborhood of Paris.
Mia는 파리 근교에 산다.

Plus+ friendly 형 친절한   welcoming 형 따뜻한, 따뜻이 맞이하는

1929

squid
[skwɪd]

명 오징어

이제 우리에게 squid라는 단어는 너무 익숙하죠? 전 세계를 강타한 드라마 〈오징어 게임Squid Game〉 덕분인데요. 드라마 제목에서 바로 알 수 있듯이 squid는 '오징어'를 의미합니다. 원래 의미는 '먹물을 뿌리다'였는데, 시간이 지나면서 이런 특성을 지닌 '오징어'만을 지칭하게 되었습니다.

1 The squid squirted ink at the approaching predators.
오징어는 다가오는 포식자들에게 먹물을 뿌렸다.

2 Penguins mainly feed on squid and shrimp.
펭귄은 주로 오징어와 새우를 먹고 산다.

Plus+ squirt 동 (액체를) 뿜어 대다   approach 동 다가가다
predator 명 포식자, 포식 동물   feed on ~을 먹고 살다

1930

display

[dɪˈspleɪ]

동 보여 주다, 전시[진열]하다,
나타내다[드러내다]

명 전시[진열]

display는 '펼치다, 넓히다'라는 뜻의 라틴어 *displicare*에서 유래했습니다. 시간이 지나면서 물건을 전시하고 진열하는 행위를 나타내는 동사로 뜻이 확장되었으며 비슷한 맥락에서 어떠한 자질 등을 나타낼 때도 쓰입니다. display가 명사로는 '전시, 진열' 자체를 의미하기도 합니다. 동사의 의미 '보여 주다, 나타내다'와 비슷한 의미의 단어로 비슷한 단어로 show, present 등이 있습니다.

1 Leah displayed an artistic tendency from an early age.

Leah는 어릴 때부터 예술적인 성향을 보였다.

2 The museum had a new display of ancient artifacts.

그 박물관에서 고대 유물의 새로운 전시가 열렸다.

Plus + artistic 형 예술의   tendency 명 성향
artifact 명 공예품

1931

rail

[reɪl]

명 난간[가로대], (철도의) 레일

동 레일을 깔다,
난간[울타리]으로 둘러싸다

rail은 명사로는 주로 '난간, 철도의 레일' 등을 의미합니다. 원래는 '작은 막대'를 의미했는데 시간이 지나면서 막대들을 연결한 구조물들을 총칭하게 되었습니다. 동사로는 난간이나 레일 등의 구조물을 설치하는 행위를 뜻합니다.

1 Looking at the sunset, Paul leaned on the bridge's rail.

석양을 바라보며 Paul은 다리 난간에 기대었다.

2 We railed the backyard for safety.

우리는 안전을 위해 뒷마당에 난간을 설치했다.

Plus + lean on ~에 기대다   bridge 명 다리

1932

copy

[ˈkɒːpi]

동 복사[복제]하다, 모방하다,
베끼다

명 복사[복제], 한 부(部)[권]

copy는 원래 '풍부함, 다량'을 뜻하는 단어였다가 시간이 지나면서 이런 의미를 바탕으로 '복사하다, 복제하다'라는 뜻으로 확장되었습니다. 지금은 인쇄술이 있어서 copy라고 하면 기계로 사본을 찍어 내는 말로 인식하지만, 예전에는 거의 손으로 베껴 쓰는 행위를 의미했습니다. copy는 명사로는 '복사, 복제' 그리고 '한 부[권]'라는 뜻을 갖습니다.

1 Emily copied Jake's homework before class.

Emily는 수업 전에 Jake의 숙제를 베꼈다.

2 Could you make ten copies of this document for the meeting?

회의용으로 이 서류를 열 부만 복사해 주실 수 있습니까?

Plus + document 명 서류, 문서

1933

hose
[houz]

명 (수도용) 호스, 긴 양말
동 호스로 물을 뿌리다

hose라는 단어를 보면 아마 바로 '(수도용) 호스'가 떠오르실 겁니다. 원래 hose는 '긴 양말'을 의미했습니다. 그러다 호스가 발명되자 마치 긴 양말처럼 생겼다고 해서 이를 지칭하는 용어로 쓰였습니다. 원래 의미였던 '긴 양말'보다 '(수도용) 호스'라는 뜻이 더 주된 의미로 자리 잡게 된 셈이죠. hose는 동사로 '호스로 물을 뿌리다'라는 뜻도 나타냅니다.

1 Daniel watered the garden with a new hose.
Daniel은 새로운 호스로 정원에 물을 주었다.

2 After mowing the lawn, Amy hosed down the sidewalk.
잔디를 깎은 후, Amy는 호스로 물을 뿌려 인도를 청소했다.

Plus + water 동 물을 주다   mow 동 (잔디를) 깎다
lawn 명 잔디밭   sidewalk 명 인도, (포장한) 보도

1934

cord
[kɔːrd]

명 끈, 가는 밧줄, (전기) 코드
동 밧줄[끈]로 묶다

cord의 원래 의미는 '끈, 가는 밧줄'이었습니다. 전기 코드가 발명되었을 때 이를 지칭할 말이 없자 cord라고 부르기 시작했고 그래서 지금은 기본 의미인 '끈, 가는 밧줄'보다 '(전기) 코드'로 인식하는 경우가 많습니다. cord는 동사로 '밧줄, 끈 등으로 묶다'라는 뜻도 나타냅니다.

1 I need a longer power cord for this computer.
이 컴퓨터에 쓸 길이가 더 긴 전원 코드가 필요하다.

2 Sarah corded the boxes together for easy transport.
Sarah는 운반하기 쉽게 상자들을 한데 묶었다.

Plus + power 명 (공급되는) 전기   transport 명 수송

1935

text
[tɛkst]

명 글[문서], 본문, 주제[논제]
동 문자 메시지를 보내다

text의 기본 의미는 '글'입니다. 원래는 '~을 짜다, 엮다'라는 동사에서 유래했습니다. 생각해 보면 '글'이라는 것은 단어와 문장을 짜고 엮어서 만든 것이지요. 이러한 맥락에서 의미가 확장되어 text는 동사로 '문자 메시지를 보내다'라는 뜻도 나타냅니다.

1 Take a look at line 8 of the text.
본문 여덟 번째 행을 보아라.

2 Judy texted me the address of the restaurant.
Judy는 내게 그 식당의 주소를 문자 메시지로 보내 주었다.

Plus + line 명 (글의) 행   address 명 주소

1936

mail

[meɪl]

명 우편(물), (컴퓨터) 메일

동 (우편으로) 보내다[부치다]

중세 시대에 mail은 '가방'을 의미했는데, 특히 수령인에게 우편물을 전달하는 우편 가방을 가리켰습니다. 이런 의미가 확장되어 mail은 명사로는 '우편'을 뜻하고, 동사로는 '(우편으로) 보내다[부치다]'라는 의미를 나타내게 되었습니다. 그리고 요즘에는 기술의 발전과 함께 '(컴퓨터) 메일'이라는 뜻으로도 많이 쓰입니다.

1 We got a package in the mail yesterday.
우리는 어제 우편으로 소포를 받았다.

2 Our client has not replied to the mail yet.
우리 고객은 아직 메일에 답장을 보내지 않았다.

Plus + client 명 고객, 의뢰인　　　　　　　reply 동 답장을 보내다
yet 부 아직

1937

universe

[ˈjuːnɪˌvɜːrs]

명 우주, 은하계,
전 세계[전 인류],
활동권[분야]

universe의 기본 의미는 '우주'입니다. 자세히 보면 universe 앞쪽에 uni-가 있지요? 이는 '하나'를 나타냅니다. 논리적으로 생각해 보면 '하나'는 '전체'이고 '전체'는 곧 '하나'지요, 그래서 universe는 '우주, 은하계'뿐만 아니라 '전 세계, 전 인류'를 나타내기도 합니다.

1 The universe is vast and infinite.
우주는 광대하고 무한하다.

2 There are various scientific views on how the universe began.
우주가 어떻게 시작되었는가에 대한 다양한 과학적 견해가 있다.

Plus + vast 형 막대한, 어마어마한　　　　infinite 형 무한한
various 형 다양한　　　　　　　　　view 명 견해

1938

partner

[ˈpɑːrtnə(r)]

명 동반자, 동료[협력자]

동 파트너가 되다,
제휴[협력]하다

partner는 '동반자, 협력자'를 나타냅니다. 주로 두 사람이나 그룹이 함께 일하거나 특정한 목적을 공유할 때 partner라는 단어를 씁니다. 비즈니스적 관점에서는 회사의 공동 소유자를 나타내기도 합니다. partner는 동사로 '제휴하다, 협력하다' 등의 의미를 나타내기도 합니다.

1 Eric is not just my husband, he's my best partner.
Eric은 단지 내 남편이 아니라, 나의 가장 친한 친구이다.

2 We decided to partner up for the project.
우리는 그 프로젝트를 위해 협력하기로 결정했다.

Plus + husband 명 남편　　　　　　　decide 동 결정하다
partner up 협력하다

1939

opinion

[əˈpɪnjən]

명 의견, 견해

opinion은 주로 주관적인 생각이나 추측, 즉 '의견'이나 '견해'를 의미합니다. opinion은 반드시 객관적인 사실이나 증거에 기초한 것을 의미하지는 않습니다. 개인적인 생각이나 감정, 신념, 주장을 기반으로 할 수도 있고, 타인의 의견이나 주장에 영향을 받는 의견이나 견해를 나타낼 수도 있습니다.

1 In my opinion, they should take a different approach.
내 생각에는 그들이 다른 접근법을 취해야 한다.

2 I don't have any opinion on this issue.
나는 이 문제에 관해 아무런 의견이 없다.

Plus + approach 명 접근법   issue 명 문제

1940

amount

[əˈmaʊnt]

명 총액[총계], (무엇의) 양

동 (양이) ~에 달하다,
총계가 ~에 이르다

amount를 자세히 보면 뒤쪽에 mount가 있지요? 원래 amount는 '산을 오르다'라는 뜻이었는데 시간이 지나면서 그 의미를 토대로 '~에 이르다, ~이 되다'라는 뜻으로 확장되었습니다. amount는 명사로는 '총액, 총계' 또는 '양'을 나타내기도 합니다.

1 The total amount of the bill was $55.
그 청구서의 총액은 55달러였다.

2 The donation amounted to $50,000.
기부금은 총 5만 달러에 달했다.

Plus + bill 명 청구서   donation 명 기부금, 기부

1941

opposite

[ˈɒpəzɪt]

형 반대편의, 맞은편의, 정반대의

명 정반대의 물건[사람]

opposite의 기본 이미지는 서로 대항하는 입장에 놓인 것들입니다. 여기에서 '반대편의, 맞은편의'라는 뜻이 나왔지요. 비유적으로는 '정반대의'라는 의미도 나타내게 되었습니다. 즉, opposite은 물리적으로 서로 반대편에 있는 것뿐만 아니라 개념 등이 서로 대조적인 특성을 가지고 있음도 나타낼 수 있습니다.

1 The bank is opposite the park.
그 은행은 공원 맞은편에 있다.

2 Allen thinks love is the opposite of hate.
Allen은 사랑이 증오의 반대라고 생각한다.

Plus + hate 명 증오

1942

needle

['niːdl]

명 바늘

동 바늘로 꿰매다[찌르다],
자극[선동]하다

needle은 명사로는 '바늘', 동사로는 '바늘로 꿰매다' 등을 의미합니다. 그런데 동사일 때 또 다른 뜻이 있는데 바로 '자극하다, 선동하다'입니다. 이런 의미는 바늘의 물리적 특성으로 인해 파생된 것입니다. 바늘은 뾰족하고 날카로워 무언가 찌르는 데 사용되지요? 이러한 점 때문에 누군가를 '자극하거나 선동하다'라는 뜻으로 의미가 확장되었다고 해요.

1 You will need a needle and thread to put this button back on.

이 단추를 다시 달려면 바늘과 실이 필요할 것이다.

2 The skilled tailor carefully needled the fine cloth.

숙련된 재단사가 고급 천을 신중하게 바느질했다.

Plus + thread 명 실   skilled 형 숙련된

1943

drain

[dreɪn]

명 배수관[로], (화폐 등의) 유출

동 (물을) 빼내다, 배수[방수]하다

drain의 기본 의미는 '빼내다'입니다. 과거에는 무언가를 빼낸다고 하면 당연히 '배수'를 떠올렸기 때문에 '배수관'이 일차적인 의미로 자리 잡게 되었습니다. 하지만 시간이 흐르면서 뜻이 확장되어 오늘날에는 '(화폐 등의) 유출' 등도 나타내게 되었습니다. 동사로는 '배수하다, 방수하다'를 뜻하기도 합니다.

1 The rainwater flowed into the drain.

빗물이 배수관으로 흘러들었다.

2 Farmers drain the field before planting.

농부들은 농작물을 심기 전에 밭에서 물을 빼낸다.

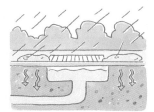

Plus + flow 동 흐르다   plant 동 (나무, 씨앗 등을) 심다

1944

bullet

['bʊlɪt]

명 총알, 탄환

bullet은 원래 '작은 공'을 뜻했습니다. 그러다 시간이 흘러 '총'이 발명되면서 '총으로 발사되는 작은 금속 덩어리'를 나타내게 되었습니다. 그래서 오늘날 bullet은 일반적으로 '총알, 탄환' 하나하나를 지칭하는 단어로 쓰입니다.

1 The soldiers loaded their guns with bullets.

군인들은 총에 총알을 장전했다.

2 We need more bullets to win this battle.

우리가 이 전투에서 이기려면 더 많은 총알이 필요하다.

Plus + load 동 (무기에 탄환 등을) 장전하다   battle 명 전투

1945

explore

[ɪkˈsplɔː(r)]

동 탐험[답사]하다,
탐구[분석]하다,
(세밀하게) 진찰하다,
만지작거리다

explore는 동사로 '탐험하다'라는 일차적 의미를 나타냅니다. 미지의 지역이나 장소를 발견하고 조사하는 것을 '탐험한다'라고 하죠? 이런 의미가 추상적으로 확장되어 어떠한 개념, 아이디어, 또는 주제 따위를 조사하고 연구하는 행위를 의미하기도 합니다.

1 **We decided to explore the Amazon rainforest.**
우리는 아마존 열대 우림을 탐험하기로 결심했다.

2 **The scientist explored the effects of climate change on marine life.**
그 과학자는 기후 변화가 해양 생물에 미치는 영향을 탐구했다.

Plus+ rainforest 명 (열대) 우림 effect 명 영향
climate 명 기후 marine 형 해양의

1946

award

[əˈwɔːrd]

명 상, 상금, 지급 판정

동 수여하다

award는 원래 동사로 '판단하다, 결정하다'라는 뜻을 나타냈습니다. 그러다 세월이 흐르면서 판단과 결정의 결과를 나타내게 되었죠. 그것이 바로 오늘날 우리가 알고 있는 award의 주요 뜻인 '상, 상금'입니다. 이러한 맥락에서 award는 '수여하다'라는 뜻도 나타냅니다.

1 **James received an award for his outstanding performance.**
James는 뛰어난 성과로 상을 받았다.

2 **The university awarded Mindy an honorary degree.**
대학은 Mindy에게 명예 학위를 수여했다.

Plus+ outstanding 형 뛰어난 performance 명 성과
honorary 형 명예의 degree 명 학위

1947

appreciate

[əˈpriːʃieɪt]

동 (올바로) 이해[인식]하다,
고맙게 생각하다,
시세[값]가 오르다,
진가를 알다

appreciate의 기본 의미는 '~의 가치를 알다'입니다. 이 핵심 의미에서 파생된 뜻들이 바로 '올바로 이해하다', '인식하다', '고맙게 생각하다'입니다. 이 같은 맥락에서 appreciate는 '감상하다'라는 의미를 나타내기도 합니다. 모두 '~의 가치를 알다'라는 공통 분모를 가지고 있습니다.

1 **We appreciate the complexity of the issue.**
우리는 이 문제의 복잡성을 인식하고 있다.

2 **I really appreciate your understanding.**
이해해 주셔서 정말 감사합니다.

Plus+ complexity 명 복잡성 understanding 명 이해

1948

grocery

[ˈɡroʊsəri]

명 식료 잡화점, 식료 잡화류,
식료 잡화 판매업

grocery는 주로 '식료품'과 관련된 것을 나타냅니다. 일단 잘 알려진 '식료 잡화점'이라는 뜻이 있고 비슷한 맥락에서 '식료 잡화류, 식료 잡화 판매업'을 뜻하기도 합니다. 이렇게 끝에 -ry가 붙으면 어떤 영역에 해당하는 모든 것을 일컫는 단어가 되는데 그중 대표 단어가 grocery입니다.

1 Jane visited the grocery store to pick up some milk.

Jane은 우유를 사러 식료품점을 방문했다.

2 We should quickly stock up on groceries as we are running out.

식료품이 다 떨어져 가니 얼른 비축해 두어야 한다.

Plus + stock up (상품 등으로) ~을 채우다   run out (공급품이) 다 떨어지다

1949

screech

[skriːtʃ]

동 쌩[끼익, 꽥] 하는 소리를 내다,
외마디 소리를 지르다

명 (찢는 듯한) 외마디 소리,
날카로운 외침

screech는 명사로는 '끼익 하는 소리'를, 동사로는 '끼익[꽥] 하는 소리를 내다'라는 뜻을 나타냅니다. 주로 매우 높고 날카로운 소리를 나타내는데, 비명과 같은 사람의 소리뿐 아니라 물체가 부딪히거나 긁힐 때 나는 소리를 묘사할 때도 사용됩니다. 비슷한 단어로 '꽥 소리를 지르다'라는 뜻의 shriek도 있으니 함께 알아 두셔도 좋겠군요.

1 The cars screeched to a halt.

차들이 갑자기 멈추며 끼익 하는 소리를 냈다.

2 The owl's screech woke the old man from his nap.

올빼미의 꽥하는 울음소리가 노인을 낮잠에서 깨웠다.

Plus + halt 명 멈춤   owl 명 올빼미
nap 명 낮잠

1950

polish

[ˈpɑːlɪʃ]

동 (윤이 나도록) 닦다,
~에 마무리 손질을 하다,
세련되게 하다,
문질러 닦게 하다,
(좋아지도록) 다듬다

polish는 보통 물체의 표면을 깨끗이 하고 광택을 내는 행위를 의미합니다. 그리고 여기서 비유적으로 뜻이 파생되어 무언가를 더욱 완벽하고 세련되게 만든다는 뜻으로 쓰이기도 하죠. 예를 들어, 어떤 작품이나 기술에 마지막 손질을 하는 것을 나타낼 수 있습니다.

1 William polished his shoes for the wedding.

William은 결혼식을 위해 그의 신발을 윤이 나게 닦았다.

2 Layla spent the entire week polishing her presentation.

Layla는 일주일 내내 발표를 다듬는데 시간을 쏟았다.

Plus + entire 형 전체의   presentation 명 발표

우리말에 맞게 빈칸에 알맞은 단어를 쓰세요.　　　　　　　(정답은 본문을 확인하세요.)

1　The weather was hot and _____ today.　　　오늘 날씨가 덥고 습했다.

2　Nora made a _____ sculpture.　　　Nora는 놋쇠로 조각품을 만들었다.

3　Could you tell me where the men's _____ is?　　　남자 화장실이 어디에 있는지 알려 주실 수 있습니까?

4　Smoking _____ your health.　　　흡연은 당신의 건강에 해를 끼친다.

5　You can _____ butter by leaving it at room temperature.　　　버터를 실온에 두면 부드럽게 만들 수 있다.

6　Good _____ is needed for riding a bicycle.　　　자전거를 타기 위해서는 좋은 균형감각이 필요하다.

7　Sophie likes strawberry _____ on her toast.　　　Sophie는 토스트에 딸기잼을 발라 먹는 것을 좋아한다.

8　My new _____ is friendly and welcoming.　　　나의 새로운 이웃은 친절하고 따뜻하다.

9　Penguins mainly feed on _____ and shrimp.　　　펭귄은 주로 오징어와 새우를 먹고 산다.

10　The museum had a new _____ of ancient artifacts.　　　그 박물관에서 고대 유물의 새로운 전시가 열렸다.

11　Looking at the sunset, Paul leaned on the bridge's _____.　　　석양을 바라보며 Paul은 다리 난간에 기대었다.

12　Emily _____ Jake's homework before class.　　　Emily는 수업 전에 Jake의 숙제를 베꼈다.

13　Daniel watered the garden with a new _____.　　　Daniel은 새로운 호스로 정원에 물을 주었다.

14　I need a longer power _____ for this computer.　　　이 컴퓨터에 쓸 길이가 더 긴 전원 코드가 필요하다.

15　Take a look at line 8 of the _____.　　　본문 여덟 번째 행을 보아라.

16　We got a package in the _____ yesterday.　　　우리는 어제 우편으로 소포를 받았다.

17　The _____ is vast and infinite.　　　우주는 광대하고 무한하다.

18　We decided to _____ up for the project.　　　우리는 그 프로젝트를 위해 협력하기로 결정했다.

19　In my _____, they should take a different approach.　　　내 생각에는 그들이 다른 접근법을 취해야 한다.

20　The total _____ of the bill was $55.　　　그 청구서의 총액은 55달러였다.

21　Allen thinks love is the _____ of hate.　　　Allen은 사랑이 증오의 반대라고 생각한다.

22　The skilled tailor carefully _____ the fine cloth.　　　숙련된 재단사가 고급 천을 신중하게 바느질했다.

23　The rainwater flowed into the _____.　　　빗물이 배수관으로 흘러들었다.

24　The soldiers loaded their guns with _____.　　　군인들은 총에 총알을 장전했다.

25　We decided to _____ the Amazon rainforest.　　　우리는 아마존 열대 우림을 탐험하기로 결심했다.

26　The university _____ Mindy an honorary degree.　　　대학은 Mindy에게 명예 학위를 수여했다.

27　We _____ the complexity of the issue.　　　우리는 이 문제의 복잡성을 인식하고 있다.

28　Jane visited the _____ store to pick up some milk.　　　Jane은 우유를 사러 식료품점을 방문했다.

29　The cars _____ to a halt.　　　차들이 갑자기 끼익 하는 소리를 내며 멈추었다.

30　William _____ his shoes for the wedding.　　　William은 결혼식을 위해 그의 신발을 윤이 나게 닦았다.

Level 66

레벨별 단어 사용 빈도

4권 Level 66

L61 L62 L63 L64 L65 **L66** L67 L68 L69 L70 L71 L72 L73 L74 L75 L76 L77 L78 L79 L80

LEVEL 1~20　　LEVEL 21~40　　LEVEL 41~60　　**LEVEL 61~80**　　LEVEL 81~100

1951

visible

[ˈvɪzəbl]

형 눈에 보이는, 가시적인, 명백한[분명한]

visible은 '눈으로 볼 수 있는'이라는 뜻의 형용사입니다. 말 그대로 물리적으로 눈으로 볼 수 있는 것을 나타내지요. 하지만 그 밖에도 추상적인 개념이나 정보가 명확하고 분명한 경우에도 사용됩니다. 그래서 사전을 보면 '가시적인'과 더불어 '명백한, 분명한'이라는 뜻이 함께 나오는 것을 알 수 있습니다.

1 Halla Mountain is visible in the distance today.
오늘은 멀리서도 한라산이 보인다.

2 There is a visible difference between those two options.
그 두 가지 선택 사이에는 명백한 차이가 있다.

Plus + difference 명 차이   option 명 선택

1952

cop

[kɑ:p]

명 경찰관, 체포[붙잡힘]

동 체포하다, 붙잡다

cop은 비공식적으로 '경찰관'을 의미합니다. 굳이 '비공식적'이라고 덧붙인 이유는 경찰을 cop이라고 칭하면 친근한 느낌을 주는 한편 때로는 무례하게 여겨질 수 있기 때문입니다. cop은 '체포하다, 붙잡다'라는 동사로 쓰이기도 하는데 이 때문에 원래 '잡다'라는 동사에서 유래되었을 것으로 추정할 수 있습니다.

1 The cops chased the thief through the alley.
경찰관들이 골목으로 도둑을 쫓았다.

2 The pickpocket was caught by a passing cop.
그 소매치기는 지나가던 경찰에게 붙잡혔다.

Plus + chase 동 뒤쫓다   alley 명 골목
pickpocket 명 소매치기   passing 형 지나가는

1953

nut

[nʌt]

명 견과, 너트[암나사], 어려운 문제[사업], 다루기 힘든 사람

nut은 일반적으로 '견과류'를 의미합니다. '견과'라는 것은 딱딱한 껍질 안에 들어있는 씨앗을 의미하죠? 여기서 의미가 확장되어 nut은 '매우 복잡하거나 해결하기 어려운 어떤 문제나 상황' 또는 '다루기 힘들거나 까다로운 사람'을 의미하기도 합니다.

1 Eric cracked the nut open to eat the seed inside.
Eric은 안에 있는 씨앗을 먹기 위해 견과류를 깨서 열었다.

2 We need a wrench to tighten this nut onto the bolt.
우리는 이 너트를 볼트에 조일 렌치가 필요하다.

Plus + crack 동 깨뜨리다, 갈라지다   seed 명 씨앗
tighten 동 (꽉) 조이다

nerve

[nɜːrv]

® 신경, 용기[담력], 뻔뻔스러움, 신경과민[신경질]

nerve는 원래 뇌와 척수로부터 나와서 몸 전체에 메시지를 전달하는 섬유의 모음, 즉 '신경'을 의미합니다. 이 뜻이 확장되어 '용기, 담력' 등을 나타내기도 하죠. 아마도 '신경'이라는 것이 인간의 '감정'을 통제하기 때문에 이런 뜻이 생겨난 듯합니다. 이런 의미가 '뻔뻔스러운, 신경 과민' 등으로 확장되었습니다.

1 The doctor tested the nerves in Amy's leg for any damage.

의사는 Amy의 다리에 있는 신경에 손상이 있는지 검사했다.

2 It took a lot of nerve for Jack to say his fault.

Jack이 자기 잘못을 말하는 데는 많은 용기가 필요했다.

Plus+ damage ® 손상　　　　　fault ® 잘못, 책임

clue

[kluː]

® 실마리[증거], (이야기의) 줄거리

clue는 원래 '열쇠'를 뜻하는 단어에서 유래되었을 것으로 추정합니다. 여기서 의미가 확장되어 주로 어떤 사건이나 문제의 해답을 찾기 위한 중요한 단서나 정보를 가리키게 되었지요. 바로 '실마리, 증거' 말입니다!

1 This clue will be helpful in finding the suspect.

이 증거가 용의자를 찾는 데 도움이 될 것이다.

2 The clue of the novel combines romance and thriller.

그 소설의 줄거리는 로맨스와 스릴러가 결합되어 있다.

Plus+ suspect ® 용의자　　　　combine ⑧ 결합하다[되다]

bubble

[ˈbʌbl]

® 거품, 기포, 비눗방울

⑧ 거품이 일다

bubble은 일반적으로 '거품, 기포'를 가리킵니다. 거품과 기포는 액체 안에 생기는 둥근 공기 덩어리를 가리키죠? 이와 비슷한 맥락에서 bubble은 '비눗방울'을 나타내기도 합니다. bubble은 동사로는 '거품이 일다'라는 뜻이 됩니다.

1 Bubbles formed then disappeared quickly.

물속에서 거품이 생겼다가 빠르게 사라졌다.

2 Thomas blew bubbles and played.

Thomas는 비눗방울을 불며 놀았다.

Plus+ form ⑧ 형성되다　　　　disappear ⑧ 사라지다
quickly ⑨ 빠르게　　　　blow ⑧ 불다

1957

thunder

[ˈθʌndə(r)]

명 천둥[우레], 열변[사자후]

동 호통치다

thunder는 일반적으로 '천둥, 우레'를 의미합니다. 번개를 동반한 대기 소리를 천둥이나 우레라고 부르지요? 여기서 의미가 확장되어 thunder는 비유적으로 '열변, 사자후'라는 의미를 나타내기도 합니다. thunder는 동사로는 '호통치다'라는 뜻이 된답니다.

1 The crash of thunder rumbles in the distance.
멀리서 천둥소리가 우르릉 울린다.

2 Harry thundered at Andy to throw the trash into the bin.
Harry는 Andy에게 쓰레기를 쓰레기통에 버리라고 호통쳤다.

Plus+ crash 명 요란한 소리   rumble 동 우르릉거리는 소리를 내다
in the distance 먼 곳에   bin 명 쓰레기통

1958

cabinet

[ˈkæbɪnət]

명 장식 선반, 수납장, (정부의) 내각

형 내각의

cabinet은 기본적으로 '작은 방' 또는 '보관장'을 의미합니다. 그래서 보통 우리말로는 '장식 선반'이나 '수납장' 등을 나타내죠. cabinet은 정치적 맥락에서 '정부의 내각'을 나타내기도 하는데, 이는 정부 내에 있는 의결 기구를 비유적으로 묘사하는 것에서 유래했다고 합니다.

1 Helen displayed her art collection in a glass cabinet.
Helen은 유리 장식장에 그녀의 미술품을 전시했다.

2 The cabinet was made of fine wood and had intricate carvings.
그 수납장은 고급 나무로 만들어졌으며 정교한 조각이 있었다.

Plus+ display 동 전시하다   fine 형 질 높은
intricate 형 뒤얽힌, 착잡한   carving 명 조각(품)

1959

dagger

[ˈdæɡə(r)]

명 단검[단도]

dagger는 일반적으로 '단검, 단도'를 의미합니다. 물론 진짜 칼을 의미하기도 하지만 비유적 표현에도 자주 쓰입니다. 대표적으로 dagger to one's heart라는 말이 있는데 누군가의 마음에 상처를 주는 것을 의미하죠. 생각해 보니 우리말에도 '비수를 꽂다'라는 표현이 있군요!

1 Sally drew her dagger from its sheath.
Sally는 칼집에서 자신의 단검을 꺼냈다.

2 The assassin attacked him with a poisoned dagger.
그 암살자는 독이 든 단검으로 그를 공격했다.

Plus+ sheath 명 칼집   assassin 명 암살자
poisoned 형 독이 든

1960

whirl

[wɜːrl]

图 빙빙 돌리다,
~을 소용돌이치게 하다,
(자동차 따위로) 질주하다,
현기증이 나다

whirl의 기본 의미는 '빙빙 돌리다'입니다. 무언가 빠르게 회전하거나 돌아가는 장면을 상상해 보세요. 약간 어지럽지 않나요? 그래서 whirl은 '현기증이 나다'라는 의미도 나타냅니다. 그 밖에도 '(자동차 등으로) 질주하다, 무언가를 소용돌이치게 하다'라는 뜻이 있습니다.

1 Nora watched the leaves whirl in the wind.

Nora는 나뭇잎이 바람에 빙빙 도는 것을 보았다.

2 My mind was in a whirl after the surprising news.

그 놀라운 소식을 듣고 나는 마음이 혼란스러웠다.

Plus + leaf 몡 (나뭇)잎 (*pl.* leaves)　　　　mind 몡 마음

1961

halt

[hɔːlt]

图 중단시키다, 멈추다[서다]
몡 정지[중단], (철도의) 작은 역

halt는 동사로 '중단시키다' 또는 '멈추다'라는 뜻을 나타냅니다. 주로 어떤 행동이나 활동을 일시적으로 멈추거나 중단시키는 것을 의미하지요. halt는 또한 명사로는 '정지, 중단'을 의미합니다. 이러한 의미가 확장되어 '(철도의) 작은 역'을 가리키기도 합니다.

1 The bus halted at the next stop.

그 버스는 다음 정류장에서 멈추었다.

2 Work on the building came to a halt due to bad weather.

궂은 날씨로 인해 건물 공사가 중단되었다.

Plus + stop 몡 정류장　　　　come to a halt 멈추다

1962

widen

[ˈwaɪdn]

图 넓히다[넓어지다],
커지다[확대되다]

단어 끝에 -en이 붙으면 '~로 만들다, ~되다'라는 뜻이 됩니다. widen 역시 wide에 -en이 붙은 것으로 '넓히다, 넓어지다'라는 의미를 나타냅니다. 무언가 좁거나 제한된 상태에 있던 것이 더 넓어지거나 확장되는 것을 뜻하는데 물리적 맥락뿐 아니라 추상적 맥락에서도 쓰여 영향력을 확장하거나 넓히는 것을 표현할 수 있습니다.

1 The road widens as it approaches the city square.

도시 광장에 가까워질수록 길이 넓어진다.

2 The company is planning to widen its product range.

그 회사는 제품 범위를 확장할 계획이다.

Plus + approach 图 가까이 가다　　　　square 몡 광장
range 몡 범위

1963

copper

[ˈkɑːpə(r)]

명 구리, 동전, 구릿빛, 구리 제품

copper의 기본 의미는 '구리'입니다. 그리고 구리로 만들어진 일반적인 것들을 모두 나타낼 수 있는데, 그중 대표적인 것이 바로 '동전'입니다. 또한 구릿빛을 띤 물건을 copper라고 부르기도 합니다.

1 This roof is made of copper.
이 지붕은 구리로 만들어졌다.

2 Judy has a collection of copper coins.
Judy는 구리 동전 수집품을 갖고 있다.

Plus + roof **명** 지붕   collection **명** 수집품

1964

volume

[ˈvɑljuːm]

명 부피[양], 용량[용적], 음량, (책이나 잡지의) 권

volume은 일반적으로 '부피'나 '양'을 의미합니다. 이 기본 의미가 맥락에 따라 다양하게 확장될 수 있습니다. 대표적으로는 '용량, 용적'이나 '음량'을 의미하기도 합니다. 그런데 사실 volume의 원래 뜻은 종이 같은 것을 말아 놓은 것을 뜻하는 단어였습니다. 그래서 오늘날도 '(책 등의) 권'을 나타내기도 합니다.

1 Please turn down the volume on the TV.
TV의 음량을 낮춰 주십시오.

2 The volume of traffic is gradually decreasing.
교통량이 점차 감소하고 있다.

Plus + turn down (소리 등을) 낮추다   traffic **명** 교통(량)
gradually **부** 서서히   decrease **동** 감소하다

1965

attic

[ˈætɪk]

명 다락(방), 머리

attic은 일반적으로 '다락(방)'을 의미합니다. 이는 보통 주택의 지붕 아래에 위치한 공간을 나타내지요. 그래서 비유적으로 '머리'를 뜻하기도 하는데, 이런 경우는 대부분 비격식적인 표현으로 간주됩니다.

1 Hazel found an old painting in the attic.
Hazel은 다락방에서 오래된 그림 한 장을 발견했다.

2 We need to clean out the attic and make some more space for storage.
우리는 다락방을 청소해서 저장 공간을 좀 더 만들어야 한다.

Plus + painting **명** 그림   clean out 깨끗이 치우다
space **명** 공간   storage **명** 저장

1966

magnet

['mægnət]

명 자석, 사람의 마음을 끄는 사람 [물건]

magnet은 주로 두 가지 의미를 나타냅니다. 첫 번째로는 '자석'을 의미하고, 두 번째로는 '사람의 마음을 끄는 사람 또는 물건'을 의미합니다. magnet 역시 물리적인 의미에서 추상적인 의미로 확장되었다고 보시면 됩니다.

1 The children were playing with magnets.

아이들이 자석을 가지고 놀고 있었다.

2 The city was literally a magnet for artists.

그 도시는 말 그대로 예술가들을 끌어당기는 자석과도 같았다.

Plus + literally 부 말[문자] 그대로

1967

math

[mǽθ]

명 수학, 계산

math만큼 역사가 오래된 단어가 또 있을까요? math는 고대 그리스에서 '수학'을 뜻하였는데 이 의미가 그대로 라틴어와 프랑스어를 거쳐 영어로 이어졌습니다. math는 mathematics의 축약형이며 일상에서는 수학 외에 '계산'을 뜻하기도 합니다.

1 Brad is studying math for his upcoming exam.

Brad는 곧 있을 시험을 위해 수학을 공부하고 있다.

2 Chloe showed an unusual ability in math.

Chloe는 수학에서 비범한 능력을 보여 주었다.

Plus + upcoming 형 곧 있을   unusual 형 비범한, 보통이 아닌
ability 명 능력

1968

honest

['ɑːnɪst]

형 정직한, 솔직한, 올바른

honest는 '정직한, 솔직한'이라는 뜻을 나타내는 형용사입니다. '존경스러운, 존경받는'이라는 뜻의 라틴어 *honestus*에서 유래되었는데 이러한 맥락에서 '올바른'이라는 뜻을 나타내기도 합니다. 이는 '정직하고 솔직한' 것이 '올바른' 것이라는 가치판단이 적용된 결과라고 볼 수 있겠지요.

1 Thank you for your honest opinion.

솔직한 의견에 감사드립니다.

2 The anecdote shows that Leah is honest.

그 일화는 Leah가 정직하다는 것을 보여 준다.

Plus + opinion 명 (개인의) 의견, 견해   anecdote 명 일화

1969

healthy

[ˈhelθi]

형 건강한, 건강에 좋은, 건전한

healthy의 기본 의미는 '건강한'입니다. 원래는 '온전한'을 뜻하는 단어에서 유래되었습니다. 불순물이 없고 전체가 잘 보전된 상태면 '건강한' 상태겠지요? 이러한 맥락에서 healthy는 '건강에 좋은, 건전한'이라는 의미도 나타내게 되었습니다.

1 I try to have a healthy diet and exercise regularly.
나는 건강한 식사를 하고 규칙적으로 운동하려고 노력한다.

2 Violence is not a healthy response to anger.
폭력은 분노에 대한 건강한 반응이 아니다.

Plus + diet 명 식사　　　　　　　　regularly 부 규칙적으로
violence 명 폭력　　　　　　　response 명 반응

1970

steam

[stiːm]

명 증기[김], 수증기

동 증기가 발생하다,
증발[발산]하다,
김으로 덮이다[흐려지다]

steam은 명사로 '증기'를 뜻합니다. 비슷한 맥락으로 '수증기'라는 의미도 있지요. 또한 동사로는 '증기가 발생하다' 등의 뜻을 나타내기도 합니다. steam에서 파생된 단어 중 steamy가 있는데, 이는 '증기가 나는, 열기로 가득한'을 의미하는 형용사입니다. 우리가 '찜통 더위'라고 표현하듯이 영어에서도 덥고 습한 날씨를 묘사할 때 steamy를 사용합니다.

1 The kettle was releasing steam.
주전자가 김을 내뿜고 있었다.

2 Helen's glasses steamed up in the room.
방 안에서 Helen의 안경에 김이 서렸다.

Plus + kettle 명 주전자　　　　　　steam up 김이 서리다

1971

swamp

[swɑːmp]

명 늪[습지]

동 정신없이 밀려들다[쇄도하다],
늪[습지]에 빠지다

swamp는 주로 '늪, 습지' 등을 나타내는 명사입니다. 늪이나 습지는 늘 물이 괴어 있어 습기가 많고, 땅바닥이 우묵하여 푹 빠지는 곳을 가리키지요. 흔히 늪에 빠지면 쉽게 빠져나오기 어렵다고 하는데 이러한 맥락에서 swamp는 동사로 '정신없이 밀려들다, 쇄도하다' 등의 의미를 나타내기도 합니다.

1 This area is widely known for its dense swamps and marshes.
이 지역은 빽빽한 늪과 습지로 널리 알려져 있다.

2 The students were swamped with a mountain of homework.
학생들은 산더미처럼 쌓인 숙제에 시달렸다.

Plus + dense 형 빽빽한　　　　　　marsh 명 습지

1972

vase
[veɪs, veɪz]

명 꽃병

vase는 일반적으로 꽃을 담는 용기, 즉 '꽃병'을 의미합니다. 그래서인지 조금 우아하고 고급스러운 느낌을 가지고 있죠. 원래 의미는 '용기, 그릇'이었지만 '꽃병'이라는 의미로 주로 쓰이면서 '용기'는 container, '그릇'은 bowl 같은 단어로 표현하게 되었다고 합니다.

1 Joe arranged the flowers in a beautiful vase.
Joe는 아름다운 꽃병에 꽃을 꽂아 두었다.

2 I broke the vase I received for my birthday.
나는 생일 선물로 받은 꽃병을 깨뜨렸다.

Plus + arrange 통 정리하다, 배열하다   break 통 깨다
receive 통 받다

1973

scale
[skeɪl]

명 규모[범위], 등급,
눈금[저울눈], (지도의) 축척

scale은 원래 저울과 같은 무게를 측정하는 도구나 장치를 의미했습니다. 이와 같은 맥락에서 '눈금[저울눈], (지도의) 축척' 등의 의미가 파생되었습니다. 그리고 시간이 지나면서 '규모[범위]', '등급'과 같은 의미로도 확장되었지요. 예를 들어, the scale of the project는 '그 프로젝트의 규모'라는 의미입니다.

1 The scale of the disaster is unprecedented.
그 재난의 규모는 전례 없는 수준이다.

2 Jace weighed herself on the bathroom scale.
Jace는 욕실에 있는 저울로 몸무게를 쟀다.

Plus + disaster 명 재난   unprecedented 형 전례 없는
weigh 통 무게를 달다

1974

celebrate
['selɪbreɪt]

통 기념하다, 축하하다, 찬양하다

celebrate은 원래 '찬양하다, 높이다'라는 뜻에서 유래되었습니다. 상당히 종교적인 색채를 띠고 있었죠. 그러다 의미가 확장되어 누언가를 기념하고 축하하는 데 초점이 맞춰졌습니다. '축배를 들다'라는 drink a toast라는 표현도 함께 알아두시면 좋습니다.

1 Koreans celebrate their country's independence every year on August 15th.
한국인은 매년 8월 15일에 나라의 독립을 기념한다.

2 We celebrated our wedding anniversary with a romantic dinner.
우리는 로맨틱한 저녁 식사로 결혼기념일을 축하했다.

Plus + independence 명 독립   anniversary 명 기념일

1975

skinny
[ˈskɪni]

형 비쩍 마른[바짝 여윈],
몸에 딱 붙게 디자인된,
날씬한, 인색한

skinny는 '피부'를 뜻하는 skin에서 파생되었습니다. 즉, 어떤 것이 매우 얇거나 피부에 가깝게 붙어 있음을 나타냅니다. 그래서 skinny는 '비쩍 마른, 여윈' 등의 의미를 나타내는 형용사로 쓰입니다. 비유적으로는 아주 '얕은' 속성을 가리키기도 하는데 우리말로 '인색한' 정도의 의미를 나타냅니다.

1 Leo looks too skinny, so I think he should put on some weight.
Leo는 너무 말라 보여서, 내 생각에 그는 살을 좀 찌워야 할 것 같아.

2 You don't have to be skinny to be happy.
행복하기 위해 꼭 마를 필요는 없다.

Plus + put on weight 체중이 늘다   don't have to V ~할 필요 없다

1976

period
[ˈpɪriəd]

명 기간, 시기, 시대, 마침표

period는 매우 역사가 오래된 단어입니다. 고대 그리스·로마에서 '주기'라는 의미를 나타냈는데, 이는 시간이 지나면서 '기간, 시기, 시대'라는 뜻으로 확장되었다고 합니다. 그런데 '주기'에는 보통 시작과 끝이 있죠? 그래서인지 period는 '마침표'라는 의미를 나타내기도 합니다.

1 The warranty period for this item is one year.
이 제품의 보증 기간은 1년이다.

2 Dinosaurs lived during the Mesozoic period.
공룡은 중생대 시기에 살았다.

Plus + warranty 명 (품질 등의) 보증   dinosaur 명 공룡
Mesozoic 명 중생대 형 중생대의

1977

rug
[rʌg]

명 (바닥 등의) 깔개[융단]

rug는 '거친 표면을 가진 것'을 뜻하는 단어에서 유래했습니다. 그러다 시간이 지나면서 '털 담요'라는 의미로 확장되더니 오늘날에는 '깔개, 융단' 등의 뜻을 나타내게 되었죠. 주로 실내 공간에서 쓰는 '작은 카펫' 정도를 의미한다고 보시면 더 쉽게 이해되실 겁니다.

1 He bought a colorful rug to brighten up the living room.
그는 거실을 밝게 하기 위해 화려한 깔개를 샀다.

2 The dog stretched out on the rug.
그 개는 깔개 위에서 기지개를 켰다.

Plus + brighten 동 환해 보이게 하다   stretch 동 기지개를 켜다

1978 kidnap

['kɪdnæp]

동 납치[유괴]하다

명 유괴

kidnap은 '어린이를 데려가다'라는 원래 의미에서 시간이 지나면서 의미가 점점 확장되어 사람을 잡아가는 행위 일반을 나타내게 되었고, 오늘날엔 단순히 어린이를 유괴하는 것을 넘어 사람을 납치하는 행위를 뜻하는 경우가 많습니다.

1 The gang kidnapped the businessman and demanded a ransom from his family.

그 범죄 조직은 사업가를 납치하고 그의 가족에게 몸값을 요구했다.

2 The kidnap of the journalist shocked the nation.

그 기자의 납치 사건은 전 국민을 충격에 빠뜨렸다.

Plus + demand 동 요구하다   ransom 명 몸값
journalist 명 기자   shock 동 충격을 주다

1979 eager

['iːgə(r)]

형 열망[갈망]하는, 열렬한, 열성적인, 열심인

eager는 어떤 일이나 목표에 대해 강한 열망이나 열정이 있는 상태를 나타냅니다. 그래서 '열망하는, 갈망하는, 열렬한' 등의 의미로 쓰입니다. 옛날에는 eager가 주로 '새침한, 신랄한'이라는 뜻이었는데 무언가 열망하는 모습이 당시에는 그렇게 비춰졌던 것 같습니다. 시대가 변하면서 오늘날 eager는 대체로 긍정적인 뜻을 나타냅니다.

1 Luna is eager to learn new languages.

Luna는 새로운 언어를 몹시 배우고 싶어 한다.

2 Nolan is an eager supporter of the local football team.

Nolan은 지역 축구팀의 열성적인 지지자이다.

Plus + language 명 언어   supporter 명 지지자
local 형 지역의

1980 toy

[tɔɪ]

명 장난감, 완구

형 장난감의, (장난감으로 만든) 모형의

toy는 일반적으로 어린이들이 놀이용으로 사용하는 물건, 즉 '장난감'을 가리키며 형용사로는 '장난감의'라는 뜻을 나타냅니다. 그런데 시간이 지나면서 이러한 의미가 확장되어 '별로 중요하지 않게 여기는, 쓸모없는 무언가'를 나타내기도 합니다.

1 Harper played with her new toy.

Harper는 새로 산 장난감으로 놀고 있었다.

2 Asher built a toy model airplane.

Asher는 장난감 모형 비행기를 만들었다.

Plus + build 동 만들어 내다   model 명 (보통 실물보다 작게 만든) 모형

우리말에 맞게 빈칸에 알맞은 단어를 쓰세요.   (정답은 본문을 확인하세요.)

1 There is a _____ difference between those two options.   그 두 가지 선택 사이에는 명백한 차이가 있다.

2 The _____ chased the thief through the alley.   경찰관들이 골목으로 도둑을 쫓았다.

3 Eric cracked the _____ open to eat the seed inside.   Eric은 안에 있는 씨앗을 먹기 위해 견과류를 깨서 열었다.

4 It took a lot of _____ for Jack to say his fault.   Jack이 자기 잘못을 말하는 데는 많은 용기가 필요했다.

5 This _____ will be helpful in finding the suspect.   이 증거가 용의자를 찾는 데 도움이 될 것이다.

6 Thomas blew _____ and played.   Thomas는 비눗방울을 불고 놀았다.

7 The crash of _____ rumbles in the distance.   멀리서 천둥소리가 우르릉 울린다.

8 Helen displayed her art collection in a glass _____.   Helen은 유리 장식장에 그녀의 미술품을 전시했다.

9 Sally drew her _____ from its sheath.   Sally는 칼집에서 단검을 꺼냈다.

10 Nora watched the leaves _____ in the wind.   Nora는 나뭇잎이 바람에 빙빙 도는 것을 보았다.

11 The bus _____ at the next stop.   그 버스는 다음 정류장에서 멈추었다.

12 The company is planning to _____ its product range.   그 회사는 제품 범위를 확장할 계획이다.

13 This roof is made of _____.   이 지붕은 구리로 만들어졌다.

14 Please turn down the _____ on the TV.   TV의 음량을 낮춰 주십시오.

15 Hazel found an old painting in the _____.   Hazel은 다락방에서 오래된 그림 한 장을 발견했다.

16 The city was literally a _____ for artists.   그 도시는 말 그대로 예술가들을 끌어당기는 자석과도 같았다.

17 Brad is studying _____ for his upcoming exam.   Brad는 곧 있을 시험을 위해 수학을 공부하고 있다.

18 Thank you for your _____ opinion.   솔직한 의견에 감사드립니다.

19 I try to have a _____ diet and exercise regularly.   나는 건강한 식사를 하고 규칙적으로 운동하려고 노력한다.

20 The kettle was releasing _____.   주전자가 김을 내뿜고 있었다.

21 The students were _____ with a mountain of homework.   학생들은 산더미처럼 쌓인 숙제에 시달렸다.

22 Joe arranged the flowers in a beautiful _____.   Joe는 아름다운 꽃병에 꽃을 꽂아 두었다.

23 The _____ of the disaster is unprecedented.   그 재난의 규모는 전례가 없는 수준이다.

24 We _____ our wedding anniversary with a romantic dinner.   우리는 로맨틱한 저녁 식사로 결혼기념일을 축하했다.

25 You don't have to be _____ to be happy.   행복하기 위해 꼭 마를 필요는 없다.

26 The warranty _____ for this item is one year.   이 제품의 보증 기간은 1년이다.

27 He bought a colorful _____ to brighten up the living room.   그는 거실을 밝게 하기 위해 화려한 깔개를 샀다.

28 The _____ of the journalist shocked the nation.   그 기자의 납치 사건은 전 국민을 충격에 빠뜨렸다.

29 Nolan is an _____ supporter of the local football team.   Nolan은 지역 축구팀의 열성적인 지지자다.

30 Harper played with her new _____.   Harper는 새로 산 장난감으로 놀고 있었다.

Level
67

레벨별 단어 사용 빈도

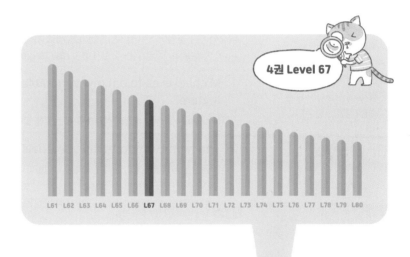

4권 Level 67

L61 L62 L63 L64 L65 L66 **L67** L68 L69 L70 L71 L72 L73 L74 L75 L76 L77 L78 L79 L80

LEVEL 1~20　　LEVEL 21~40　　LEVEL 41~60　　**LEVEL 61~80**　　LEVEL 81~100

1981

tissue

[ˈtɪʃuː]

📘 화장지, (생물) 조직,
얇은 직물,
(거짓말 등의) 투성이

tissue는 일반적으로 얇고 부드러운 종이로 만든 두루마리나 봉지 형태의 제품을 의미합니다. 생물학에서는 생물체를 구성하는 세포들의 집합을 의미하기도 하지요. 그런데 이러한 의미는 모두 '짜다'라는 뜻의 고대 프랑스어 *tissu*에서 파생되었다고 합니다. 무언가 엮어서 짠 것을 나타내던 것이 시간이 흘러 여러 가지 의미로 확장되었다고 보시면 더 쉽게 이해할 수 있겠죠?

1 Sophia is wiping off the spilled coffee with a tissue.
Sophia는 엎질러진 커피를 휴지로 닦는 중이다.

2 The doctor took a tissue sample from the patient.
의사가 환자로부터 조직 샘플을 채취했다.

Plus + wipe off ~을 닦아 내다 spill 툉 쏟다

1982

raw

[rɔː]

📘 날것의[익히지 않은],
원자재의, 가공하지 않은,
미숙한[경험이 없는]

raw는 주로 가공되지 않은, 순수한 상태를 나타냅니다. 예를 들면 음식이 익지 않은 상태, 원자재나 재료의 초기 상태 등이지요. 이러한 의미가 확장되어 능력이 미숙하거나 경험이 부족할 때, 무언가를 새로 시작하는 상태 등을 나타내기도 합니다. 예를 들어, '경험 없는 초심자'를 a raw beginner라고 부르기도 하지요!

1 Michael likes to eat raw vegetables because of their texture.
Michael은 그 식감 때문에 생채소를 먹는 것을 좋아한다.

2 The factory imports raw materials to make products.
그 공장은 제품을 만들기 위해 원자재를 수입한다.

Plus + texture 몡 (음식의) 질감 import 툉 수입하다
material 몡 자재 product 몡 제품

1983

crop

[krɑːp]

📘 농작물, 수확물, 무리[집단],
속출

crop은 주로 '농작물'이나 '(어떤 것의) 수확물'을 나타냅니다. 그리고 특정 그룹이나 집단을 의미하기도 하는데, 이는 crop이 원래 식물의 뿌리나 씨앗의 '뭉치'를 의미했기 때문입니다. '뭉치'라는 의미가 다양한 의미로 확장되어, crop은 어떤 것이 빈번하게 나타나거나 속출할 때를 나타내기도 합니다.

1 This year's rice crop was very good.
올해 쌀수확은 매우 좋았다.

2 Bella is suffering from a crop of troubles.
Bella는 잇달은 문제에 시달리고 있다.

Plus + suffer from ~으로 시달리다, 고통받다 a crop of 잇달은, 많은

1984

thrust

[θrʌst]

thrust - thrust

동 세게 밀다, 찌르다, 뻗다, 밀어 젖히고 나아가다, 주제넘게 나서다

thrust는 강한 움직임이나 힘, 에너지를 전달하는 뉘앙스를 가지고 있습니다. 그래서 '세게 밀다' 또는 '찌르다' 등의 의미를 나타내지요. 이러한 물리적인 뜻 외에도 추상적인 맥락에서 '주제넘게 나서다, 억지로 끼어들다' 등의 의미도 있습니다.

1 It was cold, so Peter thrust his hands deep into his pockets.

날씨가 추웠기 때문에 Peter는 두 손을 주머니에 깊숙이 찔러 넣었다.

2 The fencer thrust her sword at her opponent.

그 펜싱 선수는 상대 선수를 향해 검을 찔렀다.

Plus+ fencer 명 펜싱 선수　　　　　　　　sword 명 검, 칼
opponent 명 상대방, 적수

1985

contact

['kɑ:ntækt]

명 연락, 접촉

동 접촉시키다, 교신하다

contact는 '접촉, 소통, 연결' 등을 나타냅니다. 물리적으로는 두 물체가 닿은 상태를 의미하고, 추상적으로는 정보나 의견을 주고받는 행위 또는 그러한 연결 상태를 의미합니다. 상당히 표현 범위가 넓으며 긍정적이거나 중립적인 어감을 가지고 있는 게 특징입니다.

1 The disease is not spread by physical contact.

그 병이 신체적 접촉에 의해 전염되지 않는다.

2 Luke contacted his old high school friend.

Luke는 예전 고등학교 친구들에게 연락했다.

Plus+ disease 명 질병　　　　　　　　physical 형 신체적인

1986

curve

[kɜrv]

명 곡선, 굴곡, (도로 등의) 만곡부

동 (곡선으로) 구부리다

curve는 명사로 무언가 곧지 않고 굽어져 있는 것을 나타냅니다. 수학 용어로서의 '곡선'을 뜻할 수도 있고, 일상적 맥락에서는 단순히 무언가 구부러진 상태를 나타낼 수 있지요. 흔히 우리가 말하는 '커브' 길이 바로 curve에서 나온 말입니다. 동사로는 '(곡선으로) 구부리다'라는 뜻을 나타내기도 합니다.

1 The car leaned heavily when it went around a curve.

그 차는 커브를 돌 때 심하게 기울었다.

2 The line curves upward, showing a rise in sales.

그 선은 판매량 증가를 보여주며 위쪽으로 곡선을 그린다.

Plus+ lean 동 기울다　　　　　　　　upward 부 위쪽으로
rise 명 증가　　　　　　　　sales 명 판매량

1987

hunch

[hʌntʃ]

명 직감[예감], 혹[융기], 덩어리

동 (등을 둥글게) 구부리다

hunch는 주로 '직감, 예감'이라는 뜻을 나타내는 명사입니다. 동사로는 '(등을 둥글게) 구부리다'를 의미합니다. 사람들은 흔히 집중하거나 무언가를 골똘히 생각할 때 몸을 앞으로 굽히는 경향이 있죠. 바로 이렇게 둥글게 구부리고 있는 모습에서 '직감'이나 '예감'이라는 뜻이 파생된 것으로 추정됩니다.

1 I have a hunch that it is going to snow.

나는 눈이 올 것 같은 예감이 든다.

2 Alice hunched over to take a look at the book.

Alice는 책을 보려고 몸을 구부렸다.

Plus + take a look at (~을) 보다

1988

recover

[rɪˈkʌvə(r)]

동 회복되다, 되찾다[만회하다]

recover의 기본 의미는 '다시 잡다'입니다. 이 의미는 시간이 지나면서 두 가지 갈래로 확장되었는데 첫 번째는 '회복되다'입니다. 이는 신체나 정신이 원래 상태를 붙잡고 돌아오는 것을 나타내지요. 두 번째는 '되찾다, 만회하다'입니다. 이는 recover의 기본 의미가 그대로 이어진 것이지요. 두 가지 의미의 뉘앙스가 살짝 달라도 모두 '다시 잡아서 돌아온다'라는 기본 바탕은 같네요.

1 Owen is recovering from a severe cold.

Owen은 심한 감기에서 회복 중이다.

2 Suzy was unable to recover her lost wallet.

Suzy는 잃어버린 지갑을 되찾지 못했다.

Plus + severe **형** 극심한   be unable to V ~할 수 없다

1989

useless

[ˈjuːsləs]

형 쓸모없는

useless는 use(사용)와 -less(~이 없는)가 결합한 단어입니다. 주로 물건, 행위, 또는 사람이 쓸모없는 상태를 나타내지요. 반의어로는 useful이 있습니다. -ful은 '~이 가득한'이라는 뜻으로 -less와는 반대 의미입니다. 그럼 useful의 의미는 무엇일지 짐작이 가시죠? 바로 '유용한'입니다.

1 Harry kept making excuses, but it was useless.

Harry는 계속 변명했지만 소용없었다.

2 Jane will not change her mind, so it's useless to argue with her.

Jane은 마음을 바꾸지 않을 것이므로 그녀와 논쟁하는 것은 소용없다.

Plus + excuse **명** 변명   argue **동** 언쟁을 하다

1990

maze
[meɪz]

명 미로, 당황

maze는 주로 복잡하고 혼란스러운 길로 이루어진 구조나 형태를 나타냅니다. 우리말로는 '미로'라고도 하죠. 또한 추상적으로는 혼란스러운 상황이나 사고방식을 나타내기도 합니다. 이런 상황은 주로 언제 벌어질까요? 네, 바로 이해가 되지 않을 때, 즉 '당황'했을 때를 나타내는 단어로도 maze를 활용합니다.

1 They built a large corn maze for the autumn festival.
그들은 가을 축제를 위해 커다란 옥수수 미로를 만들었다.

2 The museum's layout is like a maze.
그 박물관의 배치는 미로와 같다.

Plus + corn 명 옥수수
layout 명 (건물 등의) 배치
autumn 명 가을

1991

fate
[feɪt]

명 운명, 숙명
동 운명 짓다

fate는 명사로 '운명, 숙명'을 나타냅니다. 이는 원래 '말하다'라는 동사에서 파생되었는데 시간이 흐르면서 '신의 계시'라는 뜻과 연결되어 '운명'이라는 뜻이 탄생되었습니다. fate는 동사로는 '운명 짓다'라는 뜻을 나타내기도 합니다.

1 Many people believe that fate controls them.
많은 사람들은 운명이 그들을 통제한다고 믿는다.

2 Helen's poor decisions ultimately fated her to a life of hardship.
Helen의 현명치 못한 결정들은 결국 그녀를 고난의 삶으로 이끌었다.

Plus + control 동 통제하다
ultimately 부 결국
decision 명 결정
hardship 명 고난

1992

lobby
[ˈlɑːbi]

명 (현관의) 홀,
   (정치적) 압력 단체
동 로비 활동을 하다,
   (정치적인) 압력을 가하다

lobby는 기본적으로 두 가지 주요 의미를 갖습니다. 첫 번째로 호텔 같은 건물 '(현관의) 홀, 대기실'을 의미합니다. 두 번째로는 특정 이슈에 대한 법률이나 정책을 통과시키기 위해 정치적 압력을 행사하는 단체 또는 개인을 의미합니다. 동사로는 '로비 활동을 하다, (정치적) 압력을 가하다'라는 뜻을 나타내지요. 이는 모두 과거 의회의 로비에서 의원들을 설득하던 전통에서 유래했다고 합니다.

1 The guest waited for Luna in the hotel lobby.
그 손님은 호텔 로비에서 Luna를 기다렸다.

2 Some organizations lobbied for government subsidies.
일부 단체들은 정부 보조금을 요구하며 로비를 벌였다.

Plus + organization 명 단체, 조직
subsidy 명 (국가, 기관이 제공하는) 보조금

1993

authority

[ə'θɔːrəti, ə'θɑːrəti]

📖 권한, 인가, 당국, 지휘권

authority는 원래 '지도자'라는 뜻의 *auctor*에서 유래했습니다. 여기서 의미가 확장되어 '권위'라는 개념을 나타내게 되었죠. 오늘날에는 주로 권한이나 지배력을 의미하며 사회적, 법적 또는 정치적으로 그러한 힘을 가진 기관이나 당국을 나타내기도 합니다.

1 Susan has the authority to make decisions for the team.
Susan에게는 팀을 위해 결정을 내릴 권한이 있다.

2 Adam is an authority on ancient Greek literature.
Adam은 고대 그리스 문학에 대한 권위자다.

Plus + make a decision 결정하다 　　　literature 📖 문학

1994

backward

['bækwərd]

Z.Y.X..

📝 뒤쪽에[으로], 뒤를 향해, 역행하여[거꾸로], 퇴보하여

backward는 '뒤쪽의'라는 뜻의 back과 방향을 나타내는 -ward가 결합한 단어입니다. 즉, '뒤쪽으로'라는 의미이죠. backward의 기본 의미는 맥락에 따라 여러 갈래로 확장될 수 있습니다. 예를 들어 물리적, 공간적 맥락에서 '뒤쪽'이나 '뒤를 향해'라는 개념을 나타낼 수 있습니다. 또한 추상적, 시간적 맥락에서는 역행하거나 퇴보하는 것을 나타내기도 합니다.

1 Emma moved backward to avoid the obstacle.
Emma는 장애물을 피하려고 뒤로 물러섰다.

2 My little brother can say the alphabet backward.
내 남동생은 알파벳을 거꾸로 외울 수 있다.

Plus + move 📝 (몸 등을) 움직이다 　　　obstacle 📖 장애(물)

1995

poster

['poʊstə(r)]

📖 벽보[전단 광고], 대형 그림[사진]

poster는 동사 post(붙이다)에서 파생되었습니다. 그래서 poster는 '무언가를 게시하는 사람'이라는 뜻으로 쓰이다가 이후에는 '게시된 물건' 자체를 나타내게 되었습니다. 오늘날 poster는 큰 종이나 카드보드에 인쇄된 이미지나 텍스트를 주로 의미합니다.

1 The movie poster is very eye-catching.
그 영화 포스터는 매우 눈길을 끈다.

2 The activists put up posters calling for peace throughout the city.
그 활동가들은 도시 전역에 평화를 요구하는 전단을 붙였다.

Plus + eye-catching (단번에) 눈길을 끄는 　　　activist 📖 (정치, 사회 운동) 활동가
call for (공식적으로) 요구하다, ~을 필요로 하다

1996

sake

[seɪk]

명 동기, 이익, 목적

sake는 동기나 이익, 목적과 같은 '어떤 행위가 이루어지는 이유'를 의미합니다. sake를 활용한 관용 표현 중 대표적으로 for the sake of와 for God's sake 가 있습니다. for the sake of는 '~를 위해, 고려하여'라는 뜻입니다. for God's sake는 '신의 이름으로, 부디'라는 의미로 흔히 '제발'이라고 표현하기도 합니다.

1 **For the sake of peace, we need to find a diplomatic solution.**

평화를 위해서 우리는 외교적인 해결책을 찾아야 한다.

2 **He decided to stay at the job for the sake of his team.**

그는 팀을 위해 그 일에 남기로 결정했다.

Plus + diplomatic 형 외교의　　　　　solution 명 해결책

1997

former

[ˈfɔːrmə(r)]

형 이전의, 예전의,
　　(둘 중의) 전자의

former는 두 가지 주요 의미를 나타냅니다. 첫 번째로 과거나 이전의 상태 또는 위치를 나타냅니다. 예를 들어, former president는 '이전 대통령'을 의미하지요. 두 번째로는 두 가지 중 첫 번째, 즉 '전자의'라는 뜻을 나타냅니다. 그렇다면 '후자의'를 뜻하는 단어는 무엇일까요? 바로 latter입니다. former와 함께 짝지어 알아 두시면 좋겠습니다.

1 **Emily is a former student of this university.**

Emily는 예전에 이 대학교의 학생이었다.

2 **Between coffee and tea, I prefer the former.**

커피와 차 사이에서, 나는 전자(커피)를 선호한다.

Plus + university 명 대학교　　　prefer 동 (다른 것보다) ~을 (더) 좋아하다

1998

term

[tɜːrm]

명 기간, 용어[말], (pl.) 조건

동 (특정한 명칭으로) 칭하다

영화 〈터미네이터The Terminator〉 아시나요? 이 영화의 제목은 terminate라 는 동사를 변형한 것인데, 여기서 terminate는 '끝내다'라는 뜻입니다. 그래서 터미네이터는 사실 '암살하는 기계'라는 뜻이죠. 여기서 나온 단어가 term이고 시간적, 지리적 '경계', 즉 '끝'을 의미합니다. 그러다 보니 언제까지 끝낸다는 약 속의 '기간, 조건'이라는 뜻을 갖게 되었죠. 합의나 계약 등의 '조건'이라는 의미 일 때는 반드시 복수형 terms로 씁니다.

1 **The term of the contract is 2 years.**

계약 기간은 2년이다.

2 **The terms of the agreement are unfavorable toward us.**

그 합의 조건은 우리에게 불리하다.

Plus + contract 명 계약(서)　　　　agreement 명 합의

1999

murder

['mɜrdər]

명 살해[살인]

동 살해[살인]하다, 망치다

murder의 기본 의미는 '의도적으로 다른 사람을 죽이다'입니다. 우리말로 '살해, 살인'이라고 하지요. 의도를 가지고 사람을 죽인다는 의미를 내포하기 때문에 실수나 사고로 사람이 죽은 경우에는 절대 쓰지 않습니다. 고의성이 다분하다는 맥락에서 '망치다'를 뜻하기도 합니다.

1 Julia was convicted of murder.

Julia는 살인죄로 유죄 판결을 받았다.

2 Harry was accused of attempting to murder his wife.

Harry는 아내를 살해하려 한 혐의로 기소되었다.

Plus+ convict 동 유죄 판결을 내리다   accuse 동 기소[고발]하다
attempt 동 시도하다

2000

wiggle

['wɪgəl]

명 (몸, 꼬리, 엉덩이 등을) 좌우로 흔들기

동 (몸, 꼬리, 엉덩이 등이) 좌우로 흔들리다, 몸부림쳐 도망가다

wiggle은 동사로 '(몸, 꼬리, 엉덩이 등을) 흔들다'를 의미합니다. 명사로는 그러한 행위 자체를 나타내지요. 보통 작고 빠른 움직임을 나타내는데, 우리말의 '씰룩씰룩거리다' 또는 '꿈틀꿈틀 움직이다'와 같은 표현이 wiggle의 어감과 가장 가깝다고 보시면 됩니다. 같은 맥락의 단어로 '꿈틀거리다'를 뜻하는 wriggle도 있습니다. 철자도, 뜻도 참 비슷하지요?

1 The cat wiggled its tail excitedly.

고양이는 신이 나서 꼬리를 좌우로 흔들었다.

2 The dog gave a little wiggle at the sight of food.

개가 먹이를 보고 살짝 몸을 흔들었다.

Plus+ tail 명 꼬리   at the sight of ~을 보고

2001

prudence

['pru:dns]

명 신중함[현명함, 세심함], 알뜰함[검약]

prudence는 명사로 '현명함, 신중함'을 의미합니다. 고려해야 할 사항을 이해하고 적절한 결정을 내리는 능력을 나타내지요. 이를 '소비'와 관련된 맥락으로 확장하여 '알뜰함, 검약'이라는 의미도 나타내게 되었습니다. 아무래도 신중하고 현명한 사람이 조심스럽고 슬기롭게 돈을 쓰겠죠?

1 Nick has prudence in dealing with matters, even in the worst situation.

Nick은 최악의 상황에서도 항상 일 처리를 신중하게 한다.

2 Sarah's prudence in saving money allowed her to buy a house.

Sarah는 알뜰하게 돈을 모았던 검소함 덕분에 집을 살 수 있었다.

Plus+ deal with ~을 다루다   save 동 (돈을) 모으다

2002

goal

[goʊl]

명 득점, 목표, 결승선

goal은 원래 '장애물'이나 '경계'를 의미했습니다. 그러다 시간이 흐르면서 점차 '종착점'으로 뜻이 확장되었고, 오늘날의 '목표'라는 뜻으로 이어지게 되었습니다. 생각해 보면 '마지막 장애물'을 넘는 것이 곧 '목표를 달성하는 것'이겠지요? 이러한 흐름에서 바라보니 goal이 새롭게 느껴지는군요.

1 He scored the winning goal in the final seconds of the game.

그는 그 경기의 마지막 순간에 결승골을 넣었다.

2 My goal is to become fluent in four languages.

나의 목표는 네 가지 언어를 유창하게 구사하는 것이다.

Plus + score **동** 득점을 올리다　　　fluent **형** (언어 실력이) 유창한

2003

moan

[moʊn]

동 신음 소리를 내다[끙끙거리다], 신음[한탄, 불평]하다

명 신음[한탄, 불평], 신음 (같은) 소리

moan은 원래 '불평하다, 애도하다'라는 뜻이었습니다. 그런데 생각해 보면 불평이나 애도는 무언가 불편하고 고통스러운 상황에서 합니다. 그래서 moan은 '편하지 않은 소리를 내다', 즉 '끙끙거리다'라는 의미도 나타내게 되었습니다. 비슷한 단어로는 '신음하다, 끙끙거리다'라는 뜻의 groan이 있습니다.

1 Nova moaned in pain as the doctor treated her wound.

Nova는 의사가 그녀의 상처를 치료할 때 고통에 신음했다.

2 Eric is always moaning about his low salary.

Eric은 항상 그의 낮은 급여에 대해 불평한다.

Plus + treat **동** 치료하다　　　wound **명** 상처
salary **명** 급여

2004

exclaim

[ɪk'skleɪm]

동 외치다[소리치다], 절규하다

exclaim은 동사로 '외치다'를 뜻하는데 어감상으로는 '크게 소리치다' 정도의 느낌입니다. 이러한 의미에서 점차 확장되어 감정이 격해져서 갑자기 크게 말하거나 소리치는 행동도 나타내게 되었습니다. 그런데 소리치거나 절규할 때는 그 대상이 필요하겠죠? 이럴 때 바로 전치사 at을 활용하여 exclaim at(~에 대고 고함치다, 소리치다)이라고 한다는 것도 알아 두세요.

1 Jackson exclaimed in surprise when he saw the unexpected gift.

Jackson은 뜻밖의 선물을 보고 놀라서 소리쳤다.

2 "Look at that giant bird!" Avery exclaimed.

"저 거대한 새를 봐요!" Avery가 외쳤다.

Plus + unexpected **형** 뜻밖의, 예기치 않은　　　giant **형** 거대한

2005

traffic

[ˈtræfɪk]

- 명 교통(량), 수송, 통신(량)
- 동 (불법적인) 거래[매매]를 하다

traffic은 본래 '교역'을 의미하였습니다. 그런데 교역이 물품과 서비스의 교환을 의미하다 보니 점차 그런 행위를 위해 오가는 것 자체를 의미하게 되었지요. 그래서 오늘날 traffic은 명사로는 '교통량, 수송, 통신' 등을 주로 나타냅니다. 동사로는 '(불법적인) 거래를 하다'라는 뜻을 나타내기도 합니다.

1 Traffic in the city center is always congested.
   도심의 교통은 항상 혼잡하다.

2 We have to widen the road to deal with the traffic.
   우리는 교통량을 처리하기 위해 도로를 확장해야 한다.

Plus + congested 형 혼잡한, 붐비는   widen 동 넓히다
deal with (문제 등을) 처리하다

2006

gain

[geɪn]

- 동 얻다, 늘다[오르다], 이르다[다다르다]
- 명 증가, 획득

gain은 어떤 것을 얻거나 획득하는 행동을 의미하는 동사입니다. 물리적 실체나 추상적 개념을 모두 포함하지요. 그런데 이렇게 무언가 얻거나 획득하면 전체 양이 늘어나게 되죠? 이런 맥락에서 gain은 명사로 '증가' 또는 '획득'을 뜻하기도 합니다.

1 Lucas worked hard to gain knowledge in his field.
   Lucas는 자신의 분야에서 지식을 쌓기 위해 열심히 일했다.

2 Miles boasted about his gains from the stock market.
   Miles는 주식 시장에서 얻은 수익을 자랑했다.

Plus + knowledge 명 지식   field 명 분야
boast 동 자랑하다   stock market 주식 시장

2007

layer

[ˈleɪr]

- 명 막[겹], 층[단계], 놓는[쌓는] 사람
- 동 층층이[겹겹이] 놓다[쌓다]

layer는 동사 lay에서 파생되었습니다. lay는 '놓다' 또는 '배치하다'라는 의미를 나타내지요. 그래서 layer는 명사로는 '막'이나 '겹'을 의미합니다. 무엇을 놓는다는 것은 그 공간을 나누는 것이니까요. 또한 동사로는 그런 식으로 무언가 '겹겹이 쌓다'라는 뜻을 나타냅니다.

1 The cake has multiple layers of cream and chocolate.
   그 케이크는 여러 겹의 크림과 초콜릿으로 되어 있다.

2 Jacob layered the ingredients for the lasagna.
   Jacob은 라자냐 재료를 겹겹이 쌓았다.

Plus + multiple 형 다수의, 많은 부분으로 된   ingredient 명 재료

2008

urge

[ɜːrdʒ]

통 재촉하다, 촉구하다,
충고하다[설득하려 하다]

명 자극[압박]

urge는 욕구나 강한 충동을 나타내는데, 기본 의미는 '추진하다, 밀어붙이다'에 가깝습니다. 주로 다른 사람에게 무언가를 하도록 촉구하거나 권고하는 의미로 사용되지요. 또한 명사로는 '자극, 압박'의 의미를 나타낼 수 있습니다. 비슷한 맥락에서 내재적인 강한 욕망이나 충동을 표현하기도 합니다.

1 Smith urged me to reconsider his offer.

Smith는 나에게 그의 제안을 재고해 보라고 권고했다.

2 The urge to laugh was too strong.

웃고 싶은 충동이 너무 강했다.

Plus + reconsider 통 재고하다 offer 명 제안
laugh 통 (소리 내어) 웃다

2009

criminal

[ˈkrɪmɪnl]

형 범죄의

명 범인[범죄자]

criminal은 원래 '고발', '비난', '죄' 등을 의미하는 라틴어에서 유래되었는데, 영어로 넘어오면서 '범죄와 관련된' 또는 '법을 위반하는 행위나 사람'을 지칭하는 데 사용되기 시작했습니다. 오늘날 형용사로는 '범죄의', 명사로는 '범죄자'를 나타냅니다.

1 Criminal behavior shouldn't be tolerated.

범죄 행위는 용인되어서는 안 된다.

2 The detectives have been hunting an escaped criminal for a week.

형사들은 일주일 동안 탈주범을 쫓고 있다.

Plus + tolerate 통 용인하다 detective 명 형사
hunt 통 찾다, 추적하다 escaped 형 탈출한

2010

amazing

[əˈmeɪzɪŋ]

형 놀라운, 경탄할

amazing은 동사 amaze(놀라게 하다)에서 파생된 형용사로 무언가 놀라운 상황에서 자주 쓰입니다. 하나 알고 계셔야 할 점은 이 단어가 적당히 놀라는 정도를 표현하는 게 아니라는 것입니다. amazing은 무언가 '경탄할' 정도로 놀라움을 나타낼 때 쓰일 수 있습니다.

1 The view from the top of the mountain was amazing.

산 정상에서 바라보는 경치가 놀라웠다.

2 Alexander has an amazing ability to communicate with animals.

Alexander는 동물과 소통하는 놀라운 능력을 가지고 있다.

Plus + ability 명 능력 communicate 통 의사소통을 하다

우리말에 맞게 빈칸에 알맞은 단어를 쓰세요.   (정답은 본문을 확인하세요.)

1   The doctor took a _____ sample from the patient.   의사가 환자로부터 조직 샘플을 채취했다.

2   The factory imports _____ materials to make products.   그 공장은 제품을 만들기 위해 원자재를 수입한다.

3   This year's rice _____ was very good.   올해 쌀 수확은 매우 좋았다.

4   The fencer _____ her sword at her opponent.   그 펜싱 선수는 상대방에게 검을 찔렀다.

5   Luke _____ his old high school friend.   Luke는 예전 고등학교 친구들에게 연락했다.

6   The car leaned heavily when it went around a _____.   그 차는 커브를 돌 때 심하게 기울었다.

7   Alice _____ over to take a look at the book.   Alice는 책을 보려고 몸을 구부렸다.

8   Suzy was unable to _____ her lost wallet.   Suzy는 잃어버린 지갑을 되찾지 못했다.

9   Harry kept making excuses, but it was just _____.   Harry는 계속 변명을 했지만 소용이 없었다.

10 The museum's layout is like a _____.   그 박물관의 배치는 미로와 같다.

11 Many people believe that _____ controls them.   많은 사람들은 운명이 그들을 통제한다고 믿는다.

12 The guest waited for Luna in the hotel _____.   그 손님은 호텔 로비에서 Luna를 기다렸다.

13 Susan has the _____ to make decisions for the team.   Susan에게는 팀을 위해 결정을 내릴 권한이 있다.

14 Emma moved _____ to avoid the obstacle.   Emma는 장애물을 피하려고 뒤로 물러섰다.

15 The movie _____ is very eye-catching.   그 영화 포스터는 매우 눈길을 끈다.

16 He decided to stay at the job for the _____ of his team. 그는 팀을 위해 그 일에 남기로 결정했다.

17 Between coffee and tea, I prefer the _____.   커피와 차 사이에서, 나는 전자(커피)를 선호한다.

18 The _____ of the contract is 2 years.   계약 기간은 2년이다.

19 Julia was convicted of _____.   Julia는 살인죄로 유죄 판결을 받았다.

20 The cat _____ its tail excitedly.   고양이는 신이 나서 꼬리를 좌우로 흔들었다.

21 Sarah's _____ in saving money allowed her to buy a house.   Sarah는 알뜰하게 돈을 모았던 덕분에 집을 살 수 있었다.

22 My _____ is to become fluent in four languages.   나의 목표는 네 가지 언어를 유창하게 구사하는 것이다.

23 Nova _____ in pain as the doctor treated her wound.   Nova는 의사가 그녀의 상처를 치료할 때 고통에 신음했다.

24 "Look at that giant bird!" Avery _____.   "저 거대한 새를 봐요!" Avery가 외쳤다.

25 _____ in the city center is always congested.   도심의 교통은 항상 혼잡하다.

26 Lucas worked hard to _____ knowledge in his field.   Lucas는 자신의 분야에서 지식을 쌓기 위해 열심히 일했다.

27 The cake has multiple _____ of cream and chocolate.   그 케이크는 여러 겹의 크림과 초콜릿으로 되어 있다.

28 Smith _____ me to reconsider his offer.   Smith는 내게 그의 제안을 재고해 보라고 권고했다.

29 The detectives have been hunting an escaped _____ for a week.   형사들은 일주일 동안 탈주범을 쫓고 있다.

30 The view from the top of the mountain was _____.   산 정상에서 바라보는 경치가 놀라웠다.

Level
68

레벨별 단어 사용 빈도

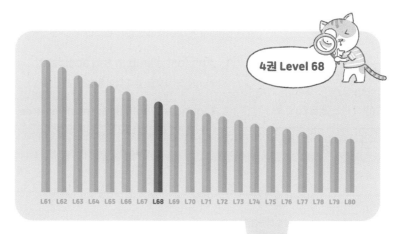

4권 Level 68

L61 L62 L63 L64 L65 L66 L67 **L68** L69 L70 L71 L72 L73 L74 L75 L76 L77 L78 L79 L80

LEVEL 1~20　　LEVEL 21~40　　LEVEL 41~60　　**LEVEL 61~80**　　LEVEL 81~100

address

[ˈædres] [əˈdres]

명 주소, 연설, 호칭

동 연설하다

address는 '주소'라는 뜻으로 가장 잘 알려져 있지만 맥락에 따라 의미가 달라지므로 주의해야 합니다. address는 원래 '~로 직접 향하다'라는 뜻이었습니다. 그러다 어딘가로 향하는 목적지라는 개념에서 '주소'라는 의미를 갖게 되었지요. 시간이 흐르면서 의미가 더 확장되어 사람의 말이 어디론가 향한다는 개념에서 '연설, 호칭'이라는 뜻도 파생되었습니다. 이러한 맥락에서 동사로는 '연설하다'라는 뜻을 나타내게 되었지요.

1 Please write your name and address on the envelope.

봉투에 이름과 주소를 적어 주십시오.

2 The president will address the nation tomorrow.

대통령은 내일 대국민 연설을 할 것이다.

Plus + envelope 명 봉투　　　　　nation 명 국민, 국가

---

limb

[lɪm]

명 (하나의) 팔[다리],
(새의) 날개, (나무의) 큰 가지,
갈라져 나온[돌출한] 부분

limb은 사람 또는 동물의 팔이나 다리 등을 의미합니다. 한마디로 몸에서 갈라져 나온 부분을 뜻하죠. 이 이미지를 떠올려 보시면 '나무의 큰 가지'나 '새의 날개'라는 뜻이 전혀 어색하지 않을 겁니다.

1 Ann lost a limb in the accident.

Ann은 그 사고로 팔과 다리를 잃었다.

2 I found a whole limb from the tree broken in the storm.

나는 폭풍으로 인해 나무의 큰 가지 하나가 부러져 있는 것을 발견했다.

Plus + accident 명 사고　　　　　broken 형 부러진

---

dull

[dʌl]

형 둔한, 우둔한[머리가 나쁜],
지루한[따분한],
(경제 등이) 침체한

dull은 '어리석은'을 뜻하는 고대 영어 dol에서 유래했습니다. 그러다 시간이 지나면서 무언가 활기를 잃거나 흥미롭지 않은 상황을 나타내게 되었지요. 그래서 오늘날 dull은 '둔한, 침체된, 지루한' 등을 의미하는 형용사로 쓰입니다. 또한 의미가 확장되어 물리적으로 뾰족하지 않거나 무딘 것을 나타내기도 합니다.

1 This knife is too dull to cut the bread.

이 칼은 너무 무뎌서 빵을 자를 수 없다.

2 Wendy bought some flowers to add some color to the dull room.

Wendy는 칙칙한 방에 생기를 불어넣기 위해 꽃을 샀다.

Plus + color 명 생기, (흥미로운) 특색

2014

ash

[æʃ]

명 재, 잿더미, (화장한) 유골

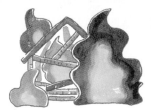

ash는 일반적으로 불에 탄 후 남은 '재'를 의미합니다. 이러한 뜻이 확장되어 불에 탄 후 남은 물질의 더미를 나타내기도 하지요. '재'라고 하니 뭔가 좀 허무한 느낌이 들지 않나요? 사람도 죽으면 한 줌의 재가 되죠. 그래서 ash는 죽은 사람의 화장된 유골을 나타내기도 합니다. 이렇게 보니 ash가 조금 쓸쓸하게 느껴지네요.

1 The house burned down to ashes.

그 집은 불에 타서 재가 되었다.

2 The volcano erupted, emitting enormous ash and smoke.

그 화산은 엄청난 재와 연기를 내뿜으며 폭발했다.

Plus + burn down (화재로) 소실되다   erupt 동 (화산이) 분출하다
emit 동 (가스 등을) 내뿜다   enormous 형 엄청난, 막대한

2015

sheep

[ʃiːp]

명 양, 순종적인[선량한] 사람

sheep의 기본 의미는 '양'입니다. 이러한 뜻이 확장되어 비유적인 의미로 순종적이거나 선량한 사람을 뜻하기도 합니다. 사실 가끔은 순종적인 태도가 좋지 않을 때도 있지요. 그래서인지 sheep은 주관 없이 다른 사람을 따르는 이들을 나타내기도 합니다. 주어진 맥락에 따라 sheep의 의미가 조금씩 다르다는 점 잊지 마세요!

1 The wolf was looking at a flock of sheep.

늑대가 양 떼를 보고 있었다.

2 Maya is such a sheep, always following what others do.

Maya는 항상 다른 사람들이 하는 걸 따르는 참 순종적인 사람이다.

Plus + flock 명 떼   follow 동 따르다

2016

hump

[hʌmp]

명 (등의) 혹[육봉],
둥근 언덕[산맥], 해안 돌출부,
신경질[짜증, 우울]

hump는 주로 물리적인 '혹'을 의미합니다. 그래서 '둥근 언덕, 해안 돌출부' 등과 같이 자연물에 있는 혹도 나타낼 수 있지요. 또한 이러한 의미가 추상적으로 확장되면 인간의 감정 상태에 대해서도 나타낼 수 있습니다. 생각해 보면 평온한 상태가 아닌 특정 기분이 훅 튀어나온 것을 우리는 '신경질, 짜증, 우울' 등으로 표현하곤 하죠? 그래서 이러한 감정들을 hump로 나타낼 수 있습니다.

1 Camels store fat in their humps.

낙타는 등에 있는 혹에 지방을 저장한다.

2 Listening to sad music gives me a hump.

슬픈 음악을 들으면 나는 우울해진다.

Plus + store 동 저장하다   fat 명 지방

2017

noon

[nuːn]

명 정오, 대낮, 낮 12시,
전성기[최고점]

noon은 하루 중 낮 12시를 의미합니다. 우리말로는 '정오'라고 하죠. 정오는 하루 중 태양이 가장 높은 위치에 있을 때를 뜻합니다. 그래서 비유적으로 '전성기, 최고점'을 나타내기도 합니다. 비슷한 단어로 '정오, 한낮'을 의미하는 midday도 많이 쓰이니 함께 알아 두셔도 좋겠습니다.

1 Can we meet at noon for lunch?

우리 정오에 만나 점심 먹을 수 있니?

2 The store closes at noon on weekdays.

그 가게는 평일에는 낮 12시에 문을 닫는다.

Plus + close 통 (문을) 닫다   weekday 명 평일

2018

publish

[ˈpʌblɪʃ]

통 출판[발행]하다,
(기사 등을) 게재하다,
공표[발표]하다

publish는 public(대중의, 공개적으로)과 같은 뿌리에서 나온 단어로 원래 '공개적으로 만들다'라는 뜻이었습니다. 그런데 인류사에서 공개적으로 만든다는 것은 대개 '출판'을 의미했기 때문에 이후에는 주로 '출판하다, 발행하다'라는 의미를 나타내게 되었지요. 더 넓은 맥락에서는 정보나 내용을 공개적으로 알리는 행위, 즉 무언가를 '공표[발표]하다'라는 뜻을 나타내기도 합니다.

1 Harry published his first novel last year.

Harry는 작년에 그의 첫 소설을 출판했다.

2 The newspaper published an article about the new technology.

그 신문은 새로운 기술에 관한 기사를 게재했다.

Plus + novel 명 소설   article 명 기사

2019

highway

[ˈhaɪweɪ]

명 고속도로, 주요[간선] 도로,
(비유적으로) 평탄한 길

highway는 high(높은)와 way(길)가 결합된 단어입니다. 이는 초기에 highway가 주로 높은 지역을 통과하는 길을 나타냈던 점에서 비롯되었습니다. 오늘날 highway는 고속도로를 포함한 주요 도로, 간선 도로를 나타냅니다. 또한 비유적인 맥락에서는 어떤 과정 또는 경로가 평탄하고 장애물이 적을 때를 나타내기도 합니다.

1 We took the highway to get there faster.

우리는 더 빨리 가기 위해 고속도로를 이용했다.

2 I like to drive along the coastal highway.

나는 해안 고속도로를 따라 운전하는 것을 좋아한다.

Plus + coastal 형 해안의

dim

[dɪm]

형 어두침침한, 흐릿한[희미한], 이해력이 떨어지는, 칙칙한

dim은 주로 빛이나 명도가 약한 상태를 나타내는 형용사입니다. 우리말로는 '어두침침한, 흐릿한' 등으로 표현할 수 있습니다. 추상적인 맥락에서는 무언가 흐릿하거나 불분명한 상태를 의미하기도 합니다. 이를테면 주로 개념이 모호하거나 이해력이 떨어지는 상태를 나타내지요.

1 Mary is looking for a light because the room is dim.

Mary는 방이 어두워 전등을 찾고 있다.

2 The outline of the mountains was dim in the fog.

그 산의 윤곽이 안갯속에서 희미하게 보였다.

Plus + light 명 전등, 램프　　　　　　outline 명 윤곽
fog 명 안개

---

require

[rɪˈkwaɪə(r)]

동 요구하다, ~할 필요가 있다

require는 주로 무언가를 필요로 하거나 요청하는 행위를 나타내는 동사입니다. 누군가에게 특정 행동을 하도록 명령하거나, 어떤 상황이나 조건이 특정 요소나 자원을 필요로 할 때 주로 사용되죠. require는 상당히 공식적이고 강력한 느낌을 줄 수 있으며, 때로는 권위적인 뉘앙스도 나타낼 수 있습니다.

1 These projects require careful planning.

이 프로젝트들은 신중한 계획을 필요로 한다.

2 Students are required to submit their assignments by tomorrow.

학생들은 내일까지 과제를 제출해야 한다.

Plus + planning 명 계획 (세우기)　　　　submit 동 제출하다
assignment 명 과제

---

operation

[ɑːpəˈreɪʃn]

명 작전[활동], 운용[작동], 수술, (군사) 작전

operation은 주로 활동이나 행위가 진행되는 상태를 나타내는데 이러한 기본 의미에서 다양한 뜻이 파생되었습니다. 예를 늘어, 기계나 장치가 작동하는 상태를 나타낼 수도 있고, 사업이나 조직이 진행되는 과정을 나타낼 수도 있지요. 나아가 의학적인 수술이나 군사작전이 진행되는 상태까지도 의미할 수 있습니다.

1 Operation of a forklift requires a special license.

지게차를 운전하려면 특별 면허가 필요하다.

2 Zoey went home to rest after her operation.

Zoey는 수술 후 휴식하기 위해 집으로 갔다.

Plus + forklift 명 지게차　　　　　　license 명 면허(증)

2023

lane

[leɪn]

명 (좁은) 길, 차선[도로],
(규정) 항로,
(운동 경기의) 레인

lane은 흔히 도시나 마을에서 찾아볼 수 있는 '좁은 길'을 의미합니다. 하지만 점차 그 의미가 확장되어 도로상에서 차량이 이동하는 특정 차선도 나타내게 되었지요. 요즘은 좁은 길에 해당하는 상당수의 것들, 이를테면 항해나 비행에서 사용하는 규정된 항로나 수영 및 육상 경기 등에서 선수들이 각각 할당받은 구역을 의미하기도 합니다.

1 We walked down a narrow lane lined with cherry blossom trees.

우리는 벚꽃 나무들이 늘어선 좁은 길을 걸었다.

2 The highway has four lanes in each direction.

그 고속도로는 각 방향으로 네 개의 차선이 있다.

Plus + narrow **형** 좁은   direction **명** 방향

2024

tube

[tu:b]

명 (고무 등의) 관(管),
튜브[짜내어 쓰게 된 용기],
관 모양의 기관

동 관(管)을 달다[붙이다]

tube는 주로 길고 둥근 형태를 가진 물체나 용기를 의미합니다. 즉, 구멍이 뚫린 관, 튜브 형태의 용기, 또는 이와 유사한 형태의 기관 등을 모두 나타내지요. 영국에서는 지하철을 tube라고 부르는데, 이는 둥근 터널 모양 때문입니다. tube는 동사로 '관을 달다[붙이다]'라는 의미를 나타내기도 합니다.

1 Joe bought the tube made from natural latex rubber.

Joe는 천연 라텍스 고무로 만든 관을 샀다.

2 Water would be irrigated through the inner tube.

물은 내부 관을 통해 공급될 것이다.

Plus + natural **형** 천연의   rubber **명** 고무
irrigate **동** 물을 대다   inner **형** 내부의

2025

squat

[skwɑ:t]

동 쪼그리고[웅크리고,
책상다리를 하고] 앉다,
(타인의 부동산에서)
불법 거주[점유]하다,
현실에 안주하다

형 쪼그리고[웅크리고,
책상다리를 하고] 앉은

squat은 우리에게 '스쿼트'이라는 운동 이름으로도 많이 알려져 있는 단어입니다. squat은 주로 무릎을 굽혀 앉는 자세를 나타냅니다. 원래 이 자세를 취하는 행위만을 나타냈지만 시간이 흐르면서 의미가 확장되어 불법 점유와 같은 여러 가지 뜻도 나타내게 되었습니다. 생각해 보니 우리말에도 '눌러 앉다'라는 표현이 있네요!

1 Sally squatted down to tie her shoelaces.

Sally는 신발 끈을 묶기 위해 쪼그려 앉았다.

2 The girl sat in a squat against the fence.

소녀는 울타리에 기대서 쪼그리고 앉아 있었다.

Plus + shoelace **명** 신발끈   fence **명** 울타리

2026

elephant

['elɪfənt]

명 코끼리

elephant라는 단어의 역사는 생각보다 아주 오래되었습니다. 고대 그리스 시절에는 '상아'를 의미하다가 이후 시간이 흐르면서 '코끼리' 자체를 뜻하게 되었습니다. 영어권에는 elephant in the room이라는 표현이 있습니다. '누구나 알고 있지만 말하기 꺼리는 문제', '모른 척하고 말하고 싶지 않아 하는 문제'를 의미합니다.

1 The elephant is the largest land animal.

코끼리는 가장 큰 육지 동물이다.

2 African elephants were placed on the list of endangered animals.

아프리카코끼리들은 멸종 위기 목록에 올랐다.

Plus + land 명 육지   endangered 형 멸종 위기에 처한

2027

risk

[rɪsk]

명 위험, 위험 요인

동 위태롭게 하다, 감행하다

risk는 주로 불확실한 상황의 잠재적 손실이나 불리한 결과를 뜻합니다. 즉, '위험' 또는 '위험 요인'을 나타내지요. 원래는 해상 무역에서 선박이나 항해와 관련된 위험을 나타내는 단어였다고 합니다. 그러다 시간이 흐르면서 다양한 상황의 잠재적 위험을 나타내게 되었습니다. 동사로는 '위태롭게 하다, 감행하다'를 뜻합니다.

1 Investing in the stock market always involves some risk.

주식 시장에 투자하는 것은 항상 약간의 위험을 수반한다.

2 Elena said that she was willing to risk losing everything.

Elena는 모든 것을 잃는 위험을 기꺼이 감수하겠다고 말했다.

Plus + invest 동 투자하다   stock 명 주식
involve 동 수반하다   be willing to V 기꺼이 ~하다

2028

grape

[greɪp]

명 포도

'포도'를 의미하는 grape는 서양에서 대개 긍정적인 어감을 띕니다. 아마 고대 그리스 로마 시절부터 포도주를 많이 접했기 때문인 것 같습니다. grape와 관련된 일화로 '신 포도(sour grapes)' 이야기가 있습니다. 누군가가 원하는 것을 얻지 못했을 때, 그것이 어차피 중요하지 않을 것이라고 자기 합리화를 하는 태도를 의미합니다.

1 Ripe grapes are hanging on the tree.

잘 익은 포도가 나무에 매달려 있다.

2 We have three new flavors: orange, apple, and grape.

오렌지, 사과, 포도 세 가지 맛이 새롭게 출시되었다.

Plus + ripe 형 익은   flavor 명 맛

soccer

[ˈsɑːkə(r)]

명 축구

soccer는 '축구'를 의미하는 명사입니다. 한 가지 알아 둘 것은 축구 종주국인 영국에서는 football이라 표현하지만 미국과 캐나다에서는 soccer라는 단어를 쓴다는 점입니다. 미국과 캐나다에 처음 축구가 들어올 때 이미 미식축구를 football이라고 칭했기 때문에 이와 구별하기 위해 soccer라는 용어를 만들었다고 합니다.

1 **Leah plays soccer every weekend.**
Leah는 매 주말마다 축구를 한다.

2 **Soccer is one of the most popular sports in the world.**
축구는 세계에서 가장 인기 있는 스포츠 중 하나다.

Plus + weekend 명 주말　　　　　popular 형 인기 있는

tender

[ˈtendə(r)]

형 부드러운[연한], 약한,
정이 많은, 예민한

tender의 원래 의미는 '늘리다, 팽창시키다'였다고 합니다. 무언가를 늘리고 팽창시키면 잘 구부러지고 연약해지겠죠? 이러한 속성 때문인지 오늘날에는 '부드러운, 연한' 또는 '정이 많은, 예민한'이라는 의미를 나타냅니다. 흔히 '마음씨 고운' 사람을 tender-hearted라고 표현하기도 하지요.

1 **The steak is very tender and juicy.**
그 스테이크는 매우 부드럽고 육즙이 풍부하다.

2 **Liam is tender-hearted and always helping those in need.**
Liam은 마음이 따뜻하고 항상 어려움에 처한 사람들을 돕는다.

Plus + juicy 형 즙이 많은　　　　　in need 어려움에 처한

blush

[blʌʃ]

동 (수치심, 당황, 부끄러움 등으로) 얼굴을 붉히다 [빨개지다],
(하늘, 자연 등이) 붉어지다, 붉게 하다

명 (수치심, 당황, 부끄러움 등으로) 얼굴을 붉히기

blush는 주로 부끄럽거나 당황하여 얼굴이 붉어지는 상태를 나타냅니다. 비슷한 단어로는 '(당황하여) 붉어지다'라는 뜻의 color가 있습니다. 또한 주로 사람의 얼굴이 붉어지는 것을 나타내기 때문에 이를 어떤 사물이나 자연 현상에 적용하면 꽤 문학적인 어감을 갖게 됩니다.

1 **Harry blushed as Kate complimented him.**
Harry는 Kate가 그를 칭찬하자 얼굴이 붉어졌다.

2 **The sky blushed with the beautiful colors of the setting sun.**
하늘은 석양의 아름다운 색으로 붉게 물들었다.

Plus + compliment 동 칭찬하다　　　　　setting 형 (해·달이) 지려고 하는

2032

herb

[ərb]

명 약초[허브], 풀[초본]

herb는 주로 식물의 잎이나 줄기, 꽃을 뜻합니다. 특히 향신료로 사용되거나 의약품으로 쓰일 수 있는 식물을 가리키지요. 그래서 우리말로는 '약초'라고 일컫는 경우가 많이 있습니다. 하지만 일반적인 식물이나 풀을 의미할 때도 많으니 두 가지 의미 모두 기억하시길 바랍니다!

1 He used various herbs for seasoning.

그는 양념으로 다양한 허브를 사용했다.

2 These herbs have been used in traditional medicine for centuries.

이 약초들은 수 세기 동안 전통 의학에서 사용되어 왔다.

Plus + seasoning 명 양념 traditional 형 전통의
century 명 세기

2033

bin

[bɪn]

명 쓰레기통, (뚜껑 달린) 통,
(빵 따위의) 용기,
(곡식 따위의) 저장소

bin은 주로 물건을 보관하는 상자나 함을 의미합니다. 오늘날 우리 일상에서 가장 흔한 bin의 형태는 쓰레기통입니다. 그래서 아예 이를 지칭하는 trash bin이라는 단어가 따로 있지요. 하지만 그 밖에도 bin은 '(뚜껑 달린) 통', '(빵이나 곡물을 담는) 상자 또는 저장소' 등의 다양한 의미를 나타낼 수 있습니다.

1 Throw the trash in the bin.

쓰레기는 쓰레기통에 버리십시오.

2 Noah keeps his tools in a bin with a lid to protect them from dust.

Noah는 연장에 먼지가 쌓이지 않도록 연장을 뚜껑 달린 통 안에 보관한다.

Plus + tool 명 연장 lid 명 뚜껑
protect 통 보호하다 dust 명 먼지

2034

lawyer

['lɔːjər]

명 변호사

lawyer는 '법'을 의미하는 명사 law 뒤에 '행위자'를 뜻하는 -er이 결합된 단어입니다. 초창기에는 법을 연구하는 사람을 뜻했다고 하는데 시간이 흐르면서 법과 관련된 문제를 전문적으로 다루는 사람을 나타내게 되었고 그것이 오늘날 '변호사'라는 뜻이 되었습니다.

1 Eric is a lawyer specializing in family law.

Eric은 가족법 전문 변호사다.

2 My little sister is a lawyer and gives me legal advice.

나의 여동생은 변호사여서 내게 법률 조언을 해준다.

Plus + specialize in ~을 전문으로 하다 legal 형 법률과 관련된
advice 명 조언

2035

knight
[naɪt]

명 (중세의) 기사, 나이트 작위

동 ~에게 나이트 작위를 수여하다

knight는 명사로는 '(중세의) 기사, 나이트 작위'를 뜻하고, 동사로는 '~에게 나이트 작위를 수여하다'를 의미합니다. 영국에는 아직도 기사 작위 제도가 형식적으로 남아 있어 공로를 인정받은 사람에게 존경과 명예를 표현합니다.

1 The knight is fighting bravely to defend the castle.
그 기사는 성을 지키기 위해 용감하게 싸우고 있다.

2 Sir John Smith was knighted by the Queen.
John Smith 경은 여왕에게 기사 작위를 수여받았다.

Plus + bravely **부** 용감하게   defend **동** 방어[수비]하다

2036

panel
['pænl]

명 판자, 위원단, 토론 참석자

동 판자를 대다

panel은 명사로 '평평한 판'이나 '판자'를 뜻합니다. 주로 건축 등의 분야에서 쓰이는 판을 일컫지요. 동사로는 '판자를 대다'라는 뜻을 나타냅니다. 또한 panel(패널)은 특정 주제나 문제에 대해 논의하거나 판단하는 사람들을 총칭하기도 하는데 주로 해당 토론의 참석자나 넓게는 위원단을 의미한다고 보면 됩니다.

1 I need to replace the wooden panels on the windows.
나는 창문의 나무판자들을 교체해야 한다.

2 Lucas paneled the dining room and living room.
Lucas는 식당과 거실에 판자를 댔다.

Plus + replace **동** 교체하다

2037

nudge
[nʌdʒ]

동 슬쩍 찌르다

nudge는 누군가를 부드럽게 살짝 찌르거나 밀어서 그들을 움직이게 하는 행위를 나타냅니다. 이러한 의미가 확장되어 오늘날 경제학 등에서 다른 사람의 행동이나 결정에 영향을 미치는 행위 등을 비유적으로 나타내기도 하지요. 이와 같은 경우를 nudge effect(넛지 효과)라고 합니다.

1 Sophia nudged her little brother to wake him up.
Sophia는 남동생을 깨우려고 그를 쿡쿡 찔렀다.

2 I was astonished that someone nudged me from behind.
나는 뒤에서 누군가 슬쩍 찔러서 깜짝 놀랐다.

Plus + astonished **형** 깜짝[크게] 놀란

2038

butterfly

[ˈbʌtərflaɪ]

- 명 나비, (수영의) 접영
- 동 (나비처럼) 펄펄 날아다니다, 나비꼴로 갈라 펴다

잘 알고 있듯이 butterfly는 명사로 '나비'를 의미합니다. 동사로는 '(나비처럼) 펄펄 날아다니다'라는 뜻을 나타내죠. 그런데 접영의 기본자세, 즉 두 팔을 동시에 앞으로 내민 채로 옆으로 밀어내며 수면 위로 팔을 휘두르는 모습이 마치 나비와 같다 하여 butterfly가 '접영'을 의미하기도 합니다.

1 The butterfly is known for their colorful wings.

그 나비는 화려한 날개로 유명하다.

2 Mike is practicing the butterfly stroke for the swimming competition.

Mike는 수영 대회를 위해 접영을 연습하고 있다.

Plus + be known for ~로 유명하다   butterfly stroke 접영

2039

wheat

[wiːt]

- 명 밀

wheat은 '밀'을 의미합니다. 우리가 흔히 알고 있는 바로 그 곡물이죠. 때때로 grain이라는 단어를 활용해서 밀을 나타내기도 하는데 grain은 다른 종류의 곡물도 포함하는 더 일반적인 단어입니다. 정제를 하지 않은 밀, 즉 '통밀'을 나타낼 때는 whole-grain wheat라고 합니다.

1 Wheat is a staple food in many different cultures.

밀은 많은 다양한 문화권에서 주식이다.

2 This bread is made from whole-grain wheat flour.

이 빵은 통밀가루로 만들어졌다.

Plus + staple 형 주된   grain 명 곡물
flour 명 밀가루

2040

blind

[blaɪnd]

- 형 장님인[눈이 먼], 알아보는 눈이 없는, 맹목적인, 눈에 보이지 않는

blind는 눈이 보이지 않는 상태를 설명하는 데 사용됩니다. 선천적 또는 후천적으로 이런 장애를 갖게 된 상태를 나타내죠. 또한 blind는 누군가가 중요한 사실을 간과하는 경우에도 사용됩니다. 우리말에도 '~에 눈이 멀어'라는 비유적 표현이 있죠? 맹목적으로 하는 행동을 설명할 때 blind가 쓰인 것으로 보시면 됩니다.

1 Kate has been blind since birth.

Kate는 태어났을 때부터 눈이 보이지 않았다.

2 Harry was blind to the consequences of his actions.

Harry는 자신의 행동이 가져올 결과를 깨닫지 못했다.

Plus + birth 명 탄생   be blind to ~을 깨닫지 못하다
consequence 명 결과   action 명 행동

우리말에 맞게 빈칸에 알맞은 단어를 쓰세요.

(정답은 본문을 확인하세요.)

1 Please write your name and _____ on the envelope.

봉투에 이름과 주소를 적어 주십시오.

2 Ann lost a _____ in the accident.

Ann은 그 사고로 팔다리를 잃었다.

3 This knife is too _____ to cut the bread.

이 칼은 너무 무뎌서 빵을 자를 수 없다.

4 The house burned down to _____.

그 집은 불에 타서 재가 되었다.

5 The wolf was looking at a flock of _____.

늑대가 양 떼를 보고 있었다.

6 Camels store fat in their _____.

낙타는 등에 있는 혹에 지방을 저장한다.

7 Can we meet at _____ for lunch?

우리 정오에 만나 점심 먹을 수 있니?

8 Harry _____ his first novel last year.

Harry는 작년에 그의 첫 소설을 출판했다.

9 We took the _____ to get there faster.

우리는 더 빨리 가기 위해 고속도로를 이용했다.

10 Mary is looking for a light because the room is _____.

Mary는 방이 어두워 전등을 찾고 있다.

11 These projects _____ careful planning.

이 프로젝트들은 신중한 계획을 필요로 한다.

12 Zoey went home to rest after her _____.

Zoey는 수술 후 휴식하기 위해 집으로 갔다.

13 The highway has four _____ in each direction.

그 고속도로는 각 방향으로 네 개의 차선이 있다.

14 Joe bought the _____ made from natural latex rubber.

Joe는 천연 라텍스 고무로 만든 관을 샀다.

15 Sally _____ down to tie her shoelaces.

Sally는 신발 끈을 묶기 위해 쪼그려 앉았다.

16 African _____ were placed on the list of endangered animals.

아프리카코끼리들은 멸종 위기 목록에 올랐다.

17 Elena said that she was willing to _____ losing everything.

Elena는 모든 것을 잃을 위험을 감수할 것이라고 말했다.

18 Ripe _____ are hanging on the tree.

잘 익은 포도가 나무에 매달려 있다.

19 _____ is one of the most popular sports in the world.

축구는 세계에서 가장 인기 있는 스포츠 중 하나다.

20 The steak is very _____ and juicy.

그 스테이크는 매우 부드럽고 육즙이 풍부하다.

21 Harry _____ when Kate complimented him.

Harry는 Kate가 그를 칭찬하자 얼굴이 붉어졌다.

22 He used various _____ for seasoning.

그는 양념으로 다양한 허브를 사용했다.

23 Throw the trash in the _____.

쓰레기는 쓰레기통에 버리십시오.

24 My little sister is a _____ and gives me legal advice.

나의 여동생은 변호사여서 내게 법률 조언을 해준다.

25 Sir John Smith was _____ by the Queene.

John Smith 경은 여왕에게 기사 작위를 수여받았다.

26 I need to replace the wooden _____ on the windows.

나는 창문의 나무판자들을 교체해야 한다.

27 Sophia _____ her little brother to wake him up.

Sophia는 남동생을 깨우려고 그를 쿡쿡 찔렀다.

28 _____ are known for their colorful wings.

나비는 화려한 날개로 유명하다.

29 _____ is a staple food in many different cultures.

밀은 많은 다양한 문화권에서 주식이다.

30 Kate has been _____ since birth.

Kate는 태어났을 때부터 눈이 보이지 않았다.

Level
69

레벨별 단어 사용 빈도

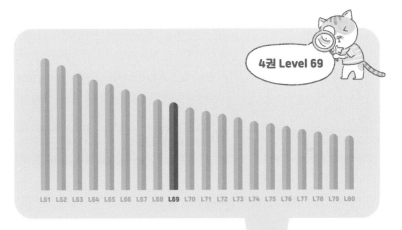

4권 Level 69

L61 L62 L63 L64 L65 L66 L67 L68 **L69** L70 L71 L72 L73 L74 L75 L76 L77 L78 L79 L80

LEVEL 1~20　　LEVEL 21~40　　LEVEL 41~60　　**LEVEL 61~80**　　LEVEL 81~100

2041

transform

[trænsˈfɔrm]

통 변형시키다,
(구조 등을) 바꾸다,
(전기) 변압[변류]하다

transform을 자세히 보면 뒤에 있는 form이 확 눈에 들어오죠? 잘 알고 계신 대로 form은 '형태'라는 뜻입니다. 그럼 trans는 뭘까요? *trans*는 원래 라틴어로 '반대편으로 건너가다'라는 의미였습니다. 이러한 맥락에서 transform은 '형태가 완전히 바뀌다, (구조 등을) 바꾸다'를 뜻합니다.

1 Caterpillars transform into butterflies.
애벌레는 나비로 변한다.

2 This technology has the potential to transform the way people live.
이 기술은 사람의 삶의 방식을 변화시키는 잠재력을 가지고 있다.

Plus + caterpillar 명 애벌레   potential 명 잠재력

2042

beetle

[ˈbiːtl]

명 딱정벌레, (폭스바겐의) 비틀

beetle은 '딱정벌레'를 의미하는 명사입니다. 딱정벌레는 아주 견고한 외골격을 가지고 있죠? 이러한 모습을 본떠 만든 자동차가 바로 폭스바겐의 비틀인데요. 그래서 beetle은 맥락에 따라 '딱정벌레' 아니면 '(폭스바겐 사의) 비틀'을 의미하기도 합니다.

1 Beetles have hard shells and strong mandibles.
딱정벌레는 단단한 껍질과 튼튼한 턱을 가지고 있다.

2 Volkswagon Beetles are known for their distinctive curved design.
폭스바겐 사의 비틀은 특유의 곡선형 디자인으로 유명하다.

Plus + shell 명 껍질   mandible 명 (곤충의) 턱
be known for ~로 유명하다   distinctive 형 독특한

2043

tighten

[ˈtaɪtn]

통 (단단히) 조여지다[조이다],
단단하게[탱탱하게] 하다,
(정책 등을) 엄하게 하다

tighten은 물리적으로 더 팽팽하고 단단하게 만드는 것을 의미합니다. 그래서 나사를 조이거나 끈을 당기는 것 모두 tighten으로 나타낼 수 있지요. 또한 비유적으로 '깐깐하게 하다, 엄하게 하다'라는 뜻으로 쓰입니다.

1 Tighten the screws on the chair to make it more stable.
의자의 안정성을 높이려면 나사를 단단히 조여라.

2 The company had no choice but to tighten its budget due to economic uncertainty.
그 회사는 경제적 불확실성으로 인해 예산을 줄일 수밖에 없었다.

Plus + screw 명 나사(못)   stable 형 안정적인
budget 명 예산   uncertainty 명 불확실성

2044

laundry

['lɔːndri]

명 세탁(물), 세탁소[세탁실]

laundry는 원래 '씻다'라는 의미에서 출발했습니다. 그래서인지 주로 다음 두 가지 의미로 쓰입니다. 첫 번째는 '세탁, 세탁물'이고 두 번째는 '세탁소, 세탁실'입니다. laundry는 가정에 있는 세탁실과 상업적인 세탁실을 모두 의미할 수 있습니다. 비슷한 맥락에서 쓸 수 있는 단어로 washing(세탁)이 있으니 함께 알아 두셔도 좋겠습니다.

1 I need to do my laundry before I run out of clean clothes.
나는 깨끗한 옷이 떨어지기 전에 빨래를 해야 한다.

2 Henry dropped off his laundry at the dry cleaners.
Henry는 빨랫감을 세탁소에 맡겼다.

Plus + run out of ~을 다 써버리다, ~이 없어지다   dry cleaner 세탁소

2045

fierce

[fɪrs]

형 격렬한[맹렬한], 사나운[흉포한]

fierce는 기본적으로 '강렬함, 격렬함'과 관련이 있습니다. fierce의 어원인 고대 프랑스어 *fiers*가 '야생의, 야만스러운'이라는 의미를 나타내기 때문이죠. 그래서 오늘날 fierce는 '격렬한, 맹렬한, 사나운' 등의 의미를 나타내는 형용사입니다. 어떤 행동이나 감정의 격렬함을 나타내기도 하지만 기상 조건이나 기온 등의 극심함을 나타낼 수도 있습니다.

1 Lions are known for their fierce nature.
사자는 사나운 성질로 잘 알려져 있다.

2 The two teams are engaged in fierce competition.
두 팀은 치열한 경쟁을 벌이고 있다.

Plus + nature 명 본성, (어떤 특수한) 성미   be engaged in ~에 참여하다
competition 명 경쟁

2046

instant

['ɪnstənt]

형 즉각적인, 즉시의, 긴급[절박]한, 즉석요리용의

instant는 주로 시간과 관련되어 쓰이는데, 매우 짧은 시간 동안에 일어나는 것을 나타냅니다. 원래 instant는 '성가시게 하다'라는 뜻에서 출발했습니다. 자꾸 빨리 하라고 성가시게 하는 상황을 떠올려 보시면 좋을 것 같습니다. 또한 instant는 '즉각적인, 즉시의' 등의 뜻을 나타내기도 합니다.

1 Bella received an instant reply to her email.
Bella는 그녀의 이메일에 대한 답장을 바로 받았다.

2 I demand your instant attention to this matter.
이 문제에 대해 여러분의 즉각적인 관심을 요청드립니다.

Plus + reply 명 답장   demand 동 요구하다
attention 명 관심, 주의   matter 명 문제

2047

delicious

[dɪˈlɪʃəs]

형 (매우) 맛 좋은, 맛있는,
(음식이) 냄새가 좋은,
아주 기분 좋은

delicious는 주로 음식이 맛있는 상태를 나타내는 형용사입니다. 우리가 잘 아는 delight(기쁨)라는 말과 같은 어원을 공유하고 있습니다. 정보를 받아들이는 기관은 다 다르지만 모든 정보는 뇌에서 처리하죠. 즉, 음식이 입맛에 맞고 즐거운 맛을 줄 때 그 감정을 delicious라고 표현한다고 보시면 좋을 것 같네요!

1 The cake my mom made was absolutely delicious.
   엄마가 만들어 주신 케이크는 정말 맛있었다.

2 The smell of baked bread is delicious.
   그 구운 빵의 냄새가 매우 좋다.

Plus + absolutely 부 절대적으로   smell 명 냄새, 향

2048

inform

[ɪnˈfɔːrm]

동 알리다[통지하다],
고발[밀고]하다,
정보를[지식을] 제공하다

inform은 주로 누군가에게 정보를 제공하거나 알린다는 뜻을 나타내는 동사입니다. 우리에게는 '정보'를 나타내는 명사 information이 좀 더 익숙할 듯합니다. 이런 '정보'를 제공하는 행위를 inform이라고 하며 조금은 공식적인 맥락에서 많이 쓰입니다. 비슷한 의미의 단어로는 notify(통지하다) 등이 있습니다.

1 Please inform the manager of any schedule changes.
   일정 변경 사항은 반드시 관리자에게 알려 주십시오.

2 Sue informed the police about a suspicious man.
   Sue는 그 수상한 남성에 대해 경찰에 알렸다.

Plus + suspicious 형 의심스러운, 수상쩍은

2049

accompany

[əˈkʌmpəni]

동 동반[동행]하다,
~을 수반하다,
~와 동시에 일어나다,
덧붙이다

accompany는 주로 누군가와 함께 가거나 무언가 더해지는 상태를 나타냅니다. 이 단어의 유래가 참 재미있는데 원래는 '함께 빵을 먹다'라는 뜻에서 출발했습니다. 유래를 생각하니 '동반하다, 동행하다'라는 뜻이 와닿습니다. 이렇듯 accompany는 다른 사람들과 함께 움직이거나 무언가 다른 것이 함께 나타나거나 일어나는 경우 등을 나타냅니다.

1 We will accompany you to the airport.
   우리가 당신과 공항까지 동행할 것이다.

2 The flu is often accompanied by a high fever.
   독감은 종종 높은 열을 수반한다.

Plus + airport 명 공항   flu 명 독감
fever 명 열

2050

instrument
[ˈɪnstrəmənt]

몡 (정밀) 기계[기구], 악기,
수단[방편], (법률) 증서[문서]

instrument는 '수단, 장비' 등을 의미하는 고대 프랑스어 *instrument*에서 유래되었습니다. 그래서인지 주로 특정한 목적을 달성하기 위해 사용되는 도구나 기기 등을 가리킵니다. 이러한 의미가 음악에 적용되어 '악기'를 의미하기도 하지요. 그 외 맥락에서는 '방법, 수단'을 나타내는 경우도 많습니다.

1 The telescope is an instrument for observing distant objects.

망원경은 먼 거리의 물체를 관찰하는 데 사용되는 기구다.

2 Alex is learning to play a musical instrument.

Alex는 악기를 연주하는 법을 배우고 있다.

Plus + telescope 몡 망원경   observe 툥 관찰하다
distant 혱 먼, (멀리) 떨어져 있는   object 몡 물체

2051

prevent
[prɪˈvɛnt]

툥 (~하는 것을) 막다, 방지하다,
예방하다

prevent는 원래 '미리 오다'라는 뜻의 라틴어 *praeventus*에서 유래했는데, 시간이 지나면서 '미리 와서 행동하다'라는 의미를 띠게 되었습니다. 그러고 보니 왜 '예방하다'라는 뜻을 나타나게 되었는지 감이 오는군요. 이렇듯 prevent는 주로 어떤 일이 발생하지 않도록 막는 것을 의미하는 동사입니다.

1 Sally wore a helmet to prevent head injuries.

Sally는 머리 부상을 방지하기 위해 헬멧을 착용했다.

2 Regular exercise helps prevent obesity.

규칙적인 운동은 비만을 예방하는 데 도움이 된다.

Plus + injury 몡 부상   regular 혱 규칙적인
obesity 몡 비만

2052

strand
[strænd]

몡 (실이나 머리카락 같은)
가닥[올],
(생각이나 이야기 등의)
가닥[부분]

툥 (밧줄을) 꼬다, 가닥을 끊다

strand는 원래 '꼬아서 만들다'라는 뜻에서 출발했다고 합니다. 지금은 그런 행위 외에도 '가닥, 올'과 같은 결과물을 지칭하기도 합니다. 우리말로는 '실, 가닥, 뭉치' 등 다양하게 표현할 수 있습니다. 또한 strand는 추상적 의미의 '가닥'을 나타내기도 해서 '(생각이나 이야기의) 일부분'을 나타내기도 합니다.

1 Tom found a strand of hair in his soup.

Tom은 수프에서 머리카락 한 올을 발견했다.

2 This novel weaves together multiple strands of stories.

이 소설은 여러 가닥의 이야기들을 엮어 놓았다.

Plus + weave 툥 엮다, 짜다   multiple 혱 다수의, 많은

2053

sail

[seɪl]

동 항해하다, 돛을 달고 가다,
출범[출항]하다,
미끄러지듯 나아가다

sail은 '항해하다, 돛을 달고 가다'와 같이 말 그대로 돛을 달고 항해하는 것을 의미합니다. 또한 sail은 부드럽게 움직이며 미끄러지듯 나아가는 것을 나타내기도 하는데 추상적인 맥락에서 '출범하다'와 같은 뜻을 표현하기도 합니다.

1 The ships sailed at dawn, moving slowly through the calm water.
   그 배들은 새벽에 잔잔한 물을 천천히 가르며 출항했다.

2 My dream is to sail around the world alone.
   내 꿈은 혼자서 세계 곳곳을 항해하는 것이다.

Plus + dawn **명** 새벽   calm **형** 잔잔한, 고요한
         alone **부** 혼자, 다른 사람 없이

2054

confess

[kənˈfɛs]

동 자백[실토]하다,
인정[자인]하다,
고해[고백 성사]를 하다

confess는 자신이 저지른 잘못을 인정하고 고백하는 것을 의미하는 동사입니다. 우리말로 '자백하다, 실토하다, 고해하다, 자인하다' 등 다양하게 표현할 수 있습니다. confess의 뉘앙스는 상당히 강한 편입니다. 이는 confess가 일반적인 '인정'이라기보다는 비밀이나 잘못에 대한 솔직한 '고백'을 의미하는 경우에 주로 사용되기 때문입니다.

1 Maria confessed to stealing the money.
   Maria는 돈을 훔쳤다고 자백했다.

2 Smith confessed his true feelings for her.
   Smith는 그녀에 대한 진심을 고백했다.

Plus + steal **동** 훔치다   feeling **명** 감정

2055

plunge

[plʌndʒ]

동 거꾸러지다[거꾸러뜨리다],
급락하다,
(아래위로) 마구 요동치다,
(어떤 상태에) 빠뜨리다

plunge는 명사 lead(납)와 같은 어원에서 유래했습니다. 원래는 '깊은 곳으로 떨어뜨리다'라는 뜻이었습니다. 아마 납이 무거워서 아래로 가라앉는 특성이 반영된 듯합니다. 오늘날에는 '거꾸러지다, 급락하다' 등의 의미를 나타냅니다. 또한 '(어떤 상태에) 빠뜨리다' 등의 뜻으로도 표현할 수 있습니다.

1 William suddenly plunged into the cold water.
   William은 갑자기 차가운 물속으로 뛰어들었다.

2 The stock market plunged after news of the company's bankruptcy.
   그 회사의 파산 소식 이후 주식 시장은 급락했다.

Plus + stock **명** 주식   bankruptcy **명** 파산

2056

beam
[biːm]

명 빛줄기[광선],
(건설) 들보[각재],
저울(의 대), 몸통[선체]의 폭

beam의 기본 의미는 '빛의 줄기, 광선'입니다. 여기서 의미가 확장되어 광선처럼 직선 형태를 띤 물체들을 나타내기도 하는데 대표적으로 건설 현장에서 beam은 '들보, 각재' 등을 의미합니다. 또는 '저울, 저울의 대'나 '(선체의) 폭' 등을 나타내기도 합니다.

1 The lighthouse shined bright beams of light.
등대가 밝은 빛을 비추고 있었다.

2 They used steel beams to construct the framework of the bridge.
그들은 다리의 뼈대를 만들기 위해 강철 들보를 사용했다.

Plus + lighthouse 명 등대   steel 명 강철
construct 동 건설하다   framework 명 뼈대

2057

clasp
[klæsp]

동 (꽉) 움켜쥐다, (꽉) 껴안다,
고정시키다[하다],
(걸쇠를 걸어) 잠그다

clasp은 주로 무언가 꽉 움켜쥐거나 껴안는 것을 의미하는 동사입니다. 예를 들어, clasp hands라고 하면 '손을 모으다'라는 뜻이 되지요. 이러한 의미가 확장되어 clasp은 '고정시키다, 잠그다' 등의 의미도 나타낼 수 있습니다. 비슷한 의미의 단어로는 grasp(움켜잡다, 끌어안다), grip(꽉 잡다) 등이 있으니 함께 알아두셔도 좋겠군요.

1 Nick clasped the baby tightly in his arms.
Nick은 아기를 팔로 꽉 껴안았다.

2 Emily clasped her hands together and made a wish.
Emily는 두 손을 모아 소원을 빌었다.

Plus + tightly 부 꽉, 단단히   make a wish 소원을 빌다

2058

blank
[blæŋk]

형 빈[공백의, 백지의],
(상황 등이) 공허한[시시한],
(표정 등이) 멍한[무표정한],
(부정적 의미로) 완전한
[전적인]

blank는 '흰색'을 뜻하는 고대 프랑스어 *blanc*에서 유래되었습니다. 그래서 기본적으로 '빈 공간, 공백'을 의미하지요. 이러한 의미가 확장되어 상황이나 표현이 공허하거나 시시한 상태, 멍한 표정 등을 나타내기도 합니다. 생각해 보면 모두 약간 어딘가 비어 있거나 모자란 느낌이 드는군요.

1 Make sure to write your name in the blank space.
빈칸에 이름을 써 주십시오.

2 Harry stared at the blank page, unable to come up with any ideas.
Harry는 아무 생각도 떠올리지 못한 채 백지만 바라보았다.

Plus + space 명 공간   stare at ~을 응시하다
come up with ~ 내놓다, 을 제시하다

2059

progress

[prəˈgres] [ˈprɑːgres]

- 동 전진하다[진행되다], 진보[발전]하다
- 명 진척[진행], 진보[발달]

progress의 기본 의미는 '나아가다'입니다. 우리말로는 주로 '진행하다, 전진하다' 등으로 나타낼 수 있습니다. progress는 물리적인 움직임뿐만 아니라 추상적인 개념도 나타낼 수 있어서 무언가 발전하거나 진보하는 상태를 표현하기도 합니다. 이 외에도 progress가 명사일 때는 '진행, 진보, 발달'을 의미합니다.

1 **They are progressing well toward their goal.**
그들은 목표를 향해 잘 나아가고 있다.

2 **Chloe has made significant progress in her language learning.**
Chloe는 언어 학습에서 상당한 진전을 이루었다.

Plus + goal 명 목표   significant 형 상당한
language 명 언어   learning 명 학습

2060

grain

[greɪn]

- 명 곡물, (곡식의) 낟알, 알갱이, 극소량[미량]

grain은 '곡물'을 의미하는 명사입니다. 특히 곡물이나 식물의 씨앗, 알갱이 등을 가리키지요. 그리고 이러한 의미가 확장되어 grain은 '극소량'이나 '미량'을 뜻하기도 합니다. 이때는 꼭 곡물이나 식물의 양을 의미하는 것은 아니라는 것을 기억하세요!

1 **Wheat and barley are two common grains used for making bread.**
밀과 보리는 빵을 만드는 데 쓰이는 흔히 쓰이는 두 가지 곡물이다.

2 **Adam started to count the grains of rice in the bowl.**
Adam은 그릇에 있는 쌀알들을 세기 시작했다.

Plus + barley 명 보리   count 동 총 수를 세다
bowl 명 (우묵한) 그릇

2061

cost

[kɔːst]

cost - cost

- 명 비용, 값, 대가
- 동 (비용이) 들다

cost는 명사로 '비용, 값, 대가' 등을 의미합니다. 또한 동사로는 '비용이 들다, 비용을 치르다'라는 뜻을 나타낼 수 있습니다. 원래 cost는 '고정되다, 형성되다'라는 뜻에서 출발했다고 합니다. 즉, 원하는 것을 얻기 위한 과정에서 '생기는 그 무언가'가 이 단어의 기본 뉘앙스라고 생각하시면 됩니다.

1 **The cost of living in this city is very high.**
이 도시의 생활비는 매우 비싼 편이다.

2 **How much did it cost to repair the car?**
그 차를 수리하는 데 얼마나 들었니?

Plus + cost of living 생활비   high 형 (가격 등이) 비싼
repair 동 수리[수선]하다

2062

rubber

[ˈrʌbər]

명 고무, 지우개

형 고무의[로 만든]

rubber의 기본 의미는 '고무'이며 보통 고무로 만든 것들을 나타냅니다. 영어권에서 가장 흔히 rubber라고 지칭하는 것은 '지우개'입니다. 이는 처음에 고무로 지우개를 만들었을 때 마땅한 호칭이 없어 rubber라고 부르기 시작했고 그것이 지금까지 이어졌기 때문입니다.

1 I asked Amy to lend me a rubber during the test.

나는 시험 중에 Amy에게 지우개를 빌려달라고 부탁했다.

2 This rubber cane is flexible and stretches well.

이 고무 지팡이는 신축성이 있어 잘 늘어난다.

Plus + lend 동 빌려주다   cane 명 지팡이
flexible 형 신축성 있는   stretch 동 늘어나다

2063

volcano

[vɑːlˈkeɪnoʊ]

명 화산, 금시라도 폭발할 듯한 감정[정세]

volcano는 로마 신화에서 불의 신을 가리키던 라틴어 *Vulcanus*에서 유래되었는데, 그래서인지 기본적으로 '화산'을 의미합니다. volcano는 비유적 맥락에서는 당장이라도 폭발할 듯한 감정이나 정세를 표현하기도 합니다. 이럴 경우에는 '폭발, 격노' 등을 의미하지요.

1 The volcano has been inactive for 35 years.

그 화산은 35년째 활동을 하지 않고 있다.

2 Her emotions were like a volcano ready to erupt.

그녀의 감정은 폭발 직전의 화산과 같았다.

Plus + inactive 형 활동하지 않는   erupt 동 (화산이) 분출하다, 터지다

2064

develop

[dɪˈveləp]

동 개발하다, 발생하다, 전개시키다, 발달하다[시키다]

develop은 '펼치다, 펼쳐지다'라는 뜻을 의미하는 프랑스어 *développer*에서 유래했습니다. 이후 시간이 지나며 자연스럽게 '발달하다'라는 의미를 갖게 되었지요. develop은 주로 무언가 한 단계에서 다른 단계로 진전하여 완성된 상태에 이르는, 즉 특정 능력이나 기능이 향상 또는 발달하는 상태를 표현합니다.

1 The company is developing a new software program.

그 회사는 새로운 소프트웨어 프로그램을 개발 중이다.

2 Leah developed a passion for photography after taking a photography class.

Leah는 사진 수업을 들은 후 사진에 대한 열정을 갖게 되었다.

Plus + passion 명 열정   photography 명 사진
take a class 수강하다

2065 portrait

portrait

[ˈpɔːrtrət]

명 초상화, 인물 사진, (생생한) 묘사

형 세로 방향의

portrait은 명사로 '초상화'를 의미합니다. 사진기의 발명 이후로는 '인물 사진'이라는 뜻도 갖게 되었습니다. 또한 초상화나 인물 사진 등의 특징에서 의미가 확장되어 어떤 사물이나 상황을 생생하게 묘사하는 것을 나타내기도 합니다. 그 외에도 portrait은 형용사로 '세로 방향의'를 의미하기도 합니다.

1 Carter asked an artist to paint a portrait of him.
   Carter는 작가에게 자신의 초상화를 그려 달라고 요청했다.

2 I accidentally printed the picture in portrait mode.
   나는 실수로 사진을 세로 방향으로 인쇄했다.

Plus + ask 동 요청하다　　　accidentally 부 잘못하여, 실수로

2066 erupt

erupt

[ɪˈrʌpt]

동 (화산 등이) 분출하다, 폭발[분화]하다, (감정 등이) 용솟음치다 [쏟아져 나오다]

erupt는 동사로 '(화산 등이) 분출하다, (감정 등이) 용솟음치다' 등을 뜻합니다. 화산이 분출하는 것과 사람의 감정이 폭발하는 모양새가 상당히 닮아 있지요? 그래서인지 erupt는 무언가 파괴할 듯 밖으로 쏟아져 나오는 느낌이나 상태를 주로 나타냅니다.

1 After the volcano erupted, the sky was filled with ash.
   화산이 폭발한 후, 하늘은 재로 가득 찼다.

2 The protesters erupted in anger, demanding justice.
   시위대는 정의를 요구하며 분노를 터뜨렸다.

Plus + be filled with ~로 가득 차다　　　protester 명 시위자
　　　　　demand 동 요구하다　　　justice 명 정의, 공정

2067 official

official

[əˈfɪʃl]

형 공식적인, 공인된

명 공무원, 관리

official은 '공적인 의무'라는 뜻에서 출발했습니다. 오늘날 official은 형용사로 '공식적인, 공인된'을 의미하고, 명사로는 '공무원, 관리'라는 뜻을 나타냅니다. 예를 들어, official announcement라고 하면 '공식 발표'를 뜻합니다. 단순히 officials라고 하면 해당 영역을 담당하는 '공무원들'이나 '관리들'을 나타내지요.

1 John received an official letter confirming his acceptance into the university.
   John은 대학 합격을 확인하는 공문을 받았다.

2 The government official explained the new policies.
   정부 공무원이 새로운 정책을 설명했다.

Plus + confirm 동 확인하다　　　acceptance 명 받아들임, 수락
　　　　　policy 명 정책

2068

jungle

[ˈdʒʌŋɡl]

명 밀림, 번잡하고 소란한 곳,
냉혹한 경쟁 사회,
혼란[뒤범벅]

jungle은 원래는 '황야, 덤불' 등을 의미했는데, 이후 시간이 지나면서 그러한 특징을 가진 장소 전체를 나타내게 되었습니다. 오늘날 jungle은 '밀림' 또는 '열대 우림'을 나타내며, 비유적으로는 '번잡하고 혼란스러운 장소나 상황', 또는 '냉혹한 경쟁 사회'를 묘사하기도 합니다.

1 Daniel spent a month exploring the Amazon jungle.
Daniel은 아마존 밀림을 탐험하면서 한 달을 보냈다.

2 During rush hour, the subway station is usually a jungle of people.
출퇴근 시간에 지하철역은 보통 사람들로 붐빈다.

 Plus+ explore 동 탐험하다   rush hour (출퇴근) 혼잡 시간대
station 명 (기차 등의) 역

2069

stun

[stʌn]

동 기절[실신]시키다,
(놀람 등으로) 어리벙벙하게
하다, 깜짝 놀라게 하다,
귀를 멍하게 하다

stun은 누군가를 기절시키거나 정신을 잃게 만드는 것을 나타내는 동사입니다. 물론 물리적인 충격을 가하여 기절시키거나 정신을 잃게 만드는 것도 의미하지만, 깜짝 놀라게 하거나 기대 이상으로 감명을 주어 멍하게 만드는 경우를 뜻하기도 합니다.

1 Ann was stunned by a blow to the head.
Ann은 머리에 강한 충격을 받아 기절했다.

2 The news stunned Joe into silence.
그 뉴스로 인해 Joe는 놀라서 말을 잇지 못했다.

Plus+ blow 명 세게 때림, 강타   silence 명 침묵, 무언

2070

football

[ˈfʊtbɔːl]

명 축구

football은 '축구'를 뜻하는데, 정확히 어떤 스포츠를 의미하는지는 지역마다 조금씩 다릅니다. 미국에서 American football은 '미식축구'를 의미합니다. 하지만 그 외 세계 대부분의 지역에서 association football은 '축구', 즉 soccer와 같은 의미입니다.

1 My favorite football player is about to retire.
내가 좋아하는 축구 선수는 은퇴를 앞두고 있다.

2 American football is popular only in the United States.
미식축구는 미국에서만 인기가 있다.

 Plus+ be about to V 막 ~을 하려고 하다   retire 동 은퇴하다
only 부 오직, ~만

우리말에 맞게 빈칸에 알맞은 단어를 쓰세요.　　　　　　　　　(정답은 본문을 확인하세요.)

1　Caterpillars _____ into butterflies.　　　애벌레는 나비로 변한다.

2　_____ have hard shells and strong mandibles.　　딱정벌레는 단단한 껍질과 튼튼한 턱을 가지고 있다.

3　_____ the screws on the chair to make it more stable.　　의자의 안정성을 높이려면 나사를 단단히 조여라.

4　Henry dropped off his _____ at the dry cleaners.　　Henry는 빨랫감을 세탁소에 맡겼다.

5　Lions are known for their _____ nature.　　사자는 사나운 성질로 잘 알려져 있다.

6　Bella received an _____ reply to her email.　　Bella는 그녀의 이메일에 대한 답장을 바로 받았다.

7　The cake my mom made was absolutely _____.　　엄마가 만들어 주신 케이크는 정말 맛있었다.

8　Please _____ the manager of any schedule changes.　　일정 변경 사항은 반드시 관리자에게 알려 주십시오.

9　We will _____ you to the airport.　　우리가 공항까지 동행할 것이다.

10　The telescope is an _____ for observing distant objects.　망원경은 먼 거리의 물체를 관찰하는 데 사용되는 기구다.

11　Sally wore a helmet to _____ head injuries.　　Sally는 머리 부상을 방지하기 위해 헬멧을 착용했다.

12　Tom found a _____ of hair in his soup.　　Tom은 수프에서 머리카락 한 올을 발견했다.

13　My dream is to _____ around the world alone.　　내 꿈은 혼자서 세계 곳곳을 항해하는 것이다.

14　Smith _____ his true feelings for her.　　Smith는 그녀에 대한 진심을 고백했다.

15　William suddenly _____ into the cold water.　　William은 갑자기 차가운 물속으로 뛰어들었다.

16　The lighthouse shined bright _____ of light.　　등대가 밝은 빛을 비추고 있었다.

17　Nick _____ the baby tightly in his arms.　　Nick은 아기를 팔로 꽉 껴안았다.

18　Make sure to write you name in the _____ space.　　빈칸에 이름을 써 주십시오.

19　They are _____ well toward their goal.　　그들은 목표를 향해 잘 나아가고 있다.

20　Adam started to count the _____ of rice in the bowl.　　Adam은 그릇에 있는 쌀알들을 세기 시작했다.

21　How much did it _____ to repair the car?　　그 차를 수리하는 데 얼마나 들었니?

22　This _____ cane is flexible and stretches well.　　이 고무 지팡이는 신축성이 있어 잘 늘어난다.

23　The _____ has been inactive for 35 years.　　그 화산은 35년째 활동을 하지 않고 있다.

24　The company is _____ a new software program.　　그 회사는 새로운 소프트웨어 프로그램을 개발 중이다.

25　Carter asked an artist to paint a _____ of him.　　Carter는 작가에게 자신의 초상화를 그려 달라고 요청했다.

26　The protesters _____ in anger, demanding justice.　　시위대는 정의를 요구하며 분노를 터뜨렸다.

27　The government _____ explained the new policies.　　정부 공무원이 새로운 정책을 설명했다.

28　Daniel spent a month exploring the Amazon _____.　　Daniel은 아마존 밀림을 탐험하면서 한 달을 보냈다.

29　Ann was _____ by a blow to the head.　　Ann은 머리에 강한 충격을 받아 기절했다.

30　American _____ is popular only in the United States.　　미식축구는 미국에서만 인기가 있다.

Level 70

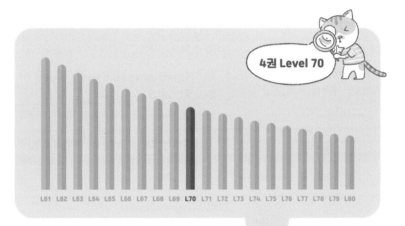

4권 Level 70

L61 L62 L63 L64 L65 L66 L67 L68 L69 **L70** L71 L72 L73 L74 L75 L76 L77 L78 L79 L80

LEVEL 1~20   LEVEL 21~40   LEVEL 41~60   **LEVEL 61~80**   LEVEL 81~100

2071

cereal

[ˈsɪriəl]

명 곡물, 가공 곡물식[시리얼]

형 곡물의

cereal은 대지와 곡물의 여신이라 알려져 있는 *Ceres*(케레스)에서 유래되어 서인지 기본 의미가 '곡물'입니다. 오늘날에는 우리가 잘 알고 있는 우유와 함께 먹는 가공된 곡물 제품을 의미하는 경우가 많습니다. 여러분이 가장 좋아하는 '시리얼(cereal)'은 무엇인가요?

1 The sudden climate change is harmful to most cereal crops.

갑작스러운 기후 변화는 대부분의 곡물에 해롭다.

2 Alice eats cereal with milk every morning.

Alice는 매일 아침 우유와 함께 시리얼을 먹는다.

Plus + sudden 형 갑작스러운   climate 명 기후
harmful 형 (환경 등에) 해로운

2072

chalk

[tʃɔːk]

명 분필, 백악(쉽게 가루로 되는 석회암), (승부의) 득점, 분유

chalk는 원래 '석회암'을 의미했습니다. 그러다 시간이 흐르면서 석회암으로 만들어진 작은 흰색 봉, 즉 '분필'을 나타내게 되었죠. chalk는 비유적으로 어떤 사람이나 팀이 얻은 점수 또는 성과를 나타내기도 합니다. 아마 과거에 점수나 성과를 분필로 기록했던 것에서 유래한 것 같군요!

1 Mr. Smith always uses a piece of chalk to write on the blackboard.

Smith 선생님은 칠판에 글씨를 쓸 때 항상 분필을 사용한다.

2 The cliffs are made of chalk and can be eroded easily.

그 절벽은 백악으로 되어 있어 쉽게 침식될 수 있다.

Plus + blackboard 명 칠판   cliff 명 절벽
erode 동 침식시키다[되다]

2073

slump

[slʌmp]

명 부진, 폭락

동 폭락하다, 부진에 빠지다

slump는 원래 '무작위로 떨어뜨리다'라는 뜻에서 출발했습니다. 그리고 이렇게 급격하게 낙하하는 이미지에서 개인의 '부진'이나 경제적 '폭락' 등의 뜻이 파생되었지요. slump는 동사로는 '폭락하다, 부진에 빠지다'라는 의미를 나타냅니다. 무언가 떨어지는 맥락에서 비슷한 뜻을 갖는 단어로 fall(떨어지다, 하락하다), collapse(폭락하다) 등이 있습니다.

1 The Korean economy is going through a slump.

한국 경제는 침체기를 겪고 있다.

2 Sales have slumped dramatically over the decade.

지난 10년간 매출이 급격히 하락했다.

Plus + economy 명 경제   go through ~을 겪다
sales 명 매출액   decade 명 10년

2074

possibility

[ˌpɑːsəˈbɪləti]

명 가능성, 있음직한 일

possibility는 주로 무엇이 일어날 수 있음을 나타내는 명사입니다. 우리말로는 보통 '가능성'이라고 하지요. 또한 '있음직한 일'이라는 의미를 나타내는 경우도 많습니다. 예를 들어 Winning the lottery is a possibility.라고 하면 '복권에 당첨되는 것은 있음직한 일이다.'라는 의미가 됩니다.

1 **There's a possibility that Sue might go on a trip this weekend.**

Sue가 이번 주말에 여행을 갈 가능성이 있다.

2 **They discussed every single possibility.**

그들은 모든 가능성에 대해 논의했다.

Plus + go on a trip 여행을 가다　　　discuss **통** 논의하다

2075

stagger

[ˈstæɡə(r)]

통 비틀거리다,
(마음 등이) 흔들리다,
깜짝 놀라게 하다

stagger는 불안정하거나 불확실한 상태를 묘사합니다. 우리말로는 주로 '비틀거리다, 흔들리다' 등으로 표현합니다. 또한 '깜짝 놀라게 하다'라는 뜻을 나타내기도 하는데, 이는 보통 어떤 사실이나 정보가 너무 놀라워서 충격적이라는 어감을 나타냅니다.

1 **The boxer staggered back after the punch.**

그 권투 선수는 펀치를 맞고 뒤로 비틀거렸다.

2 **The impact of the documentary staggered the viewers' emotions.**

그 다큐멘터리의 영향으로 시청자들의 감정이 크게 동요했다.

Plus + boxer **명** 권투 선수, 복서　　　impact **명** (강력한) 영향
viewer **명** (텔레비전) 시청자　　　emotion **명** 감정

2076

biscuit

[ˈbɪskɪt]

명 비스킷(미국에서는 크래커),
(케이크 모양의) 소형 빵,
담갈색

biscuit은 일반적으로 가볍고 바삭한 빵을 나타내는 명사입니다. 크기와 생김새는 일정하지 않지만 주로 차나 커피와 함께 먹는 간식거리를 말하지요. 미국에서는 cracker라고 일컫기도 합니다. 그밖에 비스킷의 색과 비슷한 '담갈색'을 의미하기도 합니다.

1 **I dropped the biscuit on the floor, and it broke into pieces.**

나는 바닥에 비스킷을 떨어뜨렸고, 그것은 산산조각이 났다.

2 **These biscuits are a great accompaniment to cheese.**

이 비스킷은 치즈와 곁들이기에 좋다.

Plus + drop **통** 떨어뜨리다　　　piece **명** (깨어진) 조각
accompaniment **명** 곁들인 것

2077

tooth

[tuːθ]

명 치아, 기호, 위력

tooth는 사람이나 동물의 입안에 있는 뼈로 된 구조, 즉 '치아'를 나타냅니다. 그리고 치아의 모양에서 의미가 파생되어 기계나 도구에 있는 날카로운 부분을 나타내기도 합니다. 또한 치아의 단단함에 빗대어 힘을 갖고 있거나 영향력이 있는 상태를 묘사하기도 하지요. 참고로 tooth의 복수형은 teeth입니다.

1 My daughter had her first tooth last week.

내 딸은 지난주에 첫 이가 났다.

2 This legislation lacks teeth and won't make a difference.

이 법은 위력이 없어서 차이를 만들지 못할 것이다.

Plus + legislation 명 법률, 법령   lack 동 ~이 없다
difference 명 차이

2078

increase

[ɪnˈkriːs] [ˈɪŋkriːs]

동 증가하다, 늘리다

명 증가, 인상

increase는 동사로 무언가의 양이나 수치가 더 커지는 것을 의미합니다. 명사로는 '증가, 인상' 자체를 나타냅니다. 그렇다면 반대로 '감소하다'를 의미하는 단어는 무엇일까요? 네, 바로 decrease입니다! 두 단어는 형태가 비슷하지만 정반대의 뜻을 나타내니 조심하세요!

1 You need to increase your efforts to meet the deadline.

너는 마감일을 맞추기 위해서 더 노력해야 한다.

2 The company plans to increase its workforce.

그 회사는 인력을 늘릴 계획이다.

Plus + effort 명 노력   meet 동 (기한 등을) 지키다
deadline 명 마감 시간[일자]   workforce 명 (조직 등의) 노동자, 직원

2079

weave

[wiːv]

wove/weaved -
woven/weaved

동 (실이나 직물 등을)
짜다[뜨다],
(꽃다발 등을) 엮다,
(이야기 따위를) 짜다
[구성하다],
이리저리 빠져나가다

weave는 기본적으로 '(실이나 직물 등을) 짜다, 뜨다'를 의미하는 동사입니다. 그리고 이러한 뜻이 확장되어 '(꽃다발 등을) 엮다, (이야기 등을) 짜다, 구성하다'라는 뜻도 나타냅니다. 그밖에 '이리저리 빠져나가다'를 의미하기도 하는데, 이런 의미를 나타낼 때는 과거와 과거분사형으로 weaved가 쓰입니다.

1 Max skillfully weaves the threads into a beautiful fabric.

Max는 능숙하게 실로 아름다운 천을 짠다.

2 The thief weaved in and out quickly.

그 도둑은 빠르게 이리저리 빠져나갔다.

Plus + thread 명 실

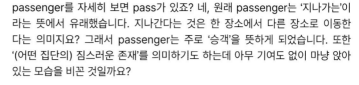
2080

passenger

[ˈpæsɪndʒə(r)]

명 승객,
(어떤 집단의) 짐스러운 존재

passenger를 자세히 보면 pass가 있죠? 네, 원래 passenger는 '지나가는'이라는 뜻에서 유래했습니다. 지나간다는 것은 한 장소에서 다른 장소로 이동한다는 의미지요? 그래서 passenger는 주로 '승객'을 뜻하게 되었습니다. 또한 '(어떤 집단의) 짐스러운 존재'를 의미하기도 하는데 아무 기여도 없이 마냥 앉아 있는 모습을 비꼰 것일까요?

1 All passengers must fasten their seat belts.

모든 승객은 안전벨트를 매야 한다.

2 Many passengers are waiting at the bus stop.

많은 승객들이 버스 정류장에서 기다리고 있다.

Plus + fasten 동 (무엇의 두 부분을 연결하여) 매다   seat belt 안전벨트

2081

invent

[ɪnˈvɛnt]

동 발명하다, 창안하다,
날조[조작]하다

invent는 '발명하다'를 의미하는 동사입니다. 주로 새로운 제품이나 장치, 시스템 등을 창안하고 개발하는 행위를 나타냅니다. 또한 의미가 확장되어 무언가를 '날조[조작]하다'라는 뜻을 나타내기도 합니다.

1 Thomas Edison is famous for inventing the light bulb.

토마스 에디슨은 전구를 발명한 것으로 유명하다.

2 The research results were invented by the organization.

연구 결과는 그 단체에 의해 날조되었다.

Plus + be famous for ~로 유명하다   light bulb 명 백열 전구
research 명 연구, 조사   organization 명 단체, 기구

2082

accord

[əˈkɔːrd]

동 주다[허락하다],
일치[화합]하다

명 일치, 합의

accord는 '주다, 허락하다'라는 뜻을 나타내는 동사입니다. 또한 '일치하다, 화합하다'라는 뜻으로 쓰이기도 합니다. 무언가에 뜻을 모은다는 것이 곧 상대에게 기회나 권한 따위를 주고 허락한다는 것이기 때문이겠죠?

1 The teacher accorded Ben an extra day to complete his homework.

선생님은 Ben이 숙제를 마칠 수 있도록 하루의 시간을 더 주었다.

2 This action would be in accord with our policy.

이 조치는 우리의 정책에 부합할 것이다.

Plus + extra 형 추가의   action 명 조치
in accord with ~와 조화되어[일치하여]   policy 명 정책

2083

attempt

[ə'tempt]

명 시도[도전]

동 시도[기도]하다

attempt는 명사로 '시도, 도전' 등을 의미합니다. 예를 들어, make an attempt 라고 하면 '시도하다'라는 뜻이 되지요. attempt는 동사로는 주로 어떤 목표를 달성하기 위해 노력하거나 시도하는 것을 의미합니다. 비슷한 단어로는 try(노력하다, 해 보다)가 있습니다.

1 Lucas attempted several times to climb the mountain but failed.

Lucas는 그 산에 오르려고 여러 번 시도했지만 실패했다.

2 Our team made attempts to break the world record.

우리 팀은 세계 기록을 깨려고 시도했다.

Plus + several 형 몇 번의　　　　　climb 동 오르다
fail 동 실패하다　　　　　break 동 (기록을) 깨다

2084

saddle

['sædl]

명 안장, (양고기 등의) 등심, 산등성이

동 안장을 얹다

saddle은 일반적으로 말이나 자전거 등에 올려놓는 좌석, 즉 '안장'을 의미합니다. 그밖에 '(양고기 등의) 등심 부분'을 의미하기도 하는데 이는 안장을 놓는 위치에서 파생한 의미로 생각됩니다. 또한 saddle은 언덕이나 산의 등성이 같은 고지대를 의미하기도 합니다.

1 The chef prepared a dish with lamb saddle.

요리사는 양의 등심 부분으로 요리를 준비했다.

2 Theo saddled his horse before going for a ride.

Theo는 말을 타기 전에 안장을 얹었다.

Plus + prepare 동 준비하다　　　　　dish 명 요리
lamb 명 어린[새끼] 양

2085

various

['veriəs, 'væriəs]

형 다양한, 여러 가지의, 가지각색의

various는 '다양한'이라는 뜻을 나타내는 형용사입니다. 주로 서로 다른 것이 여럿 섞여 있는 상태를 묘사합니다. 그래서 '여러 가지의, 가지각색의' 등의 의미를 나타내며 various는 다양한 의견이나 경험 등을 나타내는 맥락에서 주로 쓰입니다.

1 Our store offers various products to suit different needs.

우리 가게는 서로 다른 요구 사항에 맞는 다양한 제품을 제공한다.

2 Anna has traveled to various countries around the world.

Anna는 세계 각국을 여행했다.

Plus + offer 동 제공하다　　　　　suit 동 (~에게) 맞다, 괜찮다
need 명 (주로 복수로) 요구, 필요한 것

2086

fan
[fæn]

명 선풍기[환풍기], 열성적인 지지자[팬]

동 부채질을 하다

fan은 주로 '선풍기, 환풍기' 등을 나타내는 명사입니다. 원래는 '부채'를 의미했으나 기술의 발전으로 인해 기본 의미가 변한 경우에 해당합니다. 또한 fan은 열성적인 '지지자' 또는 '애호가'를 의미하기도 합니다. 이는 fanatic(열성적인, 광신적인)이라는 단어에서 파생된 것으로 보시면 됩니다.

1 Luna turned on the fan to cool down the room.
Luna는 방을 시원하게 하기 위해 선풍기를 켰다.

2 Ryan is a devoted fan of BTS and attends all of their concerts.
Ryan은 BTS의 열렬한 팬이고 그들의 모든 콘서트에 참석한다.

Plus+ turn on (라디오, 전기 따위를) 켜다　　cool down 서늘해지다[하게 하다]
devoted 형 헌신적인, 열심인　　attend 동 참석하다

2087

theory
['θiri, 'θi:əri]

명 이론, 학설, 의견[지론]

theory는 일반적으로 '이론, 학설' 등을 나타내는 명사입니다. 이 외에도 '의견, 지론' 등을 의미하기도 합니다. 학술적 맥락에서 전문가가 내놓는 의견은 '이론, 학설'이 되고, 일상에서 우리가 논하는 것들은 '의견, 지론'이 되는 것이지요.

1 Einstein's theory of relativity revolutionized our understanding of space and time.
아인슈타인의 상대성 이론은 우리가 공간과 시간을 이해하는 데 혁신을 일으켰다.

2 He explained theories in the field of quantum physics.
그는 양자 물리학 분야의 이론들을 설명했다.

Plus+ relativity 명 상대성(이론)　　revolutionize 동 혁신[대변혁]을 일으키다
field 명 분야　　quantum physics 양자 물리학

2088

deck
[dek]

명 갑판, (객차의) 지붕, (버스 등의) 바닥, (카드 패의) 한 벌

deck은 주로 배의 바닥, 즉 '갑판'을 의미하는 명사입니다. 하지만 기술이 발전함에 따라 새로운 교통수단들이 생겨나자, 오늘날 deck은 객차나 버스 등의 '지붕, 바닥'도 의미하게 되었습니다. 또한 deck은 카드 게임에서 '(카드 패의) 한 벌'을 가리키기도 합니다.

1 The passengers gathered on the deck to enjoy the view.
승객들은 전망을 즐기기 위해 갑판 위로 모였다.

2 Marcus skillfully shuffled the deck of cards.
Marcus는 능숙하게 카드 패를 섞었다.

Plus+ gather 동 모이다, 모으다　　view 명 전망
skillfully 부 능숙하게

2089

hurl

[hɜːrl]

통 (세게) 던지다,
(욕 등을) 퍼붓다, 뒤집어엎다,
(야구에서) 투구하다

hurl은 원래 '강하게 밀어내다, 던지다'라는 뜻에서 출발했다고 합니다. 이러한 기본 의미가 확장되어 오늘날에는 '던지다' 외에도 '(욕 등을) 퍼붓다'라는 다소 과격한 뜻도 나타내게 되었습니다. 야구에서는 투수가 공을 던지는 행위, 즉 '투구하다'를 의미하기도 합니다. 공이나 말이나 어차피 상대방을 향해 던지는 것이라는 맥락에서 보면 비슷한 것 같습니다.

1 Victoria hurled the ball with great force.
Victoria는 엄청난 힘으로 공을 던졌다.

2 The crowd hurled insults at the politician.
군중은 그 정치인에게 욕설을 퍼부었다.

Plus + force 명 (물리적으로 나타나는) 힘　　　crowd 명 군중
insult 명 모욕적인 언동, 무례　　　politician 명 정치인

2090

correct

[kəˈrekt]

형 정확한, 옳은[올바른]

통 바로잡다, 정정[교정]하다

correct는 '조정하다, 바로잡다'라는 뜻의 라틴어 *correctus*에서 유래했습니다. 그래서 동사로는 '바로잡다, 정정하다' 등의 의미를 나타내며 이러한 의미가 확장되어 형용사로 '정확한, 옳은' 등의 뜻도 나타내게 되었습니다. 비슷한 의미를 나타내는 단어로는 accurate(정확한), right(옳은) 등이 있습니다.

1 Please provide the correct answer to the question.
문제에 대한 정답을 적어 주십시오.

2 Bill corrected his mistake and apologized for the error.
Bill은 실수를 바로잡고 이에 대해 사과했다.

Plus + provide 통 제공하다　　　apologize for ~에 대해 사과하다

2091

congress

[ˈkɑːŋɡrəs]

명 (미국의) 국회[의회],
집합[회합]

통 모이다

congress는 주로 '(미국의) 국회, 의회'를 의미하는 명사입니다. 원래 의미는 '모이다'였다고 합니다. 그래서인지 오늘날에도 동사로는 같은 뜻을 나타내기도 합니다. 그리고 '모이다'라는 뜻에 기반하여 '집합'이나 '회합'과 같은 일반적인 개념을 나타내기도 합니다.

1 Congress passed a new law.
국회는 새로운 법을 통과시켰다.

2 Congress voted overwhelmingly against the bill.
의회는 압도적으로 그 법안에 반대표를 던졌다.

Plus + law 명 법　　　vote 통 투표하다
overwhelmingly 부 압도적으로　　　bill 명 법안

2092

chief

[tʃiːf]

- 명 (조직의) 장(長), 우두머리, 족장[추장]
- 형 최고의

chief의 원래 의미는 '머리'였습니다. 우리말에도 '우두머리'라는 말이 있지요? chief는 '(조직 등의) 장'을 나타내는 명사로 주로 쓰입니다. 또한 형용사로는 '최고의'라는 뜻을 나타내기도 하지요. 우리가 잘 알고 있는 chef(주방장)도 사실 '우두머리'를 뜻하는 chief와 어원이 같습니다.

1 Eric was appointed chief of the department.
Eric은 부서의 장으로 임명되었다.

2 Our chief concern is the quality of our students' education.
우리의 주된 관심사는 학생들의 교육의 질이다.

Plus + appoint 동 임명하다　　department 명 부서
concern 명 관심사　　quality 명 질

2093

eagle

['iːgl]

- 명 독수리

eagle은 일반적으로 '독수리'를 뜻합니다. 미국에서 독수리는 크고 강력함의 상징이기도 하지요. 그래서 eagle이 들어간 단어들은 대부분 긍정적인 뜻을 갖습니다. 예를 들어, soar like an eagle이라고 하면 '독수리처럼 자유롭게 날다'라는 의미로 자유로움과 권능을 상징합니다.

1 Majestic eagles soared high in the sky.
위풍당당한 독수리들이 하늘 높이 날았다.

2 Eagles often symbolize strength and freedom.
독수리는 종종 힘과 자유를 상징한다.

Plus + majestic 형 위풍당당한　　soar 동 (하늘 높이) 날다
symbolize 동 상징하다　　strength 명 힘

2094

evidence

['evɪdəns]

- 명 증거, 증언, 흔적
- 동 증언[증명]하다

evidence는 '증거'를 뜻하는 라틴어 evidentia에서 유래했습니다. 그래서 어떠한 사실이나 주장을 뒷받침하는 데 사용되는 정보, 자료, 현상 또는 증언을 나타냅니다. 동사로는 '증언하다, 증명하다'를 뜻합니다. 비슷한 단어로는 proof(증거)가 있습니다.

1 The fingerprints at the crime scene are crucial evidence.
범죄 현장에서 지문은 결정적인 증거다.

2 The testimony served as evidence against the defendant.
그 증언은 피고에게 불리한 증거가 되었다.

Plus + fingerprint 명 지문　　crucial 형 결정적인
testimony 명 증언　　defendant 명 피고

2095

prize
[praɪz]

명 상, 경품[상품], 소중한 것

동 소중하게[귀중히] 여기다

prize는 일반적으로 어떤 경쟁이나 이벤트에서 받을 수 있는 보상을 말합니다. 우리말로는 '상, 경품, 상품' 등에 해당하지요. 경쟁에서 이겨서 받은 보상은 소중하겠죠? 그래서인지 prize는 동사로 무언가를 '소중하게 여기다' 등의 의미도 나타낼 수 있습니다.

1 Olivia won first prize in the competition.

Olivia는 그 대회에서 1등상을 받았다.

2 The winner of the raffle receives a valuable prize.

추첨에서 당첨된 사람은 값진 상품을 받는다.

Plus + competition 명 대회
receive 동 받다

raffle 명 추첨[복권] 판매
valuable 형 값비싼, 소중한

2096

gear
[gɪr]

명 톱니바퀴[기어], (특정 활동을 위한) 장비[복장], (특정 용도의) 장치[도구]

동 기어를 넣다

gear는 원래 '무기, 장비' 등을 의미했는데, 시간이 지나면서 이런 물체들의 모양과 특성에서 '톱니바퀴'라는 의미가 파생되었습니다. 옛날에는 어떤 물체가 작동하기 위해서는 톱니바퀴가 서로 맞물려 돌아가야 했는데 이러한 원리에 착안하여 '(자동차의) 기어'를 의미하게 되었습니다.

1 The gears of the bicycle are rusty and need to be replaced.

자전거의 톱니바퀴가 녹슬어서 교체해야 한다.

2 Climbers prepared their gear before the hike.

등산객들은 하이킹 전에 장비를 준비했다.

Plus + rusty 형 녹슨
climber 명 등산가

replace 동 교체하다

2097

jingle
[ˈdʒɪŋgl]

동 딸랑[짤랑, 찌르릉, 따르릉, 댕그랑] 소리가 울리다 [소리를 내며 움직이다]

명 딸랑[짤랑, 찌르릉, 따르릉, 댕그랑] 소리

jingle은 원래 의성어입니다. 작은 금속 물체가 부딪치거나 흔들릴 때 나는 소리를 묘사합니다. 동사로는 '(딸랑, 찌르릉, 댕그랑 등의) 소리가 울리다'라는 뜻을 나타냅니다. 명사로는 '(딸랑, 찌르릉, 댕그랑 등의) 소리' 그 자체를 의미하지요. 비슷한 단어로는 clink(쨍그랑하는 소리를 내다), tinkle(쨍그랑하는 소리가 나다) 등이 있습니다.

1 The keys jingled in his hand.

그의 손에서 열쇠가 짤랑짤랑 소리를 냈다.

2 I heard the jingle of the bell in the distance.

나는 멀리서 종이 딸랑거리는 소리를 들었다.

Plus + in the distance 저 멀리, 먼 곳에

2098

exact

[ɪgˈzækt]

⟨형⟩ 정확[적확]한, 정밀한, 꼼꼼한

⟨동⟩ 강요하다

exact는 어떤 사실, 숫자, 설명 등이 정확함을 의미하는 형용사입니다. 맥락에 따라 '정확한, 정밀한, 꼼꼼한' 등의 의미로 쓰일 수 있습니다. exact는 원래 '(무언가를 정확하게 수행하도록) 명령하다'라는 의미도 있었다고 합니다. 그래서인지 동사로는 '강요하다'라는 뜻도 나타낼 수 있습니다.

1 Bella didn't remember the exact location of the money.

Bella는 돈의 정확한 위치가 기억나지 않았다.

2 The kidnapper exacted a ransom of $1 million.

납치범은 100만 달러의 몸값을 요구했다.

Plus + location ⟨명⟩ 위치   kidnapper ⟨명⟩ 유괴범
ransom ⟨명⟩ 몸값   million ⟨명⟩ 100만

2099

flag

[flæg]

⟨명⟩ 깃발

⟨동⟩ 표시를 하다, 시들해지다, 축 늘어지다

flag는 원래 '깃발을 흔들다'라는 바이킹들의 말에서 유래되어 오늘날에도 명사로 '깃발'을 의미합니다. 또한 과거 전쟁터에서 깃발을 흔드는 것은 무언가 신호를 보내는 행동이었습니다. 이러한 배경에서 의미가 확장되어 flag는 동사로 '표시를 하다' 등의 의미를 나타내게 되었습니다.

1 The flags of our allies' ships came into view on the sea.

우리의 동맹군 함선의 깃발이 바다 위에 나타났다.

2 Please flag any errors in this document.

이 문서에서 오류를 발견하면 표시해 주십시오.

Plus + ally ⟨명⟩ 동맹국   come into view 시야에 들어오다, 보이게 되다
error ⟨명⟩ 오류   document ⟨명⟩ 문서, 서류

2100

habit

[ˈhæbɪt]

⟨명⟩ 버릇, 습관, 관습[선례], 기질[성질]

habit은 '가지고 있다'라는 뜻을 나타내는 동사에서 유래했습니다. 자세히 보면 영어의 have와도 형태가 비슷합니다. 그래서 habit은 사람이 가지고 있는 그 무언가를 뜻합니다. 개인의 차원에서는 그것이 '버릇, 습관' 등이 될 수 있고, 집단 차원에서는 '관습, 선례' 등이 될 수 있겠지요.

1 Mindy has a habit of biting her nails when she is nervous.

Mindy는 긴장할 때 손톱을 물어뜯는 버릇이 있다.

2 I'm trying to break the habit of eating junk food.

나는 정크 푸드를 먹는 습관을 없애려고 노력하고 있다.

Plus + bite ⟨동⟩ 물다   nail ⟨명⟩ 손톱
break ⟨동⟩ (나쁜 버릇 등을) 그만두다

우리말에 맞게 빈칸에 알맞은 단어를 쓰세요.

(정답은 본문을 확인하세요.)

1 Alice eats _____ with milk every morning.　　Alice는 매일 아침 우유와 함께 시리얼을 먹는다.

2 The cliffs are made of _____ and can be eroded easily.　　그 절벽은 백악으로 되어 있어 쉽게 침식될 수 있다.

3 The Korean economy is going through a _____.　　한국 경제는 침체기를 겪고 있다.

4 They discussed every single _____.　　그들은 모든 가능성에 대해 논의했다.

5 The boxer _____ back after the punch.　　권투 선수는 펀치를 맞고 뒤로 비틀거렸다.

6 These _____ are a great accompaniment to cheese.　　이 비스킷은 치즈와 잘 어울린다.

7 This legislation lacks _____ and won't make a difference.　　이 법은 위력이 없어서 차이를 만들지 못할 것이다.

8 The company plans to _____ its workforce.　　그 회사는 인력을 늘릴 계획이다.

9 Max skillfully _____ the threads into a beautiful fabric.　　Max는 능숙하게 실로 아름다운 천을 짠다.

10 All _____ must fasten their seat belts.　　모든 승객은 안전벨트를 매야 한다.

11 Thomas Edison is famous for _____ the light bulb.　　토마스 에디슨은 전구를 발명한 것으로 유명하다.

12 This action would be in _____ with our policy.　　이 조치는 우리의 정책에 부합할 것이다.

13 Our team made _____ to break the world record.　　우리 팀은 세계 기록을 깨려고 시도했다.

14 Theo _____ his horse before going for a ride.　　Theo는 말을 타기 전에 안장을 얹었다.

15 Anna has traveled to _____ countries around the world.　　Anna는 세계 각국을 여행했다.

16 Luna turned on the _____ to cool down the room.　　Luna는 방을 시원하게 하기 위해 선풍기를 켰다.

17 He explained _____ in the field of quantum physics.　　그는 양자물리학 분야의 이론들을 설명했다.

18 The passengers gathered on the _____ to enjoy the view.　　승객들은 전망을 즐기기 위해 갑판 위로 모였다.

19 The crowd _____ insults at the politician.　　군중은 그 정치인에게 욕설을 퍼부었다.

20 Please provide the _____ answer to the question.　　문제에 대한 정답을 적어 주십시오.

21 _____ passed a new law.　　국회는 새로운 법을 통과시켰다.

22 Eric was appointed _____ of the department.　　Eric은 부서의 장으로 임명되었다.

23 _____ often symbolize strength and freedom.　　독수리는 종종 힘과 자유를 상징한다.

24 The fingerprints at the crime scene are crucial _____.　　범죄 현장에서 지문은 결정적인 증거다.

25 Olivia won first _____ in the competition.　　Olivia는 그 대회에서 1등상을 받았다.

26 The _____ of the bicycle are rusty and need to be replaced.　　자전거의 톱니바퀴가 녹슬어서 교체해야 한다.

27 I heard the _____ of the bell in the distance.　　나는 멀리서 종이 딸랑거리는 소리를 들었다.

28 Bella didn't remember the _____ location of the money.　　Bella는 정확한 돈의 위치가 기억나지 않았다.

29 The _____ of our allies' ships came into view on the sea.　　우리의 동맹군 함선의 깃발이 바다 위에 나타났다.

30 Mindy has a _____ of biting her nails when she is nervous.　　Mindy는 긴장할 때 손톱을 물어뜯는 버릇이 있다.

Level
71

레벨별 단어 사용 빈도

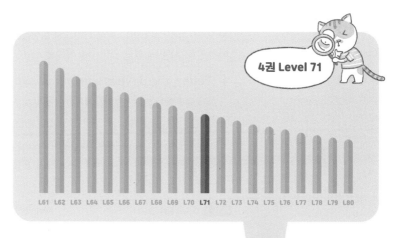

4권 Level 71

L61 L62 L63 L64 L65 L66 L67 L68 L69 L70 **L71** L72 L73 L74 L75 L76 L77 L78 L79 L80

LEVEL 1~20 LEVEL 21~40 LEVEL 41~60 **LEVEL 61~80** LEVEL 81~100

2101

draft

[dræft]

명 원고[초안], 밑그림,
통풍[틈새 바람], 어음 발행

draft를 자세히 보면 drag(끌다)라는 단어와 약간 닮지 않았나요? 실제로 draft 는 drag에서 파생된 단어로, 아무것도 없는 상태에서 무언가를 '끌어낸다'는 개념을 머릿속에 떠올리면서 다시 draft의 뜻을 보세요. '원고, 초안, 밑그림'이라는 의미가 파생된 것이 상당히 논리적이지 않나요?

1 Alex is working on the first draft of his novel.
   Alex는 그의 소설의 초고를 쓰고 있다.

2 Review this draft and let me know your thoughts.
   이 초안을 검토하고 네 의견을 내게 알려줘.

Plus + work on ~에 노력을 들이다, 착수하다   review 동 검토하다
         thought 명 의견

2102

symbol

['sɪmbl]

명 상징[표상], 기호, 부호

symbol은 원래 서로 일치하는 두 개의 물체를 의미했습니다. 서로 같은 형태이므로 하나를 보면 다른 하나가 어떻게 생겼는지 알 수 있겠죠? 그래서 symbol 은 '상징, 표상, 기호'라는 뜻을 나타내게 되었습니다. 그러다 의미가 점점 확장되어 특정 개념이나 생각, 아이디어, 상태 등 추상적인 것들도 뜻하게 되었습니다.

1 Today, the dove is a universal symbol of peace.
   오늘날 비둘기는 전 세계적인 평화의 상징이다.

2 In chemistry, 'H' is the symbol for hydrogen.
   화학에서 'H'는 수소를 뜻하는 기호다.

Plus + dove 명 비둘기   universal 형 전 세계적인
         chemistry 명 화학   hydrogen 명 수소

2103

streak

[striːk]

명 줄, (성공이나 실패의) 연속,
경향[기미], 짧은 시간

streak은 원래 '빠르게 움직이는 것'을 의미하는 단어에서 유래했습니다. 어떤 물체가 빠르게 움직이면 '선' 모양의 흔적이 남기도 하지요? 이러한 배경에서 의미가 확장되어 streak은 '줄, 연속, 경향' 등 물리적 또는 추상적 '선'의 개념을 모두 나타내게 되었습니다.

1 The window has streaks where it has been cleaned poorly.
   창문의 잘 닦이지 않은 부분에 줄무늬가 있다.

2 The team has a winning streak of six games.
   그 팀은 여섯 경기 연속 승리 중이다.

Plus + poorly 부 불완전하게, 서툴게   winning streak (야구 등에서의) 연승

2104

delight
[dɪˈlaɪt]

명 (매우 큰) 기쁨[즐거움]
동 몹시 기쁘게[즐겁게] 하다

delight은 예로부터 항상 '즐거움'과 관련된 단어였습니다. 명사로는 '기쁨, 즐거움'을 나타내고, 동사로는 '몹시 기쁘게 하다'를 의미하지요. 참고로 이러한 동사 뜻에서 파생되어 즐겁거나 기쁜 감정을 나타내는 형용사가 바로 delighted 입니다.

1 Helen grinned with delight when she met her favorite actor.
Helen은 그녀가 가장 좋아하는 배우를 만났다는 기쁨에 활짝 웃었다.

2 His stories delight the young and the old alike.
그의 이야기는 어린이와 어른 모두를 즐겁게 한다.

Plus + grin 동 (소리 없이) 활짝 웃다　　　　alike 부 둘 다

2105

rein
[reɪn]

명 고삐, 통제 수단, 통제권
동 고삐로 매다, 제어[통제]하다

rein은 말을 탈 때 방향이나 속도를 조절하기 위해 사용하는 가죽끈을 뜻합니다. 이러한 의미가 확장되어 오늘날에는 '통제 수단, 통제권' 등의 의미도 나타내게 되었습니다. rein은 동사로는 '고삐로 매다' 또는 '제어하다'라는 뜻을 나타냅니다.

1 The rider held the reins tightly and guided the horse.
그 기수는 고삐를 꽉 잡고 말을 몰았다.

2 The government should rein in public spending.
정부는 공공 지출을 통제해야 한다.

Plus + hold 동 쥐다, 붙잡다　　　　tightly 부 꽉, 단단히
public 형 공공의　　　　spending 명 (정부 등의) 지출

2106

threat
[θret]

명 위협, 협박, (나쁜) 조짐

threat은 원래 물리적으로 '압박하다, 밀어붙이다'라는 뜻에서 출발했습니다. 그러다 시간이 지나면서 오늘날에는 '위협, 협박' 등의 추상적 개념을 나타내게 되었습니다. 또한 부정적인 결과나 위험이 발생할 가능성도 나타낼 수 있습니다.

1 The storm is a major threat to the coastal villages.
폭풍은 해안 마을들에 주된 위협이다.

2 Despite the threat of war, people continued with their daily lives.
전쟁의 위협에도 불구하고, 사람들은 그들의 일상생활을 이어 갔다.

Plus + major 형 주요한　　　　coastal 형 해안의
despite 전 ~에도 불구하고　　　　continue 동 이어지다, 계속하다

2107

explanation

[ˌeksplə'neɪʃn]

몡 설명, 해명

explanation은 주로 어떤 사실이나 원리, 생각 등을 명료하게 이해할 수 있도록 제공되는 정보나 설명 등을 의미합니다. 원래 explanation은 '펼치다, 넓히다' 라는 뜻이었는데, 무언가 뭉쳐 있고 엉켜 있으면 그 실체를 보기 힘들죠? 그래서 그것을 풀어서 펼친다는 개념에서 오늘날의 뜻이 되었습니다.

1 Could you give me an explanation of the phrase?

그 구절에 대해 설명해 주실 수 있습니까?

2 I need an explanation for Jane's behavior.

나는 Jane의 행동에 대한 설명이 필요하다.

Plus + phrase 몡 구(句), 구절   behavior 몡 행동

2108

misery

['mɪzəri]

몡 비참, 고통, 불행

misery는 주로 극심한 고통이나 불행 등을 겪고 있는 상태를 나타냅니다. 여러 분도 잘 아는 프랑스 문학 작품 중에 《레미제라블 Les Miserables》이 있습니다. 여기서 *miserable*이 바로 '불행한'이라는 뜻인데 영어에서도 그 의미와 형태 를 그대로 쓰고 있죠. 즉, miserable과 misery는 같은 뿌리에서 나온 단어랍니다.

1 I was heartbroken when I saw the misery of the refugees.

나는 난민들의 참상을 보고 슬픔에 잠겼다.

2 I think most lives include some misery and some love.

나는 대부분의 삶이 약간의 불행과 약간의 사랑을 포함한다고 생각한다.

Plus + heartbroken 혱 슬픔에 잠긴   refugee 몡 난민
include 통 포함하다

2109

glimpse

[glɪmps]

몡 잠깐[언뜻] 봄,
어렴풋이 알아채기,
희미하게 보임

통 잠깐[언뜻] 보다

glimpse는 원래 '반짝이다'라는 말에서 유래했는데, 그래서인지 빠르게 보거나 보이는 것을 의미합니다. 무언가를 빠르게 보면 명확하기보다는 어렴풋하게 보 이겠죠? 그래서 glimpse에는 '희미하게 보이다'라는 의미까지 있습니다.

1 Jin caught a glimpse of Ann in the crowd.

Jin은 사람들 속에서 언뜻 Ann의 모습을 보았다.

2 We glimpsed the old house as we drove by.

우리는 차를 타고 지나가다가 그 낡은 집을 살짝 보았다.

Plus + catch a glimpse of ~을 언뜻 보다

2110

season

['siːzn]

명 계절, (어떤) 기간, 철[기]

동 양념[간]하다

season은 원래 '기간, 시간'을 의미했습니다. 그런데 사계절이 있는 지역에서는 시간이 지나면 계절도 변하겠죠? 그래서 결국 '계절'이라는 뜻도 갖게 되었습니다. 또한 season은 동사로는 '양념을 하다'라는 뜻이 있는데 음식의 맛을 변화시키는 데는 시간이 걸리므로 이러한 뜻이 파생된 것으로 보입니다.

1 Global warming has blurred the line of the seasons.

지구 온난화는 계절의 경계를 흐릿하게 만들었다.

2 This soup was seasoned solely with garlic.

이 국은 오로지 마늘로만 간을 했다.

Plus + global warming 지구 온난화   blur 동 흐릿하게 만들다
line 명 경계   solely 부 오로지

2111

locker

['lɑːkə(r)]

명 로커[사물함]

locker는 '잠그다'라는 뜻의 동사 lock에서 파생된 단어입니다. 보통 영어에서 -er이 붙으면 '행위자, 도구, 기계' 등을 나타내는 것처럼 locker도 사물함이나 저장소, 잠금장치 등을 나타내게 되었지요. 일반적으로 학교나 체육관, 수영장 등에서 개인의 물품을 보관하는 잠글 수 있는 작은 사물함을 의미합니다.

1 John left his books in his locker at school.

John은 학교 사물함에 책을 두고 왔다.

2 Students must leave their personal effects in their lockers.

학생들은 사물함에 개인 소지품을 두어야 한다.

Plus + leave 동 ~을 두고 오다   personal effects 소지품

2112

hint

[hɪnt]

명 힌트[암시], 기미[기색], 미약한 징후

동 넌지시 알리다

hint는 특정 사실이나 답에 도움이 되는 암시 등을 나타냅니다. 일반적으로 은연 중에 무언가 암시하거나 추측하게 하는 작은 정보를 뜻하지요. 대부분 명확하게 언급하거나 표시하지 않아도 그 뜻을 이해할 수 있는 말이나 행동을 나타냅니다.

1 Emily dropped a hint about her vacation plans.

Emily는 그녀의 휴가 계획에 대한 암시를 주었다.

2 They hinted at the possibility of a strike.

그들은 파업 가능성을 넌지시 알렸다.

Plus + drop a hint 암시를 주다   possibility 명 가능성
strike 명 파업

2113

confusion

[kənˈfjuːʒn]

명 혼란, 혼동, 당혹[당황],
(의식의) 착란

confusion은 일반적으로 '무질서, 혼란' 또는 이해하지 못하는 상태 등의 뉘앙스를 나타냅니다. 사람은 보통 무언가를 이해하지 못하면 당황하지요? 그래서 confusion은 그러한 감정 상태, 즉 '당황, 당혹, 착란' 등을 나타내기도 합니다.

1 Her sudden departure caused a lot of confusion.
갑작스러운 그녀의 떠남은 많은 혼란을 초래했다.

2 I'm in total confusion about what happened yesterday.
나는 어제 발생한 일에 대해 전혀 이해할 수 없어 혼란스럽다.

Plus + sudden 형 갑작스러운   departure 명 떠남
cause 동 초래하다   happen 동 발생하다

2114

dodge

[dɑːdʒ]

동 피하다[회피하다, 기피하다],
속이다[둘러대다]

명 피하기, 속임수

dodge는 무언가를 피한다는 뜻을 나타내는 동사입니다. 보통 물리적으로 빠르게 움직여서 피하는 동작을 의미합니다. 그리고 이러한 의미가 확장되어 '속이다, 둘러대다'라는 뜻도 나오게 되었지요. dodge는 명사로는 '피하기, 속임수' 등을 뜻합니다. '피하다, 회피하다'라는 의미에서 avoid, evade와 비슷한 단어로 볼 수 있습니다.

1 Henry tried to dodge the question.
Henry는 그 질문을 회피하려고 했다.

2 Cindy was accused of tax dodges.
Cindy는 탈세 혐의로 기소되었다.

Plus + try to V ~하려고 노력하다   accuse 동 기소[고발]하다
tax 명 세금

2115

model

[ˈmɑːdl]

명 모형, 견본, 본보기

동 ~의 모형을 만들다

model의 가장 일반적인 의미는 '모형'입니다. 원래는 '측정' 등을 뜻하는 단어였는데 시간이 지나면서 그런 작업을 하기 위해 쓰는 도구를 의미하게 되었습니다. 우리말로는 '견본, 본보기'로 표현할 수 있겠군요. 동사로는 '~의 모형을 만들다'라는 의미를 나타냅니다.

1 This is a model of the new building.
이것은 새 건물의 모형이다.

2 The gate was modeled after the Eiffel Tower.
그 문은 에펠탑을 본떠서 만들어졌다.

Plus + gate 명 문, 출입구   model after ~을 본떠서 만들다

2116

wicked

['wɪkɪd]

형 사악한[못된],
장난스러운[짓궂은],
(특히 짐승 등이) 다루기 힘든,
매우 위험한[성가신]

여러분은 witch(마녀)라는 단어를 아시나요? 원래는 '사악한, 못된'이라는 뜻이었습니다. witch와 같은 뿌리에서 나온 단어가 바로 wicked인데, '사악한, 못된, 악의적인' 등의 뜻을 나타내지요. wicked는 꼭 부정적이지는 않더라도 다루기 어려운 상황이나 특성을 표현하기도 합니다.

1 The wicked wizard cast a spell on the princess.

그 사악한 마법사가 공주에게 마법을 걸었다.

2 The kids were wicked and wouldn't listen to their teacher.

아이들은 짓궂어서 선생님의 말을 들으려 하지 않았다.

Plus + wizard 명 마법사   cast a spell (~에게) 주문을 걸다

2117

nest

[nest]

명 둥지[보금자리, 피난처],
(나쁜 사람들의) 소굴[은신처],
(악당 등의) 패거리

동 둥지를 틀다

nest의 기본 의미는 '새의 둥지'입니다. 그리고 여기서 의미가 확장되고 파생되어 안전하고 편안한 장소나 집을 나타내게 되었습니다. 물론 nest의 어감은 긍정적이지만, 부정적인 맥락에서 범죄자나 부정한 활동을 수행하는 단체의 숨겨진 장소를 의미하기도 합니다. nest는 동사로 '둥지를 틀다'라는 뜻을 나타내기도 합니다.

1 The bird was building a nest to lay eggs.

그 새는 알을 낳기 위해 둥지를 만들고 있었다.

2 They found a hidden nest of ants in the garden.

그들은 정원에서 숨겨진 개미굴을 발견했다.

Plus + lay 동 (알을) 낳다   hidden 형 숨겨진

2118

funeral

['fju:nərəl]

명 장례식, 장례 행렬,
싫은[불쾌한] 것[일]

형 장례식의

funeral은 일반적으로 죽은 사람을 추모하고 생을 기리는 행사, 즉 '장례식'을 의미합니다. 이는 중립적인 맥락에서의 기본 의미이고, 비격식적 맥락에서는 '불쾌한 일이나 상황, 싫은 일' 등을 묘사하기도 합니다. 예를 들어 It's your funeral. 이라고 하면 '결국 당신만 골치 아파질 것이다.'라는 의미로 일종의 경고의 말이 됩니다.

1 Sarah attended her grandfather's funeral.

Sarah는 그녀의 할아버지 장례식에 참석했다.

2 My grandmother wanted only her family to attend her funeral.

할머니께서는 가족만 그녀의 장례식에 참석하기를 원하셨다.

Plus + attend 동 참석하다

2119

behavior

[bɪˈheɪvjər]

명 행동[행위], 품행[행실]

behavior를 자세히 보면 '가지다'라는 뜻의 동사 have가 떠오릅니다. 그래서인지 behavior는 사람이 가지고 있는 무언가를 나타내는데, 여기서 '행동, 행위'라는 뜻이 생겨났습니다. 일반적으로 특정 상황에서 어떻게 행동하거나 반응하는지를 나타냅니다.

1 Her behavior at the party was unacceptable.
파티에서 그녀의 행동은 용납할 수 없었다.

2 Tim is studying the behavior of dolphins.
Tim은 돌고래의 행동을 연구하고 있다.

Plus+ unacceptable 형 용납할 수 없는   study 동 연구하다, 조사하다
dolphin 명 돌고래

2120

satisfy

[ˈsætɪsfaɪ]

동 만족시키다,
(뜻을) 충족시키다,
(요구 조건을) 채우다,
납득시키다

satisfy는 보통 '만족시키다'라는 의미를 나타냅니다. 그도 그럴 것이 satisfy를 자세히 보면 satis와 -fy가 결합되어 있는 것을 알 수 있습니다. satis는 '충분하다'라는 뜻이고, -fy는 그렇게 '만들다'라는 의미입니다. 그래서 satisfy는 누군가의 기대나 요구, 조건 등을 충족시키는 것을 뜻하게 되었습니다.

1 Jane is not satisfied with what she has.
Jane은 그녀가 가진 것에 만족하지 않는다.

2 Sam's explanation satisfied my curiosity.
Sam의 설명은 나의 호기심을 충족시켰다.

Plus+ explanation 명 설명   curiosity 명 호기심

2121

batter

[ˈbætə(r)]

동 난타하다, 혹평하다,
(계속) 두드리다

명 (튀김, 케이크용) 반죽

batter는 원래 무언가를 두드린다는 뜻에서 출발했습니다. 그래서 오늘날도 '난타하다, 두드리다'라는 뜻을 가지고 있죠. 그리고 여기서 뜻이 추상화되어 '혹평하다'라는 뜻도 갖게 되었습니다. 또 다른 뜻으로는 튀김이나 케이크 등을 만드는 데 쓰이는 '반죽'을 의미하는데 이 역시 '휘젓다, 두드리다'라는 뜻과 관련이 있어 보이는군요.

1 The storm severely battered the coast.
폭풍이 해안을 심하게 강타했다.

2 The author of the novel was battered by criticism.
그 소설의 저자는 비판에 휘둘렸다.

Plus+ severely 부 심하게   author 명 작가, 저자
criticism 명 비판, 비평

rumble

[ˈrʌmbl]

- 동 [우르르, 웅웅, 덜컹덜컹] 소리를 내다, [우르르, 웅웅, 덜컹덜컹] 소리를 내며 나아가다, 질질 끌다, 간파하다

rumble은 주로 두 가지 뜻을 나타냅니다. 첫 번째는 '작열하거나 덜컹거리는 소리를 내다'이고, 두 번째는 '(어떤 정보나 비밀을) 발견하다, 간파하다'입니다. 두 번째 뜻은 경찰이나 탐정이 비밀을 밝혀내는 과정에서 유래했습니다. 아무래도 무언가를 밝혀내려면 사람을 취조하고 현장을 조사하는 등의 행위를 해야겠죠? 상상만 해도 덜컹덜컹하는 소리가 들리지 않나요?

1 Thunder rumbled in the distance.

멀리서 천둥이 우르릉 울렸다.

2 The train is rumbling down the track.

기차가 선로를 따라 덜컹거리며 달려가고 있다.

Plus + thunder 명 천둥   track 명 (기차) 선로

probe

[proʊb]

- 동 캐묻다, 탐침으로 찾다, 엄밀히 조사하다
- 명 탐침

probe는 주로 '탐색하다, 조사하다'라는 뜻을 나타냅니다. 원래는 '실험하다'라는 뜻에서 출발했는데, 이러한 의미가 점점 확장되면서 좀 더 광범위한 의미를 갖게 되었습니다. probe는 명사로는 '탐침'이라는 의미를 나타냅니다. 탐침은 주로 지뢰 등을 찾을 때 쓰이니 결국 탐색하고 조사한다는 뜻에서 확장된 의미라고 보시면 쉽게 이해될 것 같네요.

1 They decided to probe into the cause of the accident.

그들은 그 사고의 원인을 조사하기로 결정했다.

2 Isaac probed the suspect's alibi.

Isaac은 용의자의 알리바이를 조사했다.

Plus + probe into ~을 면밀히 조사하다   cause 명 원인
suspect 명 용의자   alibi 명 알리바이, 변명

squad

[skwɑːd]

- 명 (군대) 분대, (경찰서의) 반[계], 선수단

squad는 원래 '사각형'을 의미했습니다. 자세히 보면 '정사각형 (모양의)'라는 뜻의 square와 비슷하죠? 과거 군대에서 '사각형 진형'을 가리키는 단어가 squad였는데 시간이 지나면서 소규모 군대 단위를 나타내게 되었습니다. 그리고 이러한 의미가 다시 확장되어 오늘날에는 '(스포츠 팀의) 선수단'까지 의미하게되었지요.

1 The army squad will be sent on a mission.

그 군대 분대는 임무 수행에 파견될 것이다.

2 My cousin is a member of the police squad.

나의 사촌은 형사 기동대의 일원이다.

Plus + army 명 군대, 부대   send on ~에 보내다
mission 명 임무   cousin 명 사촌

2125

exit

['eksɪt, 'egzɪt]

- 📦 출구, (배우의) 퇴장
- 🔵 나가다[퇴장하다],
  (프로그램 등을) 종료하다

exit는 주로 '나가다' 또는 '출구'라는 의미를 나타냅니다. 맥락에 따라 극장에서 배우의 퇴장을 의미하거나 컴퓨터 프로그램의 종료를 뜻하기도 합니다. 생각해 보면 컴퓨터 프로그램을 종료하기 위해서는 사용자가 퇴장해야겠죠? 그래서 exit가 이러한 의미를 나타내게 된 것 같네요.

1 Make sure to use the exit in case of an emergency.

비상시에는 반드시 출구를 이용해 주십시오.

2 The actor made his exit after the scene.

그 배우는 그 장면 이후에 퇴장했다.

Plus+ in case of ~이 발생할 시에는   emergency 📦 비상(사태)
make one's exit 퇴장하다   scene 📦 장면

2126

unusual

[ʌnˈjuːʒuəl, ʌnˈjuːʒəl]

- 📐 흔치 않은, 색다른, 별난,
  보통이 아닌

unusual은 부정을 의미하는 un-과 '보통의, 일반적인'을 뜻하는 usual이 결합된 단어입니다. '흔치 않은, 별난'이라는 의미를 나타내지요. 사람은 자신의 직관과 경험에 비추어서 보통이 아닌, 즉 일반적이지 않은 것을 별나거나 색다르다고 생각하는 경향이 있습니다. unusual에 그 사고가 고스란히 담겨 있다고 보시면 됩니다.

1 It is unusual for Nick to be late.

Nick이 늦는 것은 흔치 않은 일이다.

2 Ben has an unusual talent for music.

Ben은 음악에 남다른 재능을 가지고 있다.

Plus+ late 📐 늦은   talent 📦 재능

2127

comment

['kɑːment]

- 📦 언급, 논평, 비평, 주석[주해]
- 🔵 논평하다, 주석[해설]하다

comment는 원래 '생각을 기록하다'라는 뜻에서 출발했습니다. comment를 자세히 보면 mental(정신의)이라는 단어와 철자가 상당히 겹치는 것을 알 수 있습니다. 그래서인지 comment는 사람이 자신의 의견이나 생각을 나타내는 것을 의미합니다. 이는 맥락에 따라 '언급, 논평, 비평, 주석' 등으로 표현될 수 있지요.

1 Please refrain from commenting on the matter.

그 문제에 대해서는 언급을 자제해 주십시오.

2 Her comments were harsh and unfounded.

그녀의 논평은 가혹하고 근거가 없었다.

Plus+ refrain from -ing ~하는 것을 삼가다   matter 📦 문제
harsh 📐 가혹한   unfounded 📐 근거 없는

2128 ☐☐

version

[ˈvɜːrʒn]

⑬ (이전과 다른) 판(版),
설명[견해]

version은 주로 특정한 설명이나 이야기, 또는 같은 구조나 기능을 가진 제품 및 시스템의 하나의 형태를 나타냅니다. 즉, 각 version은 기본 구조는 같지만 다른 형식을 갖고 있지요. 생각해 보면 우리가 어떤 사건을 묘사할 때 각자의 입장에 따라 다르게 이야기하죠? 그 모든 게 각기 다른 version의 story가 되는 셈입니다.

1 My boss asked me to submit a revised version.

팀장님께서 내게 수정본을 제출할 것을 요청하셨다.

2 The latest version of the software is currently unavailable.

그 소프트웨어의 최신 버전은 현재 이용할 수 없다.

Plus + submit ⑧ 제출하다   revised ⑲ 수정한, 변경한
currently ⑭ 현재   unavailable ⑲ 이용할 수 없는

2129 ☐☐

gym

[dʒɪm]

⑬ 체육관, 체조[체육]

gym이라는 단어의 역사는 정말 깁니다. 고대 그리스인들은 체육을 중시했는데 그들이 운동하던 곳을 *gymnasion*이라고 불렀습니다. 이 단어가 긴 세월을 헤치고 살아남아 오늘날의 gym이 된 것이지요. 지금도 gym은 명사로 '체육관, 체조, 체육'을 의미합니다.

1 I go to the gym to work out and stay in shape.

나는 운동을 하고 건강을 유지하기 위해 체육관에 간다.

2 Thomas spends hours lifting weights at the gym every day.

Thomas는 매일 체육관에서 몇 시간씩 근력 운동을 한다.

Plus + work out 운동하다   stay in shape 건강을 유지하다

2130 ☐☐

hook

[hʊk]

⑬ (갈)고리, 걸이, 낚싯바늘,
(사람을) 끌어들이는 것

⑧ 갈고리로[에] 걸다

hook은 원래 갈고리 모양의 도구를 의미했습니다. 그런데 이 도구가 낚시하는 데 쓰기 좋았고, 시간이 흐르면서 '낚싯바늘'이라는 뜻을 나타내게 되었지요. 이후 이 낚싯바늘에 물고기가 낚여 올라오는 모습을 보고 '사람을 끌어들이는 것'이라는 추상적 개념도 표현하게 되었습니다. hook은 동사로는 '갈고리로 걸다'라는 뜻을 나타냅니다.

1 Victoria hung her coat on the hook.

Victoria는 코트를 고리에 걸었다.

2 Tony baited the fishing hook with a worm.

Tony는 낚싯바늘에 지렁이를 미끼로 달았다.

Plus + hang ⑧ 걸다, 매달다   bait ⑧ 미끼를 달다
worm ⑬ (지렁이 따위의) 벌레

우리말에 맞게 빈칸에 알맞은 단어를 쓰세요.

(정답은 본문을 확인하세요.)

1 Alex is working on the first _____ of his novel.

Alex는 그의 소설의 초고를 쓰고 있다.

2 In chemistry, "H" is the _____ for hydrogen.

화학에서 'H'는 수소를 뜻하는 기호다.

3 The window has _____ where it has been cleaned poorly.

창문에 잘 닦이지 않은 부분에 줄무늬가 있다.

4 His stories _____ the young and the old alike.

그의 이야기는 어린이와 어른 모두를 즐겁게 한다.

5 The rider held the _____ tightly and guided the horse.

그 기수는 말의 고삐를 꽉 잡고 몰았다.

6 The storm is a major _____ to the coastal villages.

폭풍은 해안 마을들에 주된 위협이다.

7 Could you give me an _____ of the phrase?

그 구절에 대해 설명해 주실 수 있습니까?

8 I was heartbroken when I saw the _____ of the refugees.

나는 난민들의 참상을 보고 슬픔에 잠겼다.

9 Jin caught a _____ of Ann in the crowd.

Jin은 사람들 속에서 언뜻 Ann의 모습을 보았다.

10 Global warming has blurred the line of the _____.

지구 온난화는 계절의 경계를 흐릿하게 만들었다.

11 John left his books in his _____ at school.

John은 학교 사물함에 책을 두고 왔다.

12 They _____ at the possibility of a strike.

그들은 파업 가능성을 넌지시 알렸다.

13 Her sudden departure caused a lot of _____.

갑작스러운 그녀의 떠남은 많은 혼란을 초래했다.

14 Henry tried to _____ the question.

Henry는 그 질문을 회피하려고 했다.

15 The gate was _____ after the Eiffel Tower.

그 문은 에펠탑을 본떠서 만들어졌다.

16 The _____ wizard cast a spell on the princess.

그 사악한 마법사가 공주에게 마법을 걸었다.

17 The bird was building a _____ to lay eggs.

그 새는 알을 낳기 위해 둥지를 만들고 있었다.

18 Sarah attended her grandfather's _____.

Sarah는 그녀의 할아버지 장례식에 참석했다.

19 Her _____ at the party was unacceptable.

파티에서 그녀의 행동은 용납할 수 없었다.

20 Sam's explanation _____ my curiosity.

Sam의 설명은 나의 호기심을 충족시켰다.

21 The author of the novel was _____ by criticism.

그 소설의 저자는 비판에 휘둘렸다.

22 The train is _____ down the track.

기차가 선로를 따라 덜컹거리며 달려가고 있다.

23 They decided to _____ into the cause of the accident.

그들은 그 사고의 원인을 조사하기로 결정했다.

24 The army _____ will be sent on a mission.

그 군대 분대는 임무 수행에 파견될 것이다.

25 Make sure to use the _____ in case of an emergency.

비상시에는 반드시 출구를 이용해 주십시오.

26 It is _____ for Nick to be late.

Nick이 늦는 것은 흔치 않은 일이다.

27 Please refrain from _____ on the matter.

그 문제에 대해서는 언급을 자제해 주십시오.

28 My boss asked me to submit a revised _____.

팀장님께서 내게 수정본을 제출할 것을 요청하셨다.

29 I go to the _____ to work out and stay in shape.

나는 운동을 하고 건강을 유지하기 위해 체육관에 간다.

30 Victoria hung her coat on the _____.

Victoria는 코트를 고리에 걸었다.

Level
72

레벨별 단어 사용 빈도

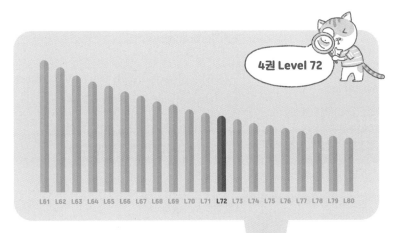

4권 Level 72

L61 L62 L63 L64 L65 L66 L67 L68 L69 L70 L71 **L72** L73 L74 L75 L76 L77 L78 L79 L80

LEVEL 1~20　LEVEL 21~40　LEVEL 41~60　**LEVEL 61~80**　LEVEL 81~100

2131

hawk

[hɔːk]

- 몡 (조류) 매, 매파[강경론자], 남을 등쳐 먹는 사람
- 동 (사냥감을) 습격하다

hawk의 기본 의미는 '매'입니다. 매의 공격적인 특성을 기반으로 다양한 의미가 파생되었습니다. 비유적으로는 강경한 정치적 입장을 취하는 사람을 뜻하기도 합니다. 또한 맥락에 따라서는 다른 사람들을 이용하는 사람을 가리키는 말로도 쓰이지요. 동사로는 '(사냥감을) 습격하다'라는 뜻을 나타냅니다.

1 A hawk swooped down and grabbed a mouse.
매 한 마리가 급강하하여 쥐를 잡았다.

2 Alice is known as a hawk for her aggressive foreign policies.
Alice는 공격적인 외교 정책을 펼치는 강경론자로 알려져 있다.

Plus + swoop 동 급강하하다   be known as ~로 알려져 있다
aggressive 혱 공격적인   policy 몡 정책

2132

plead

[pliːd]

pleaded/pled -
pleaded/pled

- 동 탄원[간청]하다, 애원하다, 변호[변론]하다, (법정에서 자신이 유죄, 무죄라고) 답변하다

plead는 주로 법정에서 무죄나 유죄를 주장하는 행위를 나타냅니다. 법과 관련된 맥락이 아니어도 일반적으로 무언가를 호소하거나 탄원, 간청하는 행위를 표현하기도 하지요. plead는 주장을 매우 강하게 표현하므로 절박한 어감을 나타내는 단어입니다.

1 Mia pleaded with the jury for mercy.
Mia는 배심원단에게 자비를 간청했다.

2 Ethan pleaded guilty in court.
Ethan은 법정에서 유죄를 인정했다.

Plus + jury 몡 배심원단   mercy 몡 자비
guilty 혱 유죄의   court 몡 법정

2133

railroad

['reɪlroʊd]

- 몡 철도, 선로
- 동 철도로 수송하다

railroad는 rail과 road가 결합한 단어입니다. rail은 '가로 막대' 등을 의미하고 road는 '길'을 뜻합니다. 그래서 railroad는 '철도, 선로'를 의미하게 되었습니다. 동사로는 '철도로 수송하다' 등의 뜻을 나타낼 수 있습니다. 비슷한 단어로는 railway(철로, 선로)가 있으니 함께 외워 두시면 좋겠군요!

1 The city is connected by a railroad network.
이 도시는 철도망으로 연결되어 있다.

2 Most goods are transported by railroad.
상품 대부분은 철도로 운송된다.

Plus + connect 동 연결하다   network 몡 망
goods 몡 상품   transport 동 운송하다

2134

notion

[ˈnoʊʃn]

명 개념[관념], 의향[의지]

notion은 주로 사람들이 어떤 주제에 대해 갖는 생각이나 개념을 나타냅니다. 그리고 이러한 의미가 확장되어 사람들의 의향이나 생각, 즉 어떤 행동을 취하려는 의도나 경향도 나타내게 되었습니다. 비슷한 맥락으로 쓰이는 단어로는 idea (생각), opinion(견해, 소신) 등이 있습니다.

1 Leo introduced a new notion in the field of physics.

Leo는 물리학 분야에 새로운 개념을 도입했다.

2 The notion of equality is essential to democracy.

평등이라는 개념은 민주주의에 필수적이다.

Plus + introduce 동 도입하다   equality 명 평등
essential 형 필수적인   democracy 명 민주주의

2135

sting

[stɪŋ]

stung - stung

동 찌르다, 쏘다, 괴롭히다, 속이다

sting은 예로부터 '찌르다'라는 뜻을 나타냈습니다. 다만 벌과 같은 곤충이 침으로 찌르는 것을 주로 나타냈지요. 이러한 의미는 시간이 지남에 따라 점차 확장되어 비유적으로 사람의 감정에 상처를 입히는 행위도 뜻하게 되었습니다.

1 The scorpion stung Ellie with its tail.

전갈이 꼬리로 Ellie를 쏘았다.

2 Adrian was stung by a jellyfish while swimming in the ocean.

Adrian은 바다에서 수영을 하다가 해파리에 쏘였다.

Plus + scorpion 명 전갈   jellyfish 명 해파리
ocean 명 바다

2136

patience

[ˈpeɪʃns]

명 참을성, 인내심

patience는 명사로 '책임감, 인내심, 참을성' 등을 의미합니다. 원래 '참다, 견디다'라는 동사에서 나온 단어였는데 이것이 명사화되어 어려운 일이나 고통스러운 상황을 견디는 능력을 의미하게 되었습니다. 흔히 '인내력이 강한 사람들'을 people armed with patience라고 표현합니다.

1 Have patience with yourself as you learn new things.

새로운 것들을 배울 때는 인내심을 가져라.

2 The doctor advised him to have patience during the recovery process.

의사는 그에게 회복 과정 동안 인내심을 가지라고 조언했다.

Plus + advise 동 조언하다   recovery 명 회복
process 명 과정

2137

content

['kɑ:ntent]

명 내용물, 내용[주제],
(내용의) 목차, 요지[취지]

content는 사물의 '내용'이나 '주제'를 나타내는 단어입니다. 맥락에 따라 책이나 문서의 '목차'나 내용의 '핵심을 요약한 부분', 또는 '취지'나 '의도' 등을 의미하기도 합니다. 오늘날에는 기술의 발달과 함께 웹 사이트 등에 있는 '정보, 자료, 이미지' 등도 가리키게 되었습니다.

1 The book's content is informative and well-written.
그 책의 내용은 유익하고 잘 쓰였다.

2 The content of the meeting focused on future strategies.
그 회의의 내용은 미래 전략에 중점을 두었다.

Plus + informative 형 유익한   focus on 중점을 두다, ~에 초점을 맞추다
strategy 명 전략

2138

strap

[stræp]

명 끈[줄], (가죽끈으로 만든) 손잡이, 채찍질

동 ~을 끈[줄]으로 묶다

strap은 일반적으로 '끈'이나 '줄'을 의미합니다. 그리고 이 끈이나 줄을 어디서 어떻게 쓰는지에 따라 '손잡이'를 뜻하기도 하고 심지어 '채찍질'을 나타내기도 합니다. 이렇게 보면 사물 자체보다는 그것을 쓰는 사람의 의도가 참 중요한 것 같습니다. strap은 동사로는 '~을 끈 또는 줄로 묶다'라는 의미를 나타냅니다.

1 Make sure to fasten your seat belt and adjust the strap for a safe flight.
안전한 비행을 위해 안전벨트를 매고 끈을 조절해 주십시오.

2 I had to keep my right hand strapped up for two weeks.
나는 2주 동안 오른손에 붕대를 감고 있어야 했다.

Plus + fasten 동 매다[채우다]   adjust 동 조정[조절]하다
flight 명 비행   have to V ~해야 한다

2139

tiptoe

['tɪptoʊ]

명 발끝

형 발끝으로 선[조심하는],
크게 기대를 하고 있는

동 발끝으로 걷다[서다]

tiptoe는 '끝'을 의미하는 tip과 '발가락'을 뜻하는 toe가 결합된 단어입니다. 명사, 형용사, 동사로 모두 쓰일 수 있습니다. 명사로는 '발의 끝부분'을 나타내고, 형용사로는 비유적으로 '조심하는, 크게 기대를 하고 있는'이라는 의미를 나타냅니다. 동사로는 발끝으로 걷거나 서는 행위를 나타냅니다.

1 She stood on her tiptoes to get the jar from the shelf.
그녀는 선반에서 항아리를 꺼내려고 발끝으로 섰다.

2 Sam tiptoed past his parents so as not to be caught.
Sam은 부모님에게 들키지 않으려고 발끝으로 걸어서 부모님을 지나쳤다.

Plus + jar 명 항아리, 병   so as not to V ~하지 않으려고
catch 동 알아채다, 포착하다

vacation

[veɪˈkeɪʃn]

명 방학, 휴가,
(의회 등의) 휴정[휴회] 기간

동 휴가를 보내다[얻다]

진공청소기를 vacuum이라고 하지요? '진공', 즉 '비어 있는' 상태를 나타내는 이 단어에서 vacation이 파생되었습니다. vacation은 무언가가 없이 비어 있는 상태나 시간을 의미합니다. 맥락에 따라 명사로는 '방학, 휴가'와 같은 쉬는 기간을, 동사로는 휴가를 보내는 행위 자체를 나타낼 수 있습니다.

1 Jeju Island is a popular choice for summer vacation travel.

제주도는 여름 방학 여행지로 인기 있는 선택지다.

2 Peter went on vacation to Malibu last winter.

Peter는 지난 겨울 말리부로 휴가를 떠났다.

Plus + popular 형 인기 있는　　　　　choice 명 선택(권)

---

divide

[dɪˈvaɪd]

동 나누다[가르다], 분배하다,
분리하다, 분열시키다

divide는 무언가를 두 개 이상의 부분으로 나누는 행위를 나타냅니다. 이 행위가 물리적 관점에서는 물체를 자르는 행위를 의미하고, 추상적 관점으로는 어떠한 개념을 분리하는 사고를 나타냅니다. 무언가를 분리한다는 맥락에서 separate (분리하다, 가르다), split(나누다) 등과 비슷한 의미를 나타낸다고 볼 수 있겠습니다.

1 Divide the cake into six equal pieces.

케이크를 똑같은 크기의 여섯 조각으로 나누십시오.

2 The profits will be divided among all the workers.

이익은 모든 직원들에게 분배될 것이다.

Plus + equal 형 동일한[같은]　　　　　piece 명 조각
profit 명 이익

---

shrink

[ʃrɪŋk]

shrank/shrunk - shrunk

동 오그라들다,
줄어들다[감소하다],
움츠러들다, 수축시키다

shrink는 크기가 줄어들거나 양이 감소하는 것을 나타냅니다. 물리적인 크기와 양에 대해 표현할 수 있을 뿐만 아니라 추상적인 개념을 나타낼 수도 있습니다. 여기서 뜻이 더 확장되면 사람이 무언가를 피하려고 뒤로 물러나거나 몸을 움츠리는 행위를 표현하기도 합니다.

1 The sweater shrank after I washed it.

그 스웨터는 빨고 나니 줄어들었다.

2 The company's profits have been shrinking over the past few years.

그 회사의 수익은 지난 몇 년 동안 감소하고 있다.

Plus + wash 동 빨래하다, 세탁하다　　　past 형 지나간(시간상 과거에 해당하는)

2143

angle

[ˈæŋgl]

명 각도, 기울기,
(사물을 보는) 관점[입장]

동 (어떤 각도로) 움직이다
[구부리다]

angle은 원래 '곡선'이나 '구석'을 의미했습니다. 그러다 기하학에 쓰이면서 두 선분이 만나는 점 주변의 공간이나 기울기를 나타내게 되었습니다. 비유적으로는 무언가를 이해하거나 바라보는 '관점'이나 '시점'을 의미하기도 합니다.

1 Measure the angle between the two lines.
두 선 사이의 각도를 측정하십시오.

2 The angle of the slope is steep.
그 경사면 기울기는 가파르다.

Plus + measure 동 측정하다   slope 명 경사면
steep 형 가파른

2144

toast

[toʊst]

명 구운 빵[토스트], 건배,
축배의 대상이 되는 것

동 (빵, 치즈 등을) 굽다

toast는 원래 '열로 말리다'라는 뜻으로, 처음에는 빵을 구워 노릇하게 만드는 행위만을 의미했으나 시간이 지나면서 '건배'라는 의미도 나타내게 되었습니다. 이는 과거 사람들이 술에 구운 빵을 넣어서 마시던 습관에서 비롯된 것이라고 하네요. 바로 여기서 drink a toast(축배를 들다) 같은 표현이 나오게 되었습니다.

1 I like to eat toast with peanut butter for breakfast.
나는 아침에 땅콩버터를 발라 먹는 토스트를 좋아한다.

2 Let's make a toast to our future.
우리의 미래를 위해 건배하자.

Plus + peanut 명 땅콩   make a toast 건배하다

2145

proof

[pruːf]

명 증거, 증명[입증], 시험[시도]

형 검사를 마친

proof는 원래 '시험하다, 확인하다'라는 뜻의 라틴어 probare에서 유래되어 주로 무엇을 확인하거나 입증하는 데 사용되는 정보나 물건을 의미하게 되었습니다. 우리말로는 '증거, 증명, 입증' 등 다양하게 표현되지요. 물론 아직도 '시험, 시도'라는 원래 의미로 쓰이기도 합니다.

1 I need solid proof to convict Bruce of the crime.
나는 Bruce에게 유죄 판결을 내릴 확실한 증거가 필요하다.

2 The mathematician provided proof for Fermat's Last Theorem.
그 수학자는 페르마의 마지막 정리에 대한 증명을 제시했다.

Plus + solid 형 확실한   convict of ~에 대해 유죄 판결을 내리다
mathematician 명 수학자   theorem 명 (수학에서의) 정리

2146

grind

[graɪnd]

ground - ground

동 (곡식 등을) 갈다[빻다],
(매끄럽게 하기 위해) 갈다,
심신을 약하게 하다,
(착취 등으로) 괴롭히다

grind는 기본적으로 단단한 물질을 분말 형태로 만드는 행위를 의미하는 동사입니다. 곡식을 갈아 가루로 만드는 것뿐만 아니라 금속 등을 갈아서 매끄럽게 하는 행위를 뜻하기도 하죠. 이러한 의미가 비유적으로 확장되어 grind는 지칠 때까지 노력하거나 공부하는 것을 나타내기도 합니다.

1 Ann grinds coffee beans every morning before breakfast.

   Ann은 매일 아침 식사 전에 커피콩을 간다.

2 Miles is grinding a piece of metal for the exhibition.

   Miles는 전시를 위해 금속 조각을 갈고 있다.

Plus + bean 명 콩   metal 명 금속
          exhibition 명 전시회

2147

value

['vælju:]

명 가치, 값, 중요성

동 가치 있게 생각하다

value는 원래 '가치가 있다, 강하다'라는 뜻에서 출발했습니다. 그래서 value는 맥락에 따라 '중요성, 유용성, 가치' 등의 의미를 나타내기도 합니다. 동사로는 '(무언가를) 중요하게[가치 있게] 생각하다'라는 뜻을 나타냅니다.

1 The value of the sculpture is estimated to be over one million dollars.

   그 조각품의 가치는 백만 달러 이상으로 추정된다.

2 People value family time less than before.

   사람들은 이전보다 가족과의 시간을 덜 중요하게 생각한다.

Plus + sculpture 명 조각품   estimate 동 추정[추산]하다
          million 명 100만

2148

clamp

[klæmp]

명 걸쇠[죔쇠], 집게

동 걸쇠를 걸다,
(세금 등을) 부과하다

clamp는 '걸쇠'라는 뜻을 나타냅니다. 원래는 '구슬' 따위를 의미했습니다. 그러다 이를 고정 장치로 사용하기 시작하면서 현재의 의미가 된 것으로 보입니다. clamp의 종류에 따라 모양이 달라지기 때문에 때로는 '집게'라는 뜻으로 쓰이기도 합니다. clamp는 동사로는 '걸쇠를 걸다' 등의 의미를 나타냅니다.

1 We used a clamp to hold the pieces of wood together.

   우리는 나뭇조각들을 함께 고정하려고 집게를 사용했다.

2 The government decided to clamp down on illegal trade.

   정부는 불법 거래를 엄하게 단속하기로 결정했다.

Plus + hold 동 유지하다, 지탱하다   clamp down on ~을 엄하게 단속하다
          illegal 형 불법적인   trade 명 거래

2149

sale

[seɪl]

명 판매, 영업, 할인 판매, (pl.) 매출

sale은 예로부터 무언가를 전달하는 행위를 의미했습니다. 그러다 주로 '판매'와 관련된 맥락에서 쓰이면서 오늘날에는 '판매, 매출, 영업' 등의 뜻을 나타내게 되었습니다. 또한 우리가 잘 알고 있듯이 sale은 상품을 정상가보다 낮은 가격에 판매하는 행사를 의미하기도 합니다.

1 The sale of alcoholic beverages is prohibited to minors.

미성년자에게는 주류 판매가 금지되어 있다.

2 The company reported strong sales in the second quarter.

그 회사는 2분기에 높은 매출을 기록했다.

Plus + beverage 명 음료　　　　　　　prohibit 동 금하다
minor 명 미성년자　　　　　　　quarter 명 분기

2150

secretary

['sekrəteri]

명 비서, 총무, 장관

secretary를 자세히 보면 secret(비밀)이라는 단어가 포함되어 있는 것을 알 수 있습니다. secretary는 원래 '비밀을 보관하는 사람'을 의미했습니다. 그러다 주로 그런 일을 하는 사람이 권력자의 비서였기 때문에 '비서'라는 뜻으로 자리 잡게 되었지요. 오늘날에는 맥락에 따라 '총무, 장관' 등도 나타내게 되었습니다.

1 Harper works as a secretary at a law firm.

Harper는 법률 사무소에서 비서로 일한다.

2 We hired a new secretary to assist the CEO.

우리는 CEO를 도울 새로운 비서를 고용했다.

Plus + law 명 법　　　　　　　firm 명 회사
assist 동 돕다

2151

material

[məˈtɪriəl]

명 재료, 자료, 소재

형 물질[물리]적인

material의 본래 의미는 '기본적인 구성 요소'입니다. 그래서 material은 '재료, 자료, 소재' 등을 뜻합니다. 맥락에 따라 물체를 만들거나 구성하는 데 사용되는 물질, 정보나 데이터를 수집하거나 사용하기 위해 필요한 요소들, 또는 예술 작품 등을 만들 때 사용되는 원료까지 다양한 의미를 나타낼 수 있습니다.

1 I have to make training materials for new employees.

나는 신입 사원들을 위한 교육자료를 만들어야 한다.

2 Linda carefully selects high-quality materials for her class.

Linda는 자신의 수업을 위해 양질의 수업 자료를 신중하게 선택한다.

Plus + training 명 교육　　　　　　high-quality 품질의, 고급의

2152

crutch

[krʌtʃ]

명 목발[버팀목],
(사람 등의) 가랑이,
(정신적으로) 의지
(할 수 있는 것)

crutch는 원래 '갈고리, 걸이' 등을 의미했습니다. 그러다 이런 형태의 물체를 목발로 쓰기 시작하면서 오늘날의 뜻을 갖게 되었습니다. 목발은 일종의 버팀목이지요? 그래서인지 crutch는 신체적 지지뿐만 아니라 정신적 지지나 도움을 나타내기도 합니다. crutch의 다양한 뜻은 모두 하나의 중심 의미에서 파생된 것이라고 볼 수 있겠네요.

1 Amy broke her leg and had to use crutches for several weeks.

Amy는 다리가 부러져서 몇 주간 목발을 사용해야 했다.

2 The pain-reliever pills became a crutch for Paul.

진통제는 Paul에게 버팀목이 되었다.

Plus + pain-reliever 진통제

2153

wince

[wɪns]

동 (놀람, 아픔 등으로) 움찔하다
명 (놀람, 아픔 등으로) 움찔함

wince는 동사로 '비틀거리다, 움찔하다' 등을 의미합니다. 주로 아픔이나 불쾌함에 반응하여 몸을 움찔하는 경우를 나타냅니다. wince는 명사로는 놀라거나 아파서 움찔하는 행위 자체를 의미합니다. '움찔하다'라는 의미를 나타내는 비슷한 단어로는 flinch가 있습니다.

1 Mia winced as the cold water touched her skin.

Mia는 차가운 물이 피부에 닿자 움찔했다.

2 A slight wince of pain crossed Andy's face.

경미한 통증이 Andy의 얼굴을 스쳤다.

Plus + as 접 ~하자마자   slight 형 경미한, 약간의
cross 동 지나가다, 가로지르다

2154

twig

[twɪg]

명 (나무의) 잔가지,
(혈관이나 신경의) 지맥

twig는 '가지, 작은 나무' 등을 뜻하는 고대 영어 *twig*에서 유래했으며, 그래서 기본 의미가 '(나무 등의) 잔가지'입니다. 이러한 의미가 확장되어 '(생물의) 혈관'이나 '(신경계의) 작은 가지'를 나타내기도 합니다. 다양한 의미로 쓰이기 때문에 맥락을 잘 파악해야 하는 단어입니다.

1 The tree is covered in beautiful green twigs.

그 나무는 아름다운 푸른 가지들로 뒤덮여 있다.

2 The nervous system consists of numerous tiny twigs.

신경계는 수많은 작은 지맥들로 구성되어 있다.

Plus + cover 동 덮다   nervous 형 신경의
consist of ~로 구성되다   tiny 형 아주 작은[적은]

2155

flood

[flʌd]

명 홍수, 범람, 쇄도[폭주]

동 물에 잠기다

flood는 '흐름, 홍수' 등을 의미합니다. 실제로 동사 flow(흐르다)와 같은 뿌리를 가지고 있습니다. 강이나 하천의 수위가 급격하게 상승하여 땅이 물에 잠기는 현상 외에도, 무언가 매우 많거나 강력하여 주변을 빠르게 차지하거나 영향을 미치는 상태도 나타낼 수 있습니다.

1 The heavy rain caused a flood, damaging many houses in the village.

폭우로 인해 홍수가 발생하여 마을의 많은 집들이 피해를 입었다.

2 The sales event caused a flood of customers to the store.

할인 행사로 인해 많은 손님이 가게로 몰려들었다.

Plus + damage 동 피해를 입히다 customer 명 손님

2156

disturb

[dɪˈstɜːrb]

동 방해하다, 불안하게 하다, 혼란시키다, 교란하다[어지럽히다]

disturb는 원래 '멀리 떨어뜨리다', 즉 '분산시키다'라는 뜻에서 출발했습니다. 그러다 시간이 지나면서 평온하거나 질서 있는 상태를 분산시키거나 어지럽히는 행동을 의미하게 되었지요. 오늘날에는 여러 갈래로 뜻이 확장되어 '방해하다, 불안하게 하다, 혼란시키다, 교란하다, 어지럽히다' 등을 나타내게 되었습니다.

1 Please do not disturb me while I'm studying.

내가 공부하는 동안에는 방해하지 마라.

2 The noise from the construction site continuously disturbed the residents.

공사장에서 나는 소음이 계속해서 주민들을 불안하게 했다.

Plus + noise 명 소음 construction 명 공사
continuously 부 계속해서 resident 명 주민

2157

shutter

[ˈʃʌtə(r)]

명 셔터[덧문], (카메라의) 셔터

동 ~에 덧문을 달다, 문을 닫다

shutter는 '닫다'라는 뜻의 shut과 -er이 결합한 단어입니다. 즉, 닫는 행위를 하는 사람이나 사물을 나타내지요. 오늘날에는 일반적으로 '셔터, 덧문' 등을 의미하는 명사로 쓰이며 동사로는 '덧문을 달다, 문을 닫다'라는 뜻을 나타냅니다.

1 Harry closed the shutters to block out the sunlight.

Harry는 햇빛을 가리기 위해 덧문을 닫았다.

2 The photographer stopped and pressed the shutter button to capture the moment.

사진작가는 그 순간을 담아내기 위해 멈춰서 (카메라의) 셔터 버튼을 눌렀다.

Plus + block out 가리다, 차단하다 press 동 누르다
capture 동 (사진 등으로) 정확히 담아내다 moment 명 순간

2158

powder

['paʊdə(r)]

명 가루, 분말, 화약,
(화장품) 파우더

powder는 기본적으로 '분쇄된 것'을 의미합니다. 그래서 주로 작은 입자로 이루어진 물질을 나타내지요. 이런 의미가 확장되어 powder는 맥락에 따라 '가루, 분말'뿐만 아니라 '화약'이나 '(화장품) 파우더'를 나타내기도 합니다.

1 Paul pounded the seeds into a fine powder.

Paul은 씨앗을 고운 가루로 빻았다.

2 The next step is to mix in the sugar, baking powder, and salt.

다음 단계는 설탕과 베이킹파우더, 그리고 소금을 섞는 것이다.

Plus + pound 동 (가루가 되도록) 빻다 seed 명 씨앗, 씨
fine 형 고운, 미세한 salt 명 소금

2159

widow

['wɪdoʊ]

명 과부

동 과부가 되게 하다

widow는 남편의 사망으로 인해 배우자를 잃은 여성을 의미합니다. widow는 일상적인 상황뿐 아니라 법적 맥락에서도 쓰일 수 있습니다. 동사로는 '과부가 되게 하다' 등을 나타냅니다. widow에서 파생된 단어 중 widower가 있는데, 이는 반대로 아내를 잃은 남편을 뜻합니다.

1 Many people consoled the grief-stricken widow.

많은 사람들이 비탄에 빠진 과부를 위로했다.

2 Joey was widowed after the death of her husband last year.

Joey는 작년에 남편이 죽은 후 혼자가 되었다.

Plus + console 동 위로하다 grief-stricken (특히 누구의 죽음으로 인해) 비탄에 빠진

2160

convict

[kən'vɪkt] ['kɑ:nvɪkt]

동 유죄를 입증[선고]하다,
뉘우치게 하다

명 유죄로 입증된 피고, 죄수

convict는 원래 '범죄자, 죄수' 등을 의미하는 단어에서 유래했습니다. 이 같은 의미가 확장되어 동사로 '유죄를 입증 또는 선고하다'라는 뜻을 나타냅니다. 명사로는 형법상 유죄 판결을 받은 '피고' 또는 '죄수'를 의미합니다.

1 The jury convicted the defendant of first-degree murder.

배심원단은 피고에게 제1급 살인죄를 선고했다.

2 The convict was released after serving half of his sentence.

그 죄수는 형기의 반을 복역한 후에 출소했다.

Plus + defendant 명 피고 murder 명 살인(죄)
release 동 석방하다 sentence 명 형벌, 형, (형의) 선고

우리말에 맞게 빈칸에 알맞은 단어를 쓰세요.　　　　　　(정답은 본문을 확인하세요.)

1　A _____ swooped down and grabbed a mouse.　　매 한 마리가 내려와서 쥐를 잡았다.

2　Ethan _____ guilty in court.　　Ethan은 법정에서 유죄를 인정했다.

3　The city is connected by a _____ network.　　이 도시는 철도망으로 연결되어 있다.

4　Leo introduced a new _____ in the field of physics.　　Leo는 물리학 분야에 새로운 개념을 도입했다.

5　The scorpion _____ Ellie with its tail.　　전갈이 꼬리로 Ellie를 쏘았다.

6　Have _____ with yourself as you learn new things.　　새로운 것들을 배울 때는 인내심을 가져라.

7　The book's _____ is informative and well-written.　　그 책의 내용은 유익하고 잘 쓰였다.

8　I had to keep my right hand _____ up for two weeks.　　나는 2주 동안 오른손에 붕대를 감고 있어야 했다.

9　She stood on her _____ to get the jar from the shelf.　　그녀는 선반에서 항아리를 꺼내려고 발끝으로 섰다.

10　Peter went on _____ to Malibu last winter.　　Peter는 지난 겨울 말리부로 휴가를 떠났다.

11　_____ the cake into six equal pieces.　　케이크를 똑같은 크기의 여섯 조각으로 나누십시오.

12　The sweater _____ after I washed it.　　그 스웨터는 빨고 나니 줄어들었다.

13　Measure the _____ between the two lines.　　두 선 사이의 각도를 측정하십시오.

14　I like to eat _____ with peanut butter for breakfast.　　나는 아침에 땅콩버터를 발라 먹는 토스트를 좋아한다.

15　I need solid _____ to convict Bruce of the crime.　　Bruce에게 유죄 판결을 내릴 확실한 증거가 필요하다.

16　Ann _____ coffee beans every morning before breakfast.　　Ann은 매일 아침 식사 전에 커피콩을 간다.

17　People _____ family time less than before.　　사람들은 이전보다 가족과의 시간을 덜 중요하게 생각한다.

18　We used a _____ to hold the pieces of wood together.　　우리는 나뭇조각들을 함께 고정하려고 집게를 사용했다.

19　The _____ of alcoholic beverages is prohibited to minors.　　미성년자에게는 주류 판매가 금지되어 있다.

20　Harper works as a _____ at a law firm.　　Harper는 법률 사무소에서 비서로 일한다.

21　I have to make training _____ for new employees.　　나는 신입 사원들을 위한 교육자료를 만들어야 한다.

22　The pain-reliever pills became a _____ for Paul.　　진통제는 Paul에게 버팀목이 되었다.

23　Mia _____ as the cold water touched her skin.　　Mia는 차가운 물이 피부에 닿자 움찔했다.

24　The tree is covered in beautiful green _____.　　그 나무는 아름다운 푸른 가지들로 뒤덮여 있다.

25　The sales event causes a _____ of customers to the store.　　할인 행사로 인해 많은 손님이 가게로 몰려들었다.

26　Please do not _____ me while I'm studying.　　내가 공부하는 동안에는 방해하지 마라.

27　Harry closed the _____ to block out the sunlight.　　Harry는 햇빛을 가리기 위해 덧문을 닫았다.

28　Paul pounded the seeds into a fine _____.　　Paul은 씨앗을 고운 가루로 빻았다.

29　Many people consoled the grief-stricken _____.　　많은 사람들이 비탄에 빠진 과부를 위로했다.

30　The jury _____ the defendant of first-degree murder.　　배심원단은 피고에게 제1급 살인죄를 선고했다.

Level 73

레벨별 단어 사용 빈도

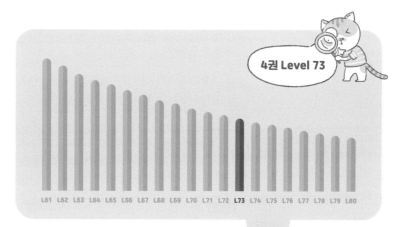

4권 Level 73

L61 L62 L63 L64 L65 L66 L67 L68 L69 L70 L71 L72 **L73** L74 L75 L76 L77 L78 L79 L80

LEVEL 1~20　　LEVEL 21~40　　LEVEL 41~60　　**LEVEL 61~80**　　LEVEL 81~100

2161

mall
[mɔːl]

명 (산책로형) 상점가, 쇼핑센터

mall은 원래 '산책로'를 의미하다가 20세기에 들어 미국의 산업 구조가 변하면서 오늘날의 뜻을 나타내게 되었습니다. mall은 오늘날 '상점가'나 '쇼핑센터' 등을 뜻합니다. 생각해 보니 상점가나 쇼핑센터에 가서 물건을 고르기 위해선 많이 걸어야 하니 원래 의미에 충실한 셈이군요.

1 I'm tired of hanging around the mall.
나는 쇼핑센터를 돌아다니는 것에 지쳤다.

2 The mall was crowded with shoppers during the sale.
세일 기간 동안 상점가는 쇼핑객으로 붐볐다.

Plus + be tired of ~에 싫증이 나다   hang around 어슬렁거리다, 배회하다
be crowded with ~로 붐비다

2162

compare
[kəmˈper]

동 비교하다, 비유하다, 견주다

compare는 '함께'라는 뜻의 com-과 '동일한'이라는 의미의 par가 결합된 단어입니다. 즉, 함께 놓았을 때 같은지 다른지를 판가름한다는 의미가 내포되어 있지요. 그래서 compare는 맥락에 따라 '비교하다, 비유하다, 견주다' 등의 의미로 쓰일 수 있습니다.

1 Let's compare the prices of these three products.
이 세 가지 제품의 가격을 비교해 보자.

2 Leo compared the different options before making a decision.
Leo는 결정하기 전에 여러 가지 옵션을 비교했다.

Plus + price 명 값, 가격   option 명 (기기의) 옵션, 선택권
decision 명 결정

2163

swoop
[swuːp]

동 (독수리 등이) 급강하하다, 급습하다, (재빠르게) 잡아채다
명 급강하

swoop은 원래 새가 먹이를 잡기 위해 빠르게 내려오는 동작을 묘사하는 단어였습니다. 그래서 지금도 '(독수리 등이) 급강하하다'라는 뜻을 나타내지요. 그러다 기본 의미가 점점 확장되어 빠른 움직임과 갑작스러움을 강조하거나 행동 또는 사건이 갑자기 발생하는 것도 묘사하게 되었습니다.

1 The eagles swooped down to catch their prey.
독수리들이 먹이를 잡기 위해 급강하했다.

2 The police swooped in to arrest the terrorists.
경찰이 테러범들을 체포하기 위해 급습했다.

Plus + prey 명 먹이   arrest 동 체포하다
terrorist 명 테러리스트, 테러범

2164

upper

[ˈʌpər]

형 더 위에 있는, 상부의,
상위[상급]의, 고지대의

upper는 '위, 위에'를 뜻하는 up에 -er이 결합한 단어로서 '더 위, 더 위에'라는 뜻을 나타냅니다. 맥락에 따라 '더 위에 있는' 상태나 '상부의, 상위의, 고지대의' 등을 모두 의미할 수 있습니다.

1 Alice lives in the upper part of the city.

Alice는 도시의 상부 쪽에 살고 있다.

2 Benjamin belongs to the upper class of society.

Benjamin은 사회의 상류층에 속한다.

Plus + belong to ~에 속하다　　　　class 명 (사회의) 계층

2165

loosen

[ˈluːsn]

동 느슨하게 하다,
(묶이거나 잠겨 있는 것을)
풀다, (억제 등을) 완화하다,
놓아주다

loosen은 원래 '무너뜨리다, 벗어나다'라는 뜻에서 출발했다가 이후 뜻이 조금씩 변하면서 '느슨하게 하다'라는 중심 의미를 갖게 되었습니다. 무언가를 느슨하게 하면 쉽게 무너지고 벗어나기 쉬워지죠? 그래서 추상적인 맥락에서 '(감정이나 분위기 따위를) 완화하다' 등의 의미를 나타내기도 합니다.

1 Please loosen the screws so that we can take this apart.

이것들을 분해할 수 있도록 나사를 풀어 주십시오.

2 Joe needed to loosen his tie as it was too tight.

Joe는 넥타이가 너무 조여서 느슨하게 풀어야 했다.

Plus + screw 명 나사　　　　take ~ apart ~을 분해하다
tight 형 꽉 조여[묶여] 있는

2166

squirm

[skwɜːrm]

동 꿈틀거리다[꼼지락대다,
몸부림치다],
당혹해[창피해, 수줍어]하다

명 꿈틀거리기[꼼지락대기,
몸부림치기]

squirm은 벌레나 지렁이와 같은 생명체의 움직임을 묘사하는 단어에서 유래했습니다. 벌레들이 꿈틀대는 모습을 묘사하다 가 시간이 지나면서 그러한 움직임 자체를 모두 일컫는 단어가 되었지요. 그 외에도 불편함, 불안함, 당혹함으로 인해 몸이 꼼지락거리는 모습도 묘사할 수 있습니다.

1 The worm squirmed in Lucy's hand.

지렁이는 Lucy의 손안에서 꿈틀거렸다.

2 Ethan squirmed in his seat during the awkward conversation.

Ethan은 불편한 대화가 이어지는 동안 자리에서 몸을 꼼지락거렸다.

Plus + seat 명 자리　　　　awkward 형 불편한, 어색한
conversation 명 대화

2167

delicate
[ˈdelɪkət]

형 연약한, 허약한, 섬세한, 정밀한

delicate는 형용사 delicious(맛있는)와 같은 어원에서 파생되었습니다. 사람들은 맛이 단순하지 않고 섬세하면 '맛있다'라고 인식하지요. delicate는 주로 무언가 연약하거나 섬세할 때, 또는 상황이나 문제가 민감하고 주의를 요하는 경우를 나타냅니다.

1 It has delicate petals that are easily damaged.
그것은 쉽게 상하는 연약한 꽃잎을 가지고 있다.

2 The doctor said that Lisa's health is delicate and she should avoid stress.
의사는 Lisa가 허약하므로 스트레스를 피해야 한다고 말했다.

Plus + petal 명 꽃잎

2168

pea
[pi:]

명 완두[콩]

pea는 콩 중에서도 특히 '완두콩'을 가리키는 단어입니다. '콩' 하면 떠오르는 또 다른 단어로는 bean이 있습니다. bean은 콩류 전체를 가리키는 단어로 pea보다 포괄적인 의미입니다. pea는 '완두콩'에 초점을 맞춘 단어라고 이해하시면 됩니다.

1 John added some fresh peas to the salad.
John은 샐러드에 신선한 완두콩을 좀 더 넣었다.

2 They planted peas in the garden this year.
그들은 올해 정원에 완두콩을 심었다.

Plus + add 동 더하다, 첨가하다   plant 동 심다

2169

bolt
[boʊlt]

명 빗장, 볼트[수나사], 번개, (천이나 벽지 따위) 한 통[필]

bolt의 원래 의미는 '짧은 화살'이었는데, 옛 사람들이 이 물체를 여러 용도로 사용하면서 점점 뜻이 확장되었습니다. 오늘날에는 맥락에 따라 '빗장, 수나사'뿐만 아니라 '번개' 등을 나타내기도 합니다. 또한 천이나 벽지를 세는 단위인 '통, 필' 등의 의미로도 쓰이는데, 이는 이러한 물건을 묶은 모습이 긴 막대 모양과 유사한 점에서 유래했습니다.

1 Jackson locked the door with a bolt.
Jackson은 빗장으로 문을 잠갔다.

2 We need a bolt and a nut to fix this chair.
우리가 이 의자를 고치려면 볼트와 너트가 필요하다.

Plus + lock 동 (자물쇠 등으로) 잠그다   nut 명 너트, 암나사

2170

snore

[snɔː(r)]

통 코를 골다

명 코 골기

snore는 예로부터 '코를 골다'라는 뜻을 나타냈습니다. 문득 사람이 코를 곤 역사가 참 오래되었다는 생각이 드네요. snore는 동사로는 주로 잠을 자는 동안 코를 고는 행위를 뜻하고, 명사로는 코 고는 소리 자체를 나타냅니다.

1 My little sister tends to snore loudly when she's tired.
내 여동생은 피곤할 때 큰 소리로 코를 골곤 한다.

2 The snore was so loud that it woke everybody up in the house.
코 고는 소리가 너무 커서 집 안의 모든 사람이 깨어났다.

Plus + tend to V ~하는 경향이 있다   wake 통 (잠에서) 깨다, 깨우다

2171

quiver

['kwɪvə(r)]

명 떨림[전율], 화살통

통 떨다

quiver는 원래 '화살통'만을 의미하는 단어였습니다. 그러다 뜻이 확장되면서 화살이 화살통에서 빠져나가는 순간의 떨림 현상도 나타내게 되었지요. 그래서 오늘날 quiver는 '화살통' 외에도 '떨림, 전율'과 같은 의미도 나타냅니다. 동사로는 '떨다'를 뜻하기도 합니다.

1 Layla pulled an arrow from her quiver.
Layla는 화살통에서 화살을 꺼냈다.

2 The little boy quivered as the large man approached.
소년은 덩치 큰 남자가 다가오자 몸을 떨었다.

Plus + arrow 명 화살   approach 통 다가오다

2172

gloom

[gluːm]

명 어둠, 우울[침울]

통 우울[침울]해지다, 어두워지다

gloom은 예로부터 '어둠'을 의미했습니다. 사람은 어둠을 부정적으로 인식하는 경향이 있지요? 그래서 gloom은 물리적 어둠뿐 아니라 '우울, 침울'과 같은 어두운 감정도 의미하게 되었습니다. gloom은 드물게 동사로 사용되어 '어두워지다, 우울해지다'라는 뜻을 나타내기도 합니다.

1 The room is filled with gloom, with only a single candle flickering.
촛불 하나만 깜박일 뿐 방 안은 어둠으로 가득 차 있다.

2 The gloom of the rainy day made me feel sad.
비 오는 날의 어둠이 나를 슬프게 만들었다.

Plus + be filled with ~으로 가득 차 있다   candle 명 양초
flicker 통 깜박거리다

2173

drape
[dreɪp]

동 걸치다, 장식하다,
아름답게 주름을 잡다,
(손 등을) 되는대로 놓다

drape는 '천으로 덮다'라는 뜻에서 출발했습니다. 그리고 이런 의미가 확장되어 천으로 물건을 감싸거나 방을 장식하는 것, 또는 사람에게 멋을 더하는 행위를 모두 나타내게 되었습니다. 맥락에 따라 '걸치다, 장식하다, 아름답게 주름을 잡다' 등의 을 의미합니다.

1 Landon draped a beautiful red cloth over the table.
Landon은 탁자 위에 아름다운 붉은 천을 걸쳤다.

2 The mountains are draped in mist.
그 산은 엷은 안개로 뒤덮여 있다.

Plus + cloth 명 (특정 용도의) 천   mist 명 엷은 안개

2174

plaster
['plæstə(r)]

명 회반죽[석고], 반창고[고약],
깁스붕대

동 회반죽[석고]을 바르다
[칠하다]

plaster는 무언가를 붙이는 데 쓰는 끈적한 물질을 나타내는 단어입니다. 이를 어디에 쓰는지에 따라 건축 재료인 '석고'가 될 수도 있고, '붕대, 반창고' 등을 의미할 수도 있지요. 동사로는 '석고를 바르다[칠하다]'라는 뜻을 나타냅니다.

1 We will fill the crack in the wall with plaster.
우리는 벽의 갈라진 틈을 회반죽으로 채울 것이다.

2 The sculpture is made of plaster.
그 조각상은 석고로 만들어졌다.

Plus + fill 동 채우다   crack 명 (무엇이 갈라져 생긴) 틈
sculpture 명 조각상, 조각

2175

coast
[koʊst]

명 해안, 연안

동 관성으로 움직이다,
쉽게 해내다

coast는 원래 '옆, 측면' 등을 뜻하는 단어에서 유래했는데, 시간이 흐르면서 점차 '해안, 연안'이라는 뜻으로 확장되었습니다. coast가 동사로 쓰이면 멈추지 않고 스스로 관성으로 움직이는 모습을 나타내기도 하고, 무언가 쉽게 해내는 모습을 의미하기도 합니다.

1 Jack and Lily spent the day exploring the rocky coast.
Jack과 Lily는 바위투성이인 해안을 탐험하며 하루를 보냈다.

2 The car coasted down the hill with its engine off.
자동차는 엔진이 꺼진 채 관성으로 언덕을 내려갔다.

Plus + explore 동 탐험하다   rocky 형 바위투성이의
hill 명 언덕

2176

mercy

['mɜːrsi]

명 자비(심), 연민, (신의) 은총, (재판관의) 사면 재량권

mercy는 원래 '보상, 이익, 보람'이라는 뜻에서 출발했습니다. 이후 이들을 베푸는 행위나 감정을 뜻하게 되면서 '자비(심), 연민'이라는 의미로 확장되었습니다. mercy는 종교적 맥락에서 '신의 은총'을 나타내기도 하고, 법적 맥락에서는 재판관의 처벌을 경감하거나 사면하는 능력을 뜻하기도 합니다.

1 Daniel begged for mercy, but the jury showed none.

   Daniel은 자비를 청했지만, 배심원들은 아무런 반응을 보이지 않았다.

2 A lot of people believe in the mercy of God.

   많은 사람들이 신의 은총을 믿는다.

Plus + beg 동 간청[애원]하다   jury 명 배심원

2177

hearth

[hɑːrθ]

명 벽난로, 난로 부근[근처], (문화나 문명의) 중심 지역

hearth는 주로 집 안에 있는 벽난로나 난로의 아랫부분, 즉 불이 타는 곳을 나타냅니다. 예로부터 한 집의 벽난로는 그 집의 '중심'을 의미했지요. 그래서 hearth는 추상적으로는 '(어떤 문화나 문명의) 중심 지역'을 의미하기도 합니다.

1 The family gathered around the hearth at night.

   가족들은 밤에 벽난로 주위로 모였다.

2 The old cottage had a large hearth that was used for cooking.

   그 오래된 오두막에는 요리에 사용되는 큰 난로가 있었다.

Plus + gather 동 모이다   cottage 명 오두막집

2178

flop

[flɑːp]

동 쾅[쿵, 탁, 털썩] 주저앉다 [쓰러지다, 떨어지다], 퍼덕거리다, 마음을 바꾸다

flop은 무언가 떨어지는 모습을 묘사하는 단어입니다. 사람이 바닥에 주저앉는 것을 나타낼 수도 있고, 무거운 물체가 '쿵' 하고 떨어지는 것을 묘사할 수도 있습니다. 이렇게 갑작스러운 상태의 변화에 착안하여, flop은 자신의 정치적 견해나 신념 등을 크게 바꾸는 것을 의미하기도 합니다.

1 Carter flopped down on his bed exhausted.

   Carter는 지쳐서 침대에 쓰러졌다.

2 The fish flopped around on the sandy beach.

   물고기가 모래사장에서 퍼덕거렸다.

Plus + exhausted 형 지칠 대로 지친   sandy beach 모래사장

2179

route

[ruːt]

명 길[경로], 노선

동 특정 노선 편으로 보내다

route는 주로 이동 경로나 방법을 나타내어 명사로는 어떤 장소로 가기 위한 정해진 '경로' 또는 '노선'을 의미합니다. 또한 동사로는 물건을 특정 경로나 방법으로 보내는 행위를 나타낼 수도 있습니다.

1 I took a scenic route through the mountains.
   나는 산을 가로질러 가는 경치가 좋은 길을 선택했다.

2 This bus follows a specific route through the city.
   이 버스는 시내를 통과하는 특정한 노선을 따른다.

Plus+ scenic 형 경치가 좋은   through 전 ~을 통해[관통하여]
        follow 동 따르다, 따라가다   specific 형 특정한

2180

stoop

[stuːp]

동 몸을 굽히다[구부리다], 웅크리다, (자세가) 구부정하다

명 구부정한 자세

stoop이라는 단어는 참 재미있습니다. 원래는 '낮은 높이에 위치한 계단'을 의미했는데, 사람들이 그런 계단에 기대는 모습에서 오늘날의 의미들이 파생된 것으로 보입니다. 그래서 stoop은 동사로는 '몸을 굽히다, 구부리다, 웅크리다'를 뜻하고, 명사로는 이러한 모습 자체를 나타냅니다.

1 Eric stooped down to pick up the fallen papers.
   Eric은 바닥에 떨어진 종이들을 줍기 위해 몸을 굽혔다.

2 Jane tends to stoop because she has a bad back.
   Jane은 허리가 좋지 않아 자세가 구부정한 경향이 있다.

Plus+ pick up ~을 집다[들어 올리다]   fallen 형 (땅에) 떨어진
        tend to V ~한 경향이 있다

2181

guide

[gaɪd]

명 안내, 안내자[길잡이], 지침[지표]

동 안내하다

guide의 중심 의미는 '이끌다'입니다. 원래는 사람이나 동물을 특정 방향으로 이끄는 것을 뜻했지만, 오늘날에는 '안내하다'라고 표현할 수 있는 모든 상태를 나타냅니다. 그래서 명사로는 '안내자, 길잡이, 지침' 등을 의미하기도 합니다.

1 The tour guide led us through the museum and explained the artwork.
   관람 안내원이 우리를 박물관 안으로 안내하며 미술품에 대해 설명했다.

2 Sue guided me through the safety procedures.
   Sue는 내게 안전 절차에 대해 안내해 주었다.

Plus+ lead 동 안내하다   safety 명 안전
        procedure 명 절차

2182

genius

[ˈdʒiːniəs]

명 천재(성), 비범한 능력

genome(게놈)이라는 단어를 아시나요? 여기에는 gene(유전자)이라는 단어가 들어 있습니다. genius도 마찬가지입니다. genius는 '타고난 사람[것]'을 뜻합니다. 즉, 유전적으로 타고난 사람이나 재능을 뜻하는 단어가 바로 genius입니다.

1 After Sophia solved the math problem, everyone thought she was a genius.

Sophia가 그 수학 문제를 풀자, 모두가 그녀를 천재라고 생각했다.

2 He had a stroke of genius and created the masterpiece.

그는 천재적인 솜씨를 발휘하여 그 걸작을 만들었다.

Plus + solve **동** (문제 등을) 풀다　　　a stroke of genius 천재적 솜씨
create **동** 만들다　　　masterpiece **명** 걸작, 명작

2183

prop

[prɑːp]

명 버팀목, 받침대[지주], 지지[지원]자

동 버티다

prop은 '지지대, 버팀목' 등을 의미합니다. support와 같은 결의 단어이지요. 그러다 보니 '지지자, 지원자' 등을 뜻하기도 합니다. 미국에서는 일상에서 give props라는 표현을 쓰기도 하는데, 이는 '존중하다'라는 뜻에 가깝습니다. prop은 동사로는 '버티다'를 의미하기도 합니다.

1 The actress leaned against the prop on the stage.

그 여배우는 무대 위의 받침대에 기대어 있었다.

2 The government provided financial props to stabilize the economy.

정부는 경제를 안정시키기 위해 재정적인 지원을 제공했다.

Plus + lean against ~에 기대다　　　financial **형** 재정적인
stabilize **동** 안정시키다

2184

curiosity

[ˌkjʊriˈɑːsəti]

명 호기심, 진기한 물건

curiosity는 '관찰하다, 살피다'라는 말에서 유래했습니다. 예로부터 관찰하고 살피는 일은 호기심 있는 사람들의 놀이였죠. 그래서 오늘날은 주로 '호기심'을 의미합니다. 그리고 이러한 뜻이 확장되어 '진기한 물건' 따위를 나타내기도 하지요. 호기심을 불러일으키는 물건이라 생각하시면 쉬울 것 같네요.

1 Liam has a strong curiosity about the world around him.

Liam은 그의 주변 세계에 대해 호기심이 강하다.

2 The curiosity shop is filled with unique items.

그 진귀한 물건을 파는 가게는 희귀한 상품들로 가득하다.

Plus + be filled with ~로 가득 차다　　　unique **형** 독특한, 특이한

2185

grandparent

['grændperənt]

명 조부[모], 할아버지[할머니]

grandparent는 grand와 parent가 결합된 단어입니다. grand는 '위대한, 큰' 등을 뜻하고 parent는 '부모'를 의미합니다. 직역하면 '큰 부모'가 되는군요. 부모님의 부모님인 조부[모]를 뜻합니다. 새삼 우리말에 '할아버지, 할머니'라는 고유어가 있는 것이 뭔가 새롭게 느껴지는군요.

1 Adam loves spending time with his grandparents.

Adam은 그의 조부모님과 함께 시간을 보내는 것을 좋아한다.

2 My grandparents used to tell me interesting stories of their childhood.

나의 할아버지와 할머니께서는 어린 시절에 대한 흥미로운 이야기들을 들려주시곤 했다.

Plus + used to V ~하곤 했다　　　　childhood 명 어린 시절

2186

apology

[ə'pɑːlədʒi]

명 사과[사죄], 변호[변명], 임시변통적인 것

apology는 주로 '사과, 사죄'를 의미하는 명사입니다. 잘못을 인정하거나 미안함을 표현하는 행위나 말을 나타내지요. 원래 apology는 그리스어 *apologia*에서 유래했는데, 그 유명한 '소크라테스의 변명'에서 '변명'이 바로 *apologia*입니다. 그래서 apology에는 지금도 '변호, 변명'이라는 뜻이 남아 있습니다.

1 Hazel offered a sincere apology for her mistake.

Hazel은 자신의 실수에 대해 진심으로 사과했다.

2 I'm not ready to accept his apology yet.

나는 아직 그의 사과를 받아들일 준비가 되지 않았다.

Plus + offer 동 권하다, 제의하다　　　　sincere 형 진심 어린
accept 동 (기꺼이) 받아들이다　　　　yet 부 아직

2187

disappoint

[dɪsə'pɔɪnt]

동 실망[낙심]시키다, 좌절시키다

disappoint의 기본 의미는 '기대를 충족하지 못하다'입니다. 그래서 맥락에 따라 '실망시키다, 낙심시키다, 좌절시키다' 등의 의미로 쓰입니다. 생각해 보면 누군가의 기대를 충족시키지 못하는 것이 곧 '실망, 낙심, 좌절'시키는 것과 같군요.

1 Eric was disappointed after opening the gift box.

Eric은 선물 상자를 열어 보고 실망했다.

2 People were disappointed by the outcome of the election.

사람들은 선거 결과에 실망했다.

Plus + outcome 명 결과　　　　election 명 선거

2188

breast

[brest]

명 가슴, 유방[젖],
(동물의) 가슴살, 심정[마음]

breast는 사람이나 동물의 가슴 부분을 가리킵니다. 동물의 '가슴살' 부위를 뜻하기도 하는데 우리가 즐겨 먹는 '닭가슴살'을 바로 chicken breast라고 하지요. 비유적인 맥락에서는 '심정, 마음' 등을 의미하기도 합니다.

1 Nora was holding the baby against her breast.
Nora는 아기를 가슴에 안고 있었다.

2 The doctor seriously advised Ann to get a breast examination.
의사는 Ann에게 유방 검사를 받을 것을 진지하게 권유했다.

Plus + against 전 ~에 붙여[맞아]   seriously 부 진지하게, 진심으로
examination 명 검사

2189

necklace

['nekləs]

명 목걸이, 교수형용 밧줄,
(동물 목 부분의) 목걸이
모양의 줄무늬

necklace는 '목걸이'를 의미하는 명사입니다. 그런데 necklace는 끔찍하게도 '교수형용 밧줄'을 뜻하기도 합니다. 하긴 사람 목에 언제, 어디서, 무엇을 거는지에 따라 용도가 달라지겠죠? 이 외에도 necklace는 '(동물 목 부분의) 목걸이 모양 줄무늬'를 나타내기도 합니다.

1 Amy wore a pearl necklace with her evening dress.
Amy는 야회복에 진주 목걸이를 착용했다.

2 Smith presented his wife with a diamond necklace as a birthday gift.
Smith는 부인에게 생일 선물로 다이아몬드 목걸이를 선물했다.

Plus + pearl 명 진주   present 동 ~을 주다, ~을 (남에게) 증정하다

2190

communist

['kɑ:mjənɪst]

명 공산주의자, 공산당원

형 공산주의의

communist는 주로 '공산주의자'를 의미하며 일반적으로 공산주의 이념을 지지하는 사람들을 나타낼 뿐만 아니라 '공산당원'을 뜻하기도 합니다. 참고로 '공산주의'는 communism이고 '공산당'은 communist party라고 부릅니다.

1 Some films were banned in communist countries.
몇몇 영화들은 공산 국가들에서 상영이 금지 되었다.

2 Camila considers herself a dedicated communist and promotes socialist policies.
Camila는 자신을 헌신적인 공산주의자로 여기며 사회주의 정책을 추진한다.

Plus + ban 동 금(지)하다   dedicated 형 헌신적인
promote 동 추진하다   socialist 형 사회주의의 명 사회주의자

우리말에 맞게 빈칸에 알맞은 단어를 쓰세요.　　　　　　　　(정답은 본문을 확인하세요.)

1　The _____ was crowded with shoppers during the sale.　　세일 기간 동안 상점가는 쇼핑객으로 붐볐다.

2　Let's _____ the prices of these three products.　　이 세 가지 제품의 가격을 비교해 보자.

3　The eagles _____ down to catch their prey.　　독수리들이 먹이를 잡기 위해 급강하했다.

4　Alice lives in the _____ part of the city.　　Alice는 도시의 상부 쪽에 살고 있다.

5　Joe needed to _____ his tie as it was too tight.　　Joe는 넥타이가 너무 조여서 느슨하게 풀어야 했다.

6　The worm _____ in Lucy's hand.　　지렁이는 Lucy의 손안에서 꿈틀거렸다.

7　It has _____ petals that are easily damaged.　　그것은 쉽게 손상되는 연약한 꽃잎을 가지고 있다.

8　John added some fresh _____ to the salad.　　John은 샐러드에 신선한 완두콩을 좀 더 넣었다.

9　Jackson locked the door with a _____ .　　Jackson은 빗장으로 문을 잠갔다.

10　My little sister tends to _____ loudly when she's tired.　　내 여동생은 피곤할 때 큰 소리로 코를 골곤 한다.

11　Layla pulled an arrow from her _____ .　　Layla는 화살통에서 화살을 꺼냈다.

12　The room is _____ , with only a single candle flickering.　　촛불 하나만 깜박일 뿐 방 안은 어두컴컴하다.

13　The mountains are _____ in mist.　　그 산은 엷은 안개로 뒤덮여 있다.

14　We will fill the crack in the wall with _____ .　　우리는 벽의 갈라진 틈을 회반죽으로 채울 것이다.

15　The car _____ down the hill with its engine off.　　자동차는 엔진이 꺼진 채 관성으로 언덕을 내려갔다.

16　A lot of people believe in the _____ of God.　　많은 사람들이 신의 은총을 믿는다.

17　The family gathered around the _____ at night.　　가족들은 밤에 벽난로 주위로 모였다.

18　Carter _____ down on his bed, exhausted.　　Carter는 지쳐서 침대에 쓰러졌다.

19　I took a scenic _____ through the mountains.　　나는 산을 가로질러 가는 경치가 좋은 길을 선택했다.

20　Eric _____ down to pick up the fallen papers.　　Eric은 바닥에 떨어진 종이들을 줍기 위해 몸을 굽혔다.

21　Sue _____ me through the safety procedures.　　Sue는 내게 안전 절차에 대해 안내해 주었다.

22　He had a stroke of _____ and created the masterpiece.　　그는 천재적인 재능을 발휘하여 그 걸작을 만들었다.

23　The actress leaned against the _____ on the stage.　　그 여배우는 무대 위의 받침대에 기대어 있었다.

24　Liam has a strong _____ about the world around him.　　Liam은 그의 주변 세계에 대해 호기심이 강하다.

25　Adam loves spending time with his _____ .　　Adam은 그의 조부모님과 함께 시간을 보내는 것을 좋아한다.

26　Hazel offered a sincere _____ for her mistake.　　Hazel은 자신의 실수에 대해 진심으로 사과했다.

27　Eric was _____ after opening the gift box.　　Eric은 선물 상자를 열어 보고 실망했다.

28　Nora was holding the baby against her _____ .　　Nora는 아기를 가슴에 안고 있었다.

29　Amy wore a pearl _____ with her evening dress.　　Amy는 야회복에 진주 목걸이를 착용했다.

30　Some films were banned in _____ countries.　　몇몇 영화들은 공산 국가들에서 상영이 금지 되었다.

Level
74

레벨별 단어 사용 빈도

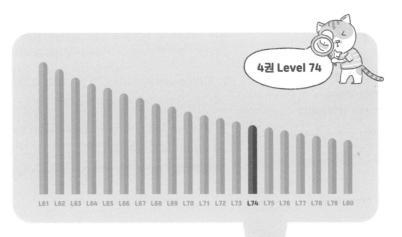

4권 Level 74

L61 L62 L63 L64 L65 L66 L67 L68 L69 L70 L71 L72 L73 **L74** L75 L76 L77 L78 L79 L80

LEVEL 1~20　　LEVEL 21~40　　LEVEL 41~60　　**LEVEL 61~80**　　LEVEL 81~100

2191

pitcher

['pɪtʃə(r)]

명 물 주전자,
한 주전자 가득의 양,
던지는 사람, (야구) 투수

pitcher는 주로 세 가지 의미를 가지고 있습니다. '물 주전자', '한 주전자 가득의 양', 그리고 '던지는 사람, (야구) 투수'입니다. pitcher의 원래 의미는 '물을 운반하거나 저장하는 용기'였는데 시간이 지나면서 의미가 확장되어 하나의 단위처럼 '한 주전자 가득 찬 물의 양'을 나타내게 되었고, 주전자에서 물을 따르는 모습에서 '던지는 사람'이라는 뜻까지 표현하게 되었습니다.

1 Max filled the pitcher with water.
   Max는 주전자에 물을 채웠다.

2 The pitcher struck out six batters yesterday.
   그 투수는 어제 6명의 타자를 삼진 아웃시켰다.

Plus + strike out 삼진당하다[시키다] batter 명 (야구에서) 타자

2192

pry

[praɪ]

동 (남의 비밀이나 사생활을)
캐다, 엿보다,
지레로 들어 올리다

명 캐기

pry는 원래 '잡다, 붙잡다'라는 말에서 유래했다고 합니다. 이러한 물리적으로 잡는 행위가 추상적으로 확장되어 '남의 비밀이나 사생활을 캐다, 엿보다' 등의 뜻을 나타내게 된 것으로 추정합니다. 물론 원래 의미에 가까운 '지레로 들어 올리다'라는 뜻으로도 쓰입니다. pry는 명사로는 '캐기' 자체를 의미합니다.

1 Chloe always tries to pry into others' business.
   Chloe는 항상 다른 사람들의 일을 캐려고 한다.

2 William felt uncomfortable with her prying questions about his personal life.
   William은 그녀가 그의 사생활에 대해 꼬치꼬치 캐묻는 질문에 불편함을 느꼈다.

Plus + uncomfortable 형 불편한 personal 형 개인적인

2193

foolish

['fuːlɪʃ]

형 어리석은, 바보 같은

foolish는 fool(바보)과 -ish가 결합한 형용사로 '어리석은, 바보 같은'을 뜻합니다. 주로 어리석거나 지혜롭지 못한 행동이나 판단을 묘사하기도 하고 다른 사람들에 비해 현명하지 못한 사람을 향해 쓰기도 합니다.

1 It was foolish of Judy to make such a mistake.
   그런 실수를 하다니 Judy가 어리석었다.

2 Harry felt foolish after realizing he had misunderstood the instructions.
   Harry는 그가 지시 사항을 잘못 이해했다는 것을 깨닫고 바보 같은 기분이 들었다.

Plus + make a mistake 실수하다 realize 동 깨닫다
misunderstand 동 잘못 이해하다 instruction 명 지시

2194

trailer

[ˈtreɪlə(r)]

명 (무거운 것을) 끄는 사람[것],
(자동차 등의) 트레일러,
(차로 끄는) 이동 주택,
예고편

trailer는 '끌다'를 뜻하는 trail에 '행위자'를 뜻하는 -er이 결합한 단어입니다. 그래서 주로 '(무거운 것을) 끄는 사람 또는 차량' 등을 나타냅니다. trailer는 영화나 TV 프로그램의 예고편도 의미합니다. 이는 trail의 '따라가다'라는 뜻이 확장된 것으로 본편이 끝난 후 예고편이 뒤따라 나오는 것에서 파생된 의미입니다.

1 We rented a trailer to transport our furniture.

우리는 가구를 옮기기 위해 트레일러를 빌렸다.

2 Tim and Jack decided to watch the movie after watching the trailer.

Tim과 Jack은 예고편을 본 후에 영화를 보기로 결정했다.

Plus+ rent 동 빌리다　　　　　transport 동 옮기다, 나르다

2195

theater

[ˈθiːətər]

명 극장, 계단식 강당[교실],
현장[활동 무대]

theater는 연극이나 영화, 음악 공연 등을 관람하는 공간을 의미합니다. 보통 '극장'이라는 한 단어로 표현할 수 있지요. 그리고 theater는 맥락에 따라 학교나 대학 등에서 강의나 발표를 위해 사용되는 강당이나 교실을 나타내기도 합니다.

1 Emily went to the theater to watch a Broadway musical.

Emily는 브로드웨이 뮤지컬을 관람하기 위해 극장에 갔다.

2 The lecture will be held in the university theater.

그 강의는 대학 강당에서 진행될 예정이다.

Plus+ lecture 명 강의　　　　　hold 동 (회의, 시합 등을) 열다

2196

discussion

[dɪˈskʌʃn]

명 토론, 논의

discussion은 어떤 의견이나 주제에 대해 서로 의논하는 활동, 즉 '토론, 논의'를 의미합니다. 비슷한 뜻을 가진 다른 단어로는 debate가 있는데 주로 공식적인 토론을 의미하고 치열한 느낌을 줍니다. 그에 비해 discussion은 조금 더 일반적인 단어라고 보시면 되겠습니다.

1 We had a discussion about the current political situation.

우리는 현재 정치 상황에 대한 토론했다.

2 The committee members gathered for a discussion on the new project.

위원회 구성원들은 새로운 프로젝트에 대한 논의를 위해 모였다.

Plus+ current 형 현재의　　　　　political 형 정치적인
committee 명 위원회　　　　　gather 동 모이다

2197

furious

['fjʊriəs]

형 몹시 성난, 격노한, 맹렬한, 사납게 날뛰는

furious는 매우 분노한 상태를 나타내는 형용사입니다. 격렬한 분노나 그로 인해 격앙된 감정을 주로 묘사하죠. 사람뿐만 아니라 동물에게도 쓰여서 호랑이나 사자와 같이 공격적인 동물의 격렬한 행동이나 이들이 공격하는 모습을 묘사하기도 합니다.

1 Sally was furious that her car had broken down.

Sally는 차가 고장나서 매우 화가 났다.

2 The crowd became furious and started throwing objects onto the field.

관중들은 분노했고 경기장에 물건을 던지기 시작했다.

Plus + break down 고장 나다   field 명 경기장

2198

valuable

['væljuəbl]

형 가치가 있는, 소중한[귀중한], 값비싼

명 (pl.) 귀중품

valuable은 '가치'를 뜻하는 value에 -able이 결합한 형용사로 기본 의미는 '가치가 있는'입니다. 주로 가치가 높거나 중요한 것을 묘사하고, 이러한 의미가 확장되어 명사로는 '귀중품'을 의미하기도 합니다. 이때는 보통 복수형 valuables로 씁니다. 그리고 valuable에서 파생된 단어로 invaluable이 있는데 '매우 유용한, 귀중한'이라는 뜻이니 함께 외워 두시면 좋겠습니다.

1 Time is the most valuable resource you have.

시간은 당신이 가진 가장 가치 있는 자원이다.

2 Take care not to lose your valuables.

귀중품을 잃어버리지 않도록 조심하십시오.

Plus + resource 명 자원   take care (~하도록) 조심하다

2199

filthy

['fɪlθi]

형 (아주) 더러운[불결한], 추잡한[부도덕한], 불쾌한[고약한], (돈이) 많이 있는

filthy는 불결한 상태를 나타내는 형용사입니다. 주로 먼지나 오물, 진흙 등으로 더러워진 상태를 의미하죠. 추상적인 맥락에서 도덕적으로 허락되지 않는 행동이나 모습을 묘사하기도 합니다. 또한 '(돈이) 많이 있는'이라는 뜻도 있는데 아무래도 옛날 사람들의 돈에 대한 부정적인 인식이 반영된 결과로 보입니다.

1 Matt's clothes were filthy after fixing the car.

차를 고친 후 Matt의 옷은 더러워졌다.

2 Helen made a filthy comment that offended everyone in the room.

Helen은 방 안에 있는 모든 사람을 불쾌하게 하는 추잡한 말을 했다.

Plus + comment 명 언급   offend 동 불쾌하게 하다

2200

frog

[frɔːg,frɑːg]

명 개구리

동 개구리를 잡다

모두가 잘 알다시피 frog는 '개구리'를 뜻합니다. 이 단어의 발음 자체가 어딘가 개구리 울음소리와 닮지 않았나요? 실제로 frog는 개구리 울음소리를 나타내는 의성어에서 나온 단어입니다. 또한 frog는 동사로는 개구리를 잡는 행위를 의미하기도 합니다.

1 A frog dies by a stone thrown thoughtlessly.

무심코 던진 돌에 개구리는 죽는다.

2 The kids love to catch frogs at the pond.

아이들은 연못에서 개구리를 잡는 것을 좋아한다.

Plus + thoughtlessly 부 경솔하게, 생각 없이   catch 동 잡다
pond 명 연못

2201

chat

[tʃæt]

동 수다 떨다, 담소[잡담]하다,
(컴퓨터) 채팅하다

명 잡담[담소]

chat은 비교적 친근하고 가벼운 대화를 나타내는 단어입니다. 일상적인 이야기를 주고받는 상황에서 주로 쓰이고, 깊이 있는 논의보다는 담소를 나누는 정도에 해당합니다. chat은 원래 작은 새들이 내는 소리를 묘사하는 단어에서 나왔습니다. 그래서인지 비교적 빠르고 가볍게 대화를 나누는 느낌을 주는 단어입니다.

1 Can we chat over coffee?

커피 한잔하면서 수다 좀 떨 수 있을까?

2 We chatted about our moving plans.

우리는 이사 계획에 대한 담소를 나눴다.

Plus + moving 명 이사   plan 명 계획

2202

fuss

[fʌs]

명 야단법석[호들갑],
(별것도 아닌 일로) 안달복달,
야단법석 떠는 사람

동 야단법석하다

fuss는 그다지 중요하지 않은 일로 인해 걱정하거나 불안해하는 상태를 주로 나타냅니다. 우리말로는 '야단법석, 호들갑' 정도로 표현할 수 있겠군요. 또한, 별거 아닌 일에 과도하게 반응하거나 너무 많은 관심을 쏟는 사람을 의미하기도 합니다. fuss는 동사로는 '야단법석을 떨다'라는 뜻으로 쓰입니다.

1 Don't make a fuss!

호들갑 좀 떨지 마!

2 My mother always fusses over my clothes.

엄마는 항상 나의 옷을 가지고 야단법석이다.

Plus + make a fuss 소란을 피우다, 공연한 법석을 떨다

2203

revolution

[ˌrevəˈluːʃn]

명 혁명, 대변혁, 회전,
공전(公轉)

revolution은 주로 크고 중요한 사회적, 정치적 변혁을 나타내는 명사입니다. 원래 '회전하다'라는 뜻의 동사 revolve에서 파생되었습니다. 생각해 보면 세상이 한바탕 뒤집어지는 것이 바로 '혁명'이지요? 그래서 revolution은 물리적인 '회전, 공전'뿐만 아니라 이러한 사회 현상까지 나타내는 단어가 되었습니다.

1 The French Revolution changed the history of Europe.
프랑스 혁명은 유럽의 역사를 바꾸었다.

2 The invention of the Internet was literally a technological revolution.
인터넷의 발명은 말 그대로 기술적인 혁명이었다.

Plus + invention 명 발명   literally 부 말[문자] 그대로
technological 형 (과학) 기술적인

2204

fury

[ˈfjʊri]

명 격노, 격렬함, 원귀[령]

아마 몇몇 분들은 영화 〈분노의 질주Fast and Fury〉를 통해 fury라는 단어가 익숙하실지도 모르겠습니다. fury는 주로 강렬한 분노나 격렬함을 의미하는데, 상황이나 사람의 감정 모두를 나타냅니다. 원래 신화 속 여신의 이름에서 유래해서인지 오늘날에는 '원귀'라는 뜻도 갖고 있습니다.

1 I could not contain my fury when I saw the damage.
나는 피해 상황을 보고 분노를 억누를 수 없었다.

2 The fury of the wind during the hurricane was terrifying.
허리케인이 몰아치는 동안 격렬하게 부는 바람이 무시무시했다.

Plus + contain 동 (감정을) 억누르다, 참다   damage 명 피해
terrifying 형 무섭게 만드는, 무서운

2205

quality

[ˈkwɑːləti]

명 질(質), 특성[특징],
소질[자질], 고급

quality는 주로 상품이나 물건, 서비스 등의 수준을 나타내는 명사입니다. 우리말로는 보통 '질'이라고 표현하지요. quality는 또한 사람의 속성을 설명할 수도 있습니다. 이러한 맥락에서는 주로 '소질'이나 '자질'을 뜻합니다.

1 The quality of the product was outstanding.
그 제품의 질은 뛰어났다.

2 Amy's most admirable quality is her honesty.
Amy의 가장 칭찬할 만한 특성은 정직함이다.

Plus + outstanding 형 뛰어난, 두드러진   admirable 형 칭찬할 만한
honesty 명 정직, 솔직함

2206

advantage

[əd'væntɪdʒ]

명 유리한 점[장점], 이익[득]

동 유리하게 하다

advantage는 어떤 상황이나 조건에서 누군가에게 '유리한 점'을 의미합니다. 그래서 보통 '장점, 이익' 등으로 해석합니다. 동사로는 '유리하게 하다'라는 뜻을 나타냅니다. advantage는 보통 긍정적인 상황이나 결과를 설명하지만, take advantage of라고 하면 무언가를 '이용하다'라는 뜻으로 다소 부정적인 어감을 나타내기도 합니다.

1 I think they are taking advantage of Jane.

내 생각에는 그들이 Jane을 이용하는 것 같다.

2 Having a good education can be a big advantage.

좋은 교육을 받는 것은 큰 장점이 될 수 있다.

Plus + education 명 교육

2207

flesh

[fleʃ]

명 살, 고기, 과육, 피부

flesh는 정확히 뼈와 피부 사이에 있는 '살'을 의미합니다. 사람과 동물에게 모두 쓸 수 있는 단어여서 맥락에 따라 '고기'나 '과육'으로 해석해야 하는 경우도 있습니다. 참고로 우리가 '고기' 하면 떠올리는 단어 meat은 '식재료'로서 동물의 살을 뜻합니다.

1 The thorn pricked the flesh of Tony's thumb.

가시가 Tony의 엄지손가락 살을 콕 찔렀다.

2 The lions tore the flesh from the bone.

사자들이 뼈에서 살을 뜯어냈다.

Plus + thorn 명 (식물의) 가시 prick 동 찌르다
thumb 명 엄지손가락 tear 동 뜯다, 찢다

2208

national

['næʃnəl]

형 국가의, 국립의, 전국적인

명 국민

national은 국가나 국민과 관련된 것을 의미합니다. 주로 '국가의, 국립의, 전국적인' 등의 뜻을 나타냅니다. 그밖에 국가가 무언가를 소유하고 있거나 통제하고 있는 경우를 의미하기도 하고, 전국적인 범위나 규모를 나타낼 수도 있습니다. 명사로 사용되는 경우 보통 수식어구와 함께 특정국의 국민, 혹은 외국에 거주하는 동포를 나타내기도 합니다.

1 The national government implemented new policies.

정부는 새로운 정책들을 시행했다.

2 My little brother works at a national park.

내 남동생은 국립 공원에서 일한다.

Plus + implement 동 시행하다 policy 명 정책

2209

retreat

[rɪˈtriːt]

- 동 후퇴[철수]하다,
  그만두다[손을 떼다],
  움푹해지다
- 명 퇴각[후퇴], 은거, 휴양지

retreat은 특정 위치나 처지에서 물러나거나 되돌아가는 행동을 의미하며 주로 군사적 맥락에서 전투를 멈추고 물러나는 행동을 뜻합니다. 그 외에도 retreat은 휴식이나 명상을 위해 일상에서 벗어나는 시간, 또는 그런 시간을 보내는 장소를 의미하기도 합니다.

1 The soldiers were ordered to retreat.
군인들은 철수 명령을 받았다.

2 Bill was forced to retreat from the project.
Bill은 하는 수 없이 그 프로젝트에서 손을 뗐다.

Plus+ order 동 명령[지시]하다   be forced to V 하는 수 없이 ~하다

2210

nostril

[ˈnaːstrəl]

- 명 콧구멍

nostril은 '콧구멍'을 의미합니다. 이 단어를 자세히 보면 nos와 tril이라는 두 단어가 결합되어 있는 것을 알 수 있는데 nos는 '코'를, tril은 '구멍'을 나타냅니다. 보통 생물학적 또는 의학적 맥락에서 많이 쓰입니다.

1 Adam flared his nostrils in anger.
Adam은 화를 내며 콧구멍을 벌름거렸다.

2 Mary kept sneezing and her nostrils are blocked.
Mary는 계속 재채기를 해서 콧구멍이 막혔다.

Plus+ flare one's nostrils 콧구멍을 벌름거리다   block 동 막다

2211

intelligence

[ɪnˈtelɪdʒəns]

- 명 지능, (기밀) 정보,
  정보기관[요원]

intelligence는 그 의미만큼 '지능'적인 단어입니다. 어원을 살펴보면 '사이에'를 뜻하는 inter-와 '읽다'라는 의미의 라틴어 legere가 결합한 것이며 '행간을 읽다'라는 의미를 나타냅니다. 즉, 무언가를 이해하고 분석하는 능력을 뜻하지요. 그래서 기본 의미가 '지능'이며, 맥락에 따라 '(기밀) 정보, 정보기관' 등을 뜻할 수 있습니다.

1 Jeremy has a high level of intelligence.
Jeremy는 높은 수준의 지능을 가지고 있다.

2 The government acted on the intelligence they had received.
정부는 그들이 받은 정보에 따라 행동했다.

Plus+ level 명 (가치, 질 등의) 수준, 단계   act on ~에 따라서 행동하다

2212

glide
[glaɪd]

동 미끄러지듯이 움직이다,
활주[활공]하다,
소리도 없이[몰래] 지나가다,
(음을 끊지 않고) 연결음으로
부르다

glide는 움직임이 쉽고 부드러운 것을 표현하는 단어입니다. 주로 사람이나 물체가 매끄럽고 무게감 없이 움직이는 경우를 나타냅니다. 그래서 비행기나 새가 공중에서 움직일 때 glide라고 표현하기도 하지요. 또한 말을 할 때나 음악에서 음을 부드럽게 연결하는 것을 나타내기도 합니다.

1 Jake glided effortlessly across the ice.
Jake는 얼음 위에서 힘들이지 않고 미끄러지듯 움직였다.

2 The eagle glides through the air with its wings spread widely.
독수리는 날개를 활짝 펼치고 공중을 활공한다.

Plus + effortlessly 부 노력하지 않고, 쉽게   spread 동 펴다, 펼치다
widely 부 폭넓게, 크게

2213

bless
[bles]

동 축복하다, 가호를 빌다,
(신이) 은혜를 베풀다,
(신을) 숭상하다

bless는 긍정적이고 성스러운 느낌을 주는 단어로 주로 종교적 맥락에서 쓰입니다. 우리말로는 '축복하다, 가호를 빌다' 등으로 나타낼 수 있습니다. 원래 의미는 '신성하게 하다, 희생으로 바치다'였는데, 결국 사람이 신을 섬김으로써 벌어지는 일들을 묘사하는 말이라고 볼 수 있습니다.

1 May God bless the Republic of Korea!
대한민국에 신의 축복이 있기를!

2 The priest blessed the couple during the wedding ceremony.
목사는 결혼식에서 부부에게 축복을 빌었다.

Plus + may 조 (바람 등을 나타내어) ~이기를 빌다   priest 명 목사
ceremony 명 의식

2214

ray
[reɪ]

명 광선, 방사[복사]선,
(한 줄기의) 광명, 가오리

ray는 '광선', '방사' 또는 '복사선'을 의미합니다. 빛이나 열 등이 일직선으로 퍼지는 형태를 나타내지요. 또한 '한 줄기의 광명, 빛나는 선'을 의미하기도 합니다. 물리적 맥락인지 비유적 맥락인지에 따라 의미가 달라지므로 해석에 조심해야 하는 단어입니다.

1 Owen heard the results of the X-ray from the doctor.
Owen은 의사에게 X-ray 검사 결과를 들었다.

2 David felt a ray of hope amidst the dark times.
David는 어두운 시대에 작은 희망의 빛을 느꼈다.

Plus + result 명 결과   amidst 전 (특히 공포심이 느껴지는) 중에
times 명 시대

2215

tickle

[ˈtɪkl]

동 간지럽게 하다,
기쁘게 하다[만족시키다],
(특정 행동을 하도록)
자극하다[부추기다],
(채찍 등으로) 때리다

tickle의 기본 의미는 '간지럽게 하다'입니다. 무엇이 연상되시나요? 손가락이나 깃털 등으로 피부를 가볍게 건드려 간지러움을 일으키는 행동이 그려지시지 않나요? 이러한 맥락에서 의미가 확장되어 tickle은 비유적으로 누군가 특정 행동을 하도록 부추기는 것을 의미하기도 합니다.

1 Jane tickled her little brother with feathers while he napped.

Jane은 남동생이 낮잠을 자는 동안 깃털로 그를 간지럽혔다.

2 The new toy tickled the boy's curiosity.

새로운 장난감이 그 소년의 호기심을 자극했다.

Plus+ feather 명 깃털   nap 동 낮잠을 자다
curiosity 명 호기심

2216

stink

[stɪŋk]

stank/stunk - stunk

동 (고약한) 냄새를 풍기다,
악취가 나다[구린내가 나다],
매우 평판이 나쁘다,
(물건 등의) 질이 좋지 않다

stink는 기본적으로 '냄새가 나다'라는 뜻을 나타냅니다. 특히 나쁜 냄새, 즉 악취가 나는 것을 주로 묘사합니다. stink는 비유적으로 '매우 평판이 나쁘다, 질이 좋지 않다'라는 뜻을 나타내기도 하는데 이는 '악취가 나다'라는 말과 일맥상통합니다.

1 The garbage began to stink as it was left in the sun for a while.

한동안 햇볕에 방치되었던 쓰레기가 악취를 풍기기 시작했다.

2 Her behavior really stinks these days.

요즘 그녀의 행동은 정말 비위가 상한다.

Plus+ garbage 명 쓰레기   leave 동 방치하다
for a while 잠시 동안   behavior 명 행동

2217

container

[kənˈteɪnə(r)]

명 그릇[용기], (화물 운송용)
컨테이너

container는 주로 어떤 물질을 보관하거나 보호 또는 운송하기 위한 '용기'나 '그릇'을 의미합니다. 특정 산업에서는 container가 특별한 의미를 나타낼 수 있습니다. 예를 들어 물류와 선박업에서 container는 표준화된 크기의 대형 금속 상자를 가리킵니다.

1 Will you pass me that container of sugar?

설탕 그릇 좀 건네줄래?

2 The ship is loaded with containers of goods.

그 배는 화물 컨테이너들이 적재되어 있다.

Plus+ pass 동 건네주다   load 동 적재하다, (짐을) 싣다
goods 명 화물

2218

mushroom

[ˈmʌʃrʊm]

- 몡 버섯, (모양이나 성장 속도가) 버섯을 닮은 것, 벼락부자
- 혱 버섯 모양의
- 동 급속히 번지다[성장하다]

mushroom은 잘 알다시피 주로 '버섯'과 관련된 것을 나타내는 단어입니다. 맥락에 따라서 특정 사물이나 현상이 버섯처럼 빠르게 확장하거나 성장하는 것을 묘사하기도 합니다. 예를 들어 mushroom cloud는 원자 폭발에 의해 생기는 버섯 모양의 구름을 뜻합니다.

1 Jaden made a mushroom dish for dinner.

Jaden은 저녁 식사로 버섯 요리를 만들었다.

2 The city has mushroomed in recent years.

그 도시는 최근 몇 년 동안 급속히 성장했다.

Plus+ recent 혱 최근의

2219

mechanical

[məˈkænɪkl]

- 혱 기계에 의한, 기계로 만든, 물리적 힘에 의한, 기계적인

mechanical은 주로 기계와 관련된 물리적인 힘이나 움직임을 묘사하는 형용사입니다. 우리말로는 '기계에 의한, 기계로 만든, 물리적 힘에 의한, 기계적인' 등으로 나타낼 수 있겠군요. 기계의 특징은 사람과 다르게 생각 없이 자동적으로 임무를 수행하는 것이지요? 이 개념이 다양한 맥락에 적용되면서 현재의 mechanical의 의미가 되었습니다.

1 The mechanical parts of the car are all in good condition.

그 자동차의 기계 부품은 모두 양호한 상태다.

2 Anna is studying mechanical engineering at university.

Anna는 대학에서 기계공학을 공부하고 있다.

Plus+ condition 몡 상태　　　engineering 몡 공학(기술)

2220

lifetime

[ˈlaɪftaɪm]

- 몡 일생, 평생, 생애
- 혱 평생의

lifetime은 life(삶)와 time(시간)이 결합한 단어입니다. 그래서 주로 '일생, 평생, 생애' 등과 같이 어떤 사람이 태어나서 죽을 때까지의 기간을 뜻하지요. 그렇기에 lifetime은 형용사로 '평생의'라는 의미를 나타내기도 합니다. 주로 생애 한 번밖에 없는 것을 강조할 때 쓰입니다.

1 Gabriel spent his lifetime studying plants.

Gabriel은 그의 일생을 식물을 연구하면서 보냈다.

2 This is literally a once-in-a-lifetime opportunity.

이것은 말 그대로 평생 단 한 번뿐인 기회다.

Plus+ plant 몡 식물　　　literally 튄 말[문자] 그대로
once-in-a-lifetime 평생 단 한 번뿐인　　　opportunity 몡 기회

우리말에 맞게 빈칸에 알맞은 단어를 쓰세요.　　　　　　　　　　(정답은 본문을 확인하세요.)

1　Max filled the _____ with water.　　　　　　Max는 주전자에 물을 채웠다.

2　Chloe always tries to _____ into others' business.　　Chloe는 항상 다른 사람들의 일을 캐려고 한다.

3　It was _____ of Judy to make such a mitake.　　그런 실수를 하다니 Judy가 어리석었다.

4　We rented a _____ to transport our furniture.　　우리는 가구를 옮기기 위해 트레일러를 빌렸다.

5　Emily went to the _____ to watch a Broadway musical.　Emily는 브로드웨이 뮤지컬을 관람하기 위해 극장에 갔다.

6　We had a _____ about the current political situation.　우리는 현재 정치 상황에 관해 토론했다.

7　Sally was _____ that her car had broken down.　Sally는 그녀의 차가 고장나서 매우 화가 났다.

8　Time is the most _____ resource you have.　시간은 당신이 가진 가장 가치 있는 자원이다.

9　Matt's clothes were _____ after fixing the car.　차를 고친 후 Matt의 옷은 더러워졌다.

10　A _____ dies by a stone thrown thoughtlessly.　무심코 던진 돌에 개구리는 죽는다.

11　We _____ about our moving plans.　우리는 이사 계획에 대한 담소를 나눴다.

12　Don't make a _____!　호들갑 좀 떨지마!

13　The French _____ changed the history of Europe.　프랑스 혁명은 유럽의 역사를 바꾸었다.

14　I could not contain my _____ when I saw the damage.　나는 피해 상황을 보고 분노를 억누를 수 없었다.

15　The _____ of the product was outstanding.　그 제품의 질은 뛰어났다.

16　I think they are taking _____ of Jane.　내 생각에는 그들이 Jane을 이용하는 것 같다.

17　The thorn pricked the _____ of Tony's thumb.　가시가 Tony의 엄지손가락 살을 콕 찔렀다.

18　My little brother works at a _____ park.　내 남동생은 국립 공원에서 일한다.

19　The soldiers were ordered to _____.　군인들은 철수 명령을 받았다.

20　Adam flared his _____ in anger.　Adam은 화를 내며 콧구멍을 벌름거렸다.

21　Jeremy has a high level of _____.　Jeremy는 높은 수준의 지능을 가지고 있다.

22　Jake _____ effortlessly across the ice.　Jake는 얼음 위에서 힘들이지 않고 미끄러지듯 움직였다.

23　May God _____ the Republic of Korea!　대한민국에 신의 축복이 있기를!

24　David felt a _____ of hope amidst the dark times.　David는 어두운 시기에 작은 희망의 빛을 느꼈다.

25　The new toy _____ the boy's curiosity.　새로운 장난감이 그 소년의 호기심을 자극했다.

26　Her behavior really _____ these days.　요즘 그녀의 행동은 정말 비위가 상한다.

27　The ship is loaded with _____ of goods.　그 배는 화물 컨테이너들이 적재되어 있다.

28　Jaden made a _____ dish for dinner.　Jaden은 저녁 식사로 버섯 요리를 만들었다.

29　The _____ parts of the car are all in good condition.　그 자동차의 기계 부품은 모두 양호한 상태다.

30　Gabriel spent his _____ studying plants.　Gabriel은 그의 일생을 식물을 연구하면서 보냈다.

Level 75

레벨별 단어 사용 빈도

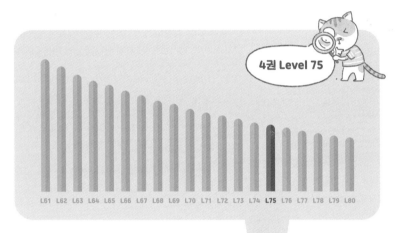

4권 Level 75

L61 L62 L63 L64 L65 L66 L67 L68 L69 L70 L71 L72 L73 L74 **L75** L76 L77 L78 L79 L80

LEVEL 1~20   LEVEL 21~40   LEVEL 41~60   **LEVEL 61~80**   LEVEL 81~100

2221

talent

[ˈtælənt]

명 재주[재능], 재능 있는 사람,
연기자[탤런트]

talent는 주로 '재주'나 '재능'을 의미합니다. 특정 영역의 뛰어난 능력 또는 기술을 나타내지요. 때로 '재능 있는 사람' 또는 '연기자'를 나타내기도 합니다. 비슷한 맥락에서 쓰이는 단어로는 flair(재주), gift(재능), aptitude(적성) 등이 있겠군요.

1 Austin has a talent for playing the piano.
   Austin은 피아노 연주에 재능이 있다.

2 Our team is looking for new talent.
   우리 팀은 새로운 인재를 찾고 있다.

Plus + look for ~을 찾다, 구하다

2222

weary

[ˈwɪri]

형 지친[피곤한], 지루한,
싫증이 난

동 지치게 하다

weary는 기본적으로 '지친' 또는 '피곤한' 상태를 묘사합니다. 신체적으로 피로한 상태를 의미할 수도 있고, 정신적으로 지친 상태를 나타낼 수도 있습니다. 여기서 뜻이 확장되어 '지루한' 또는 '싫증이 난'이라는 의미로 쓰이기도 합니다. weary는 동사로는 '지치게 하다'라는 의미를 나타냅니다.

1 James felt weary after a day of hard work.
   James는 하루 종일 열심히 일한 후 피곤했다.

2 Amy had a weary look in her eyes.
   Amy의 눈에는 지친 기색이 역력했다.

Plus + hard 형 (일 등에) 열심인   look 명 (얼굴의) 표정

2223

hunter

[ˈhʌntə(r)]

명 사냥꾼, 찾아다니는 사람

hunter는 '사냥하다'라는 뜻의 hunt와 -er이 결합한 단어입니다. 말 그대로 '사냥하는 사람'이라는 뜻이죠. hunter는 더 넓은 의미에서 무언가 열심히 찾는 사람을 나타내기도 합니다. 예를 들어 직업을 찾는 사람을 job hunter라고 부르기도 하고, 싸고 질 좋은 물건을 찾아다니는 사람을 bargain hunter라고 칭하기도 합니다.

1 The hunters stealthily approached the deer.
   사냥꾼들은 몰래 사슴에게 접근했다.

2 Emily is a hunter of rare books.
   Emily는 희귀한 책을 찾아다니는 사람이다.

Plus + stealthily 부 몰래   approach 동 접근하다
         deer 명 사슴   rare 형 희귀한

2224

broom

[bruːm]

몡 비[빗자루], (식물) 금작화

통 비[빗자루]로 쓸다,
(도망치듯이) 떠나다

broom은 원래 '금작화'라는 꽃을 가리키는 단어였습니다. 그래서 지금도 그 꽃을 의미하지요. 그런데 과거 금작화의 가지로 빗자루를 많이 만들었던 것에서 의미가 확장되어 오늘날에는 '빗자루'도 뜻하게 되었습니다. 동사로는 '빗자루로 쓸다'라는 의미를 나타냅니다. 비유적 맥락에서는 빗자루에 쓸려 사라지듯이 '(도망치듯) 떠나다'라는 뜻으로도 쓰입니다.

1 He grabbed a broom and started sweeping the floor.
그는 빗자루를 집어 들고 바닥을 쓸기 시작했다.

2 The hills are covered with bright yellow broom.
언덕은 눈부신 노란색 금작화로 덮여 있다.

Plus + grab 통 (단단히) 붙잡다   sweep 통 쓸다
floor 몡 바닥   bright 형 밝은

2225

liar

['laɪə(r)]

몡 거짓말쟁이

liar는 '거짓말을 하는 사람'을 뜻하는 명사입니다. 동사 lie에 행위자를 뜻하는 -er이 결합한 단어지요. 영어권에는 A liar will not be believed, even when he speaks the truth.라는 속담이 있습니다. 이는 거짓말쟁이는 심지어 진실을 말할 때조차도 사람들이 믿지 않는다는 뜻입니다.

1 Joe was exposed as a liar when the truth came out.
진실이 드러나자 Joe가 거짓말쟁이인 것이 드러났다.

2 Thomas is such a liar! I never said that.
Thomas는 완전 거짓말쟁이야! 나는 그런 말을 한 적이 없어.

Plus + expose 통 드러내다   truth 몡 진실
come out 드러나다[알려지다]

2226

handsome

['hænsəm]

형 잘생긴, 멋진, 균형이 잘 잡힌,
상당한

handsome은 '다루다'라는 뜻의 hand에 -some이 결합한 형태로 원래는 '쉽게 다룰 수 있는'을 뜻하다가 시간이 지나면서 쉽게 다룰 수 있어 균형을 잘 잡을 수 있다는 의미를 내포하게 되었고, 점차 우아하다는 뜻으로까지 확장되었습니다. 오늘날에는 '잘생긴' 사람을 묘사하는 대표적 형용사가 되었습니다.

1 Jimmy is a handsome man with a charming personality.
Jimmy는 매력적인 성격의 잘생긴 남자다.

2 The house was quite handsome with a well-maintained interior.
그 집은 내부가 잘 가꾸어져 있어 꽤 멋졌다.

Plus + charming 형 매력적인   personality 몡 성격
quite 부 꽤   well-maintained 잘 가꾸어진

2227

wise
[waɪz]

📝 지혜로운, 총명한, 현명한, 슬기로운

wise는 대체로 '지혜로운', '현명한' 등의 뜻을 나타내는 형용사입니다. 원래 '알다'라는 말에서 유래했다고 하며 무언가를 알고 볼 수 있는 지혜를 가졌다는 뉘앙스를 내포하고 있습니다. wise는 주로 감각이나 경험에서 오는 깊은 이해와 판단력을 가진 사람이나 상태를 묘사합니다.

1 Jack made the wise decision to invest in his son's education.

Jack은 아들의 교육에 투자하기로 현명한 결정을 내렸다.

2 Sue was wise beyond her years.

Sue는 나이에 비해 지혜로웠다.

Plus + invest in ~에 투자하다   beyond 전 (능력 등을) 넘어서는

2228

opium
['oʊpiəm]

📝 아편

opium은 '아편'을 뜻하는 명사입니다. 아편은 양귀비의 씨눈에서 추출한 수액을 정제하여 만들어집니다. 실제로 opium의 어원인 그리스어 *opion*은 '작은 물방울'을 뜻하는데, 생각해 보면 세상에서 가장 위험한 물방울이군요!

1 Opium was used as a painkiller in the past.

과거에 아편은 진통제로 사용되었다.

2 Opium addiction has devastating effects.

아편 중독은 치명적인 영향을 미친다.

Plus + painkiller 명 진통제   addiction 명 중독
devastating 형 치명적인   effect 명 영향

2229

fountain
['faʊntn]

📝 분수, 원천[근거], 분수처럼 뿜어져 나오는 것

fountain은 '원천'이나 '샘'을 뜻하는 단어에서 유래되어 지금은 주로 '분수'라는 뜻으로 쓰입니다. '샘'이 조금 현대화되었을 뿐이라고 생각하면 될 것 같습니다. 추상적으로는 '원천, 근거' 등을 의미합니다. 모두 한 군데서 뿜어져 나오는 이미지가 그려지는 공통점이 있네요.

1 The square of this city has a beautiful fountain.

이 도시의 광장에는 아름다운 분수가 하나 있다.

2 Harry is a fountain of knowledge about historical events.

Harry는 역사적인 사건에 대한 지식의 원천이다.

Plus + square 명 광장   knowledge 명 지식
historical 형 역사적인

2230

grant
[grænt]

동 승인[허락]하다, 수여하다, 양도하다, 인정하다

grant는 주로 '승인하다, 허락하다'를 뜻하는 동사입니다. 어떠한 요청이나 주장을 인정하거나 허락하는 상황에서 자주 쓰입니다. 이러한 의미가 조금 확장되어 재산이나 지위 등을 '양도하거나 인정하는' 것을 나타내기도 합니다.

1 The government granted Mindy a patent for her invention.

정부는 Mindy의 발명품에 대해 특허권을 부여하였다.

2 Matthew granted me use of his car.

Matthew는 내가 그의 차를 사용하는 것을 허락했다.

Plus+ patent 명 특허권　　　　invention 명 발명품

2231

soda
['soʊdə]

명 탄산음료, 소다수, 나트륨 화합물

soda는 원래 '나트륨 화합물'을 지칭하는 화학 용어였습니다. 그래서 지금도 그 뜻을 간직하고 있지요. 그러나 19세기 이후 탄산음료가 대중화되면서 기본 의미가 변하였고, 오늘날에는 '탄산음료' 자체를 나타내는 단어로 널리 쓰이고 있습니다.

1 Jack ordered a slice of pizza and a soda.

Jack은 피자 한 조각과 탄산음료를 주문했다.

2 If you want to lose weight, you have to stop drinking soda first.

살을 빼고 싶다면 먼저 탄산음료부터 끊어야 한다.

Plus+ lose weight 살을 빼다　　　stop -ing ~하는 것을 중단하다, 그만두다

2232

gull

[gʌl]

명 갈매기, 잘 속는 사람

gull은 주로 해양 생물인 '갈매기'를 뜻하는 명사입니다. 과거에는 '새' 자체를 의미했으나 시간이 지나면서 점점 '갈매기'만을 특정하게 되었습니다. gull은 특이하게 '쉽게 속는 사람'이라는 뜻도 나타내는데, 이는 옛사람들이 갈매기가 먹이를 찾을 때 행동하는 방식을 사람에 비유하면서 파생되었다는 설이 있습니다.

1 The gull swooped down to snatch the fish.

갈매기가 물고기를 잡아채기 위해 급강하했다.

2 Peter is such a gull, always believing whatever he is told.

Peter는 잘 속는 사람이라 그가 들은 말은 무엇이든지 믿어 버린다.

Plus+ swoop 동 급강하하다　　　　snatch 동 잡아채다
whatever 대 ~한 것은 무엇이든지

2233

boom

[buːm]

명 호황, 대유행, 급격한 증가, 쿵 하고 울리는 소리

boom은 원래 물리적인 큰 소리를 나타내는 명사입니다. 여기서 의미가 확장되어 '호황, 대유행, 급격한 증가'라는 뜻이 파생했습니다. 예를 들어 economic boom 이라 하면 '경제적 호황'을 의미합니다. 그렇다면 baby boom은 무슨 뜻일까요? 바로 특정 기간 동안 태어난 아이들의 수가 크게 증가한 것을 나타내는 표현입니다!

1 The economy of the nation is in a boom.
국가 경제가 호황이다.

2 The boom of the fireworks could be heard a few miles away.
불꽃놀이의 큰 소리는 수 마일 떨어진 곳에서도 들을 수 있었다.

Plus + economy 명 경제   nation 명 국가
fireworks 명 불꽃놀이   away 부 (공간적으로) 떨어진 곳에

2234

calf

[kæf]

명 송아지, 종아리

calf는 참 다사다난한 단어입니다. 원래는 '새끼 돼지'를 뜻했는데 시간이 지나면서 '소의 새끼'를 의미하게 되었고, 그러다 어느 순간부터 사람 다리의 특정 부분이 송아지와 닮았다고 하여 '종아리'라는 뜻으로 쓰이기 시작하면서 오늘날 calf 는 '송아지'와 '종아리'라는 다소 거리가 먼 두 가지 뜻 모두를 나타내게 되었습니다. calf의 복수형은 calves로 나타낸다는 점도 알아 두세요.

1 The farmer has ten calves.
그 농부는 열 마리의 송아지를 가지고 있다.

2 My calf muscles were sore after the workout.
나는 운동을 하고 나니 종아리 근육이 아팠다.

Plus + sore 형 아픈   workout 명 운동

2235

random

['rændəm]

형 무작위의, 일정하지 않은, 임의의, 닥치는 대로의

random은 명확한 목적 없이 일어나는 모든 것을 묘사하는 형용사입니다. 주로 불규칙성, 예측 불가능성이 있는 무언가를 표현합니다. 그래서 우리말로는 맥락에 따라 '무작위의, 일정하지 않은, 임의의' 등으로 나타낼 수 있습니다. 흔히 '어림짐작'이라고 말할 때 a random guess라는 표현을 활용합니다.

1 Josh picked a random book from the shelf.
Josh는 책장에서 닥치는 대로 책을 골랐다.

2 Random testing will be conducted to check for the virus.
바이러스를 확인하기 위해 무작위 검사를 수행할 예정이다.

Plus + shelf 명 선반   conduct 동 (업무 등을) 수행[처리]하다
check 동 확인하다, 알아보다

2236

gutter

[ˈɡʌtə(r)]

📖 (지붕의) 홈통[물받이], 도랑[배수로], (사회적으로) 밑바닥 삶[장소], (동물 등의) 내장을 뽑아내는 사람

gutter라는 단어는 정말 많은 의미를 내포하고 있습니다. 원래는 '물방울'이나 '물을 떨어뜨리는 것'을 의미하다가 시간이 지나면서 '물을 수집하고 이동시키는 수단'을 의미하게 되었고, 바닥에 떨어진 물을 비유적으로 표현하면서 '(사회적으로) 밑바닥 삶'이라는 뜻까지 나타내게 되었습니다.

1 Rainwater overflowed the gutters last night.

어젯밤에 빗물이 배수로를 넘쳤다.

2 There was a lot of trash in the gutter.

배수로에는 쓰레기가 많이 있었다.

Plus + overflow 통 넘치다[넘쳐흐르다]　　　　trash 명 쓰레기

2237

eyelid

[ˈaɪlɪd]

📖 눈꺼풀

eyelid는 eye(눈)와 lid(덮개)가 결합한 단어입니다. 말 그대로 '눈꺼풀'을 의미하지요. 참고로 우리는 잠이 쏟아질 때 '눈꺼풀이 무겁다'라고 표현하지요? 이를 영어로는 heavy eyelids라고 합니다. eyelid와 관련된 표현들은 여러모로 직관적인 부분이 많은 것 같네요!

1 Madison gently closed her eyelids and fell asleep.

Madison은 살며시 눈꺼풀을 감고 잠이 들었다.

2 Luke had surgery to remove a small growth on his eyelid.

Luke는 눈꺼풀에 있는 작은 종양을 제거하기 위해 수술을 받았다.

Plus + fall asleep 잠들다　　　　surgery 명 수술
　　　　 remove 통 제거하다　　　　growth 명 종양, 혹

2238

headache

[ˈhedeɪk]

📖 두통, 골칫거리

headache는 '머리'를 뜻하는 head와 '통증'을 의미하는 ache의 합성어입니다. 머리의 통증, 즉 '두통'을 의미하지요. 비유적으로는 문제나 고민거리, 또는 스트레스를 주는 상황을 나타내기도 합니다. 생각해 보면 우리도 불편하고 곤란한 상황일 때 '머리 아프다'라고 표현할 때가 많지요.

1 I have a headache, so I'm going to lie down for a moment.

머리가 아파서 잠시 누워 있을게.

2 Too much screen time causes headaches.

너무 오랫동안 화면을 보는 것은 두통을 유발한다.

Plus + lie down 눕다　　　　for a moment 잠시 동안
　　　　 screen time 스크린 타임(컴퓨터 등의 장치를 사용하는 시간)

2239

snack

[snæk]

- 명 간단한 식사[간식], 몫
- 동 간단히 식사하다, 간식을 먹다

snack은 원래 '한 입'이나 '한 조각'을 의미했는데, 이러한 기본 의미에서 식사 사이에 먹는 작은 양의 음식, 즉 '간식'이라는 의미가 파생되었습니다. 동사로는 '간단히 식사하다, 간식을 먹다' 등의 뜻으로 표현할 수 있습니다. 이제부터 snack의 원래 의미에 맞게 간식을 조금만 먹어야겠군요.

1 Alice had a snack before dinner because she was hungry.
   Alice는 배가 고파서 저녁 식사 전에 간식을 먹었다.

2 Doctors recommend fresh fruit as a healthy snack.
   의사들은 건강에 좋은 간식으로 신선한 과일을 추천한다.

Plus + have 동 먹다　　　　　recommend 동 추천하다

2240

rumor

['ruːmər]

- 명 소문, 풍문
- 동 소문내다

rumor는 명사로 '소문'이나 '풍문'을 의미합니다. 검증되지 않은, 불확실한 정보를 나타내지요. 원래는 '소음, 잡음'이라는 뜻이었다고 하니 제대로 의미가 진화된 셈입니다. rumor는 동사로는 '소문내다'라는 의미를 나타낼 수 있습니다.

1 The rumor spread throughout the school.
   그 소문은 학교 전체에 퍼졌다.

2 The house was rumored to be haunted.
   그 집은 귀신이 나온다고 소문이 났었다.

Plus + spread 동 퍼지다　　　　　haunt 동 귀신이 나타나다

2241

hunger

['hʌŋgə(r)]

- 명 굶주림[기아], 공복[배고픔], 갈망[열망]
- 동 굶주리다

hunger는 '배고픔'을 뜻하며 맥락에 따라 여러 가지 의미로 해석할 수 있는데 이때 '배고픔'이 갖는 상징성을 고려해야 합니다. hunger는 물리적 식욕 이외에도 무언가에 대한 강한 열망이나 욕구를 나타내기 때문입니다. 우리말에도 '배고픔'이 같은 맥락에서 쓰이는 것을 보면 은유의 보편성을 확인할 수 있습니다.

1 He hadn't eaten all day and felt a deep hunger.
   그는 하루 종일 아무것도 먹지 않아서 극심한 배고픔을 느꼈다.

2 Jack's hunger for success was evident in his hard work.
   Jack의 성공에 대한 갈망은 그가 열심히 일하는 모습에서 분명히 알 수 있다.

Plus + deep 형 극심한　　　　　evident 형 분명히 알 수 있는

2242

hastily

[ˈheɪstli]

부 급히, 서둘러서, 성급하게

hastily는 빠른 속도나 성급함을 뜻하는 단어에서 유래했습니다. 주로 어떤 행동을 급하거나 빠르게, 혹은 서둘러서 할 때 쓰는 부사입니다. 대개 '행위'나 '결정' 등의 의미가 있는 단어와 함께 쓰이는데, hastily done(성급하게 수행된)이나 hastily made decision(성급하게 내려진 결정) 같은 표현이 대표적입니다.

1 Ethan hastily ate his breakfast and ran out the door.

Ethan은 급하게 아침을 먹고 문밖으로 달려 나갔다.

2 Hazel made a decision hastily and regretted it later.

Hazel은 성급하게 결정을 내렸고 나중에 이를 후회했다.

Plus + make a decision 결정을 하다   regret **동** 후회하다
later **부** 나중에

2243

blond

[blɑːnd]

형 (머리카락이) 금발인, 피부가 희고 금발에 파란 눈을 가진

명 금발인 사람

동 금발로 염색하다

blond는 주로 '금발'과 관련된 특성을 나타냅니다. 특히 사람의 머리 색깔을 설명할 때 쓰여 '금발'을 묘사하는 경우가 많습니다. 그밖에 '금발인 사람'이나 머리를 금발로 염색하는 행위를 의미하기도 합니다. 참고로 '금발의 남성'은 blond로 표현하고, '금발의 여성'은 blonde로 표현한다는 점도 알아 두세요.

1 The detective found a blond hair on the ground.

형사는 바닥에서 금발 머리카락을 발견했다.

2 Guess what! Henry dyed his hair blond.

있잖아! Henry가 머리를 금색으로 염색했어.

Plus + detective **명** 형사   guess what (대화를 시작할 때) 있잖아, 이봐
dye **동** 염색하다

2244

stab

[stæb]

동 찌르다[상처를 입히다]

명 찌르기, 찔린 상처[찌르는 듯한 고통]

stab은 주로 사람이나 무언가를 찌르는 행위와 관련된 단어입니다. 뾰족한 도구나 무기를 사용해 물리적으로 찌르는 행위를 의미하기도 하지만, 비유적으로는 감정적 고통이나 배신감을 나타내기도 합니다. 우리말의 '등에 칼을 꽂는다'라는 표현이 같은 맥락이지요.

1 Sofia stabbed the meat with a fork.

Sofia는 포크로 고기를 찔렀다.

2 Leo was stabbed in the back by his colleague.

Leo는 그의 동료에게 배신당했다.

Plus + stab in the back (자기를 믿는) ~를 배신하다   colleague **명** 동료

2245

gleam
[gli:m]

- 통 (반짝, 희미하게) 빛나다, (아이디어 등이) 번득이다
- 명 (희미하고 어슴푸레한) 빛, 번쩍임[섬광]

gleam은 '빛나다' 또는 '빛, 번쩍임' 등을 뜻합니다. 주로 부드럽고 희미하게 빛나는 것을 의미합니다. gleam은 물리적인 빛뿐만 아니라 비유적 맥락에서도 쓰일 수 있습니다. 아이디어나 희망 같은 추상적인 개념이 빛나거나 번득이는 것을 표현할 수 있습니다.

1 The full moon gleamed in the sky.
보름달이 하늘에서 빛났다.

2 A faint gleam of hope appeared in her eyes.
그녀의 눈에서 희미한 희망의 빛이 나타났다.

Plus+ full moon 보름달   faint 형 희미한[약한]
appear 동 나타나다, 보이기 시작하다

2246

instruction
[ɪnˈstrʌkʃn]

- 명 지시, (제품의) 설명서, 교수[교육], 교훈[가르침]

instruction은 '안으로'라는 뜻의 in-과 struc이 결합되어 있는 단어로 무언가 안에 잘 배열되어 정렬 또는 준비된 것을 의미합니다. 그래서 맥락에 따라 어떻게 행동해야 하는지 명확하게 알려 주는 '지시, 설명서' 등을 나타내기도 하고, '교육, 교훈' 등을 지칭하기도 합니다.

1 Make sure to follow the instructions on the package.
제품 포장의 지시사항을 따라 주십시오.

2 The instruction manual is very detailed.
그 설명서는 매우 상세하다.

Plus+ follow 동 (지시 등을) 따르다   manual 명 설명서
detailed 형 상세한

2247

innocent
[ˈɪnəsnt]

- 형 무죄인[결백한], 순진한, 때 묻지 않은
- 명 순결한 사람

innocent는 주로 두 가지 주요한 뜻을 나타냅니다. 첫째, 누군가 범죄나 잘못에서 자유롭다는 것을 의미합니다. 둘째로, 경험에 대한 지식이 없거나, 순진하거나, 또는 미숙한 상태를 의미합니다. 그래서 맥락에 따라 '무죄인, 결백한'이나 '순진한, 때 묻지 않은' 등의 의미로 쓰입니다.

1 Evelyn was an innocent victim of the accident.
Evelyn은 그 사고의 무고한 희생자였다.

2 Don't be angry. That was a perfectly innocent remark.
화내지 마. 그건 완전히 악의 없는 말이었어.

Plus+ victim 명 희생자   accident 명 사고
perfectly 부 완전히   remark 명 말, 언급

2248

dusk

[dʌsk]

- 명 해질녘[황혼, 어스름, 땅거미], 어두컴컴함[어두침침함]
- 형 어둑한[어스레한]
- 동 어둑해지다

dusk는 원래 '어둡게 하다'라는 말에서 유래했습니다. 그러다 점점 해가 질 무렵의 특정 시간까지 지칭하게 되었지요. 그래서 오늘날 dusk는 '해질녘'이나 '황혼'을 의미하기도 하고, '어두컴컴함'이라는 개념도 표현합니다. dusk는 동사로는 '어둑해지다'라는 뜻을 나타내기도 합니다.

1 We arrived home at dusk, exhausted.

우리는 해질녘에 지쳐서 집에 도착했다.

2 I'm worried about James because he works from dawn till dusk.

James가 새벽부터 어둑해질 때까지 일하기 때문에 그가 걱정된다.

Plus + worry about ~에 대해 걱정하다   dawn 명 새벽, 동이 틀 무렵

2249

shard

[ʃɑːrd]

- 명 (유리, 금속, 조가비 등의) 파편[조각], (달팽이, 달걀 등의) 껍질

shard는 '부서진 조각'을 의미합니다. 딱히 부서진 대상을 특정하지 않는 단어라서 '(유리, 금속, 조가비 등의) 파편, 조각'을 모두 나타낼 수 있고, '(달팽이나 달걀의) 껍질'까지 표현할 수 있습니다. 때로는 건축물의 유리 파편이나 고고학적 발굴에서 나온 도자기 조각 등을 설명할 때도 쓰이기도 합니다.

1 Jane stepped on a shard of glass and cut her foot.

Jane은 유리 조각을 밟아서 발이 베였다.

2 The archaeologist finally found a shard of ancient pottery.

그 고고학자는 마침내 고대 도자기의 조각을 찾았다.

Plus + step on ~을 밟다   archaeologist 명 고고학자
ancient 형 고대의   pottery 명 도자기

2250

thug

[θʌg]

- 명 자객, 폭력배

thug는 '자객'이나 '폭력배'를 뜻하는 명사입니다. 이 단어는 유래가 조금 독특한데 원래는 인도 힌디어에서 유래했다고 합니다. 19세기 초 영국이 인도를 식민 통치하는 동안 thuggee라는 갱단이 범죄를 많이 저질렀는데, 바로 여기서 이 단어가 나온 것으로 보입니다. 그래서 오늘날 thug는 범죄나 폭력 행위에 연루된 사람을 가리킵니다.

1 Jackson was attacked by a thug on his way home.

Jackson은 집에 가는 도중에 폭력배에게 공격을 받았다.

2 Please don't hang out with those thugs.

제발 그런 폭력배들과 어울리지 마라.

Plus + attack 동 공격하다   on one's way ~하는 도중에
hang out with ~와 어울려 지내다

우리말에 맞게 빈칸에 알맞은 단어를 쓰세요.　　　　　　　　(정답은 본문을 확인하세요.)

1　Austin has a _____ for playing the piano.　　　Austin은 피아노 연주에 재능이 있다.

2　Amy had a _____ look in her eyes.　　　Amy의 눈에는 지친 기색이 역력했다.

3　The _____ stealthily approached the deer.　　　사냥꾼들은 몰래 사슴에게 접근했다.

4　He grabbed a _____ and started sweeping the floor.　　　그는 빗자루를 집어 들고 바닥을 쓸기 시작했다.

5　Joe was exposed as a _____ when the truth came out.　　　진실이 드러나자 Joe가 거짓말쟁이인 것이 드러났다.

6　Jimmy is a _____ man with a charming personality.　　　Jimmy는 매력적인 성격의 잘생긴 남자다.

7　Sue was _____ beyond her years.　　　Sue는 나이에 비해 지혜로웠다.

8　_____ was used as a painkiller in the past.　　　과거에 아편은 진통제로 사용되었다.

9　The square of this city has a beautiful _____.　　　이 도시의 광장에는 아름다운 분수가 하나 있다.

10　Matthew _____ me use of his car.　　　Matthew는 내가 그의 차를 사용하는 것을 허락했다.

11　Jack ordered a slice of pizza and a _____.　　　Jack은 피자 한 조각과 탄산음료를 주문했다.

12　The _____ swooped down to snatch the fish.　　　갈매기가 물고기를 잡아채기 위해 급강하했다.

13　The economy of the nation is in a _____.　　　국가 경제가 호황이다.

14　The farmer has ten _____.　　　그 농부는 열 마리의 송아지를 가지고 있다.

15　Josh picked a _____ book from the shelf.　　　Josh는 책장에서 닥치는 대로 책을 골랐다.

16　Rainwater overflowed the _____ last night.　　　어젯밤에 빗물이 배수로를 넘쳤다.

17　Madison gently closed her _____ and fell asleep.　　　Madison은 살며시 눈꺼풀을 감고 잠이 들었다.

18　I have a _____, so I'm going to lie down for a moment.　　　머리가 아파서 잠시 누워 있을게.

19　Doctors recommend fresh fruit as a healthy _____.　　　의사들은 건강에 좋은 간식으로 신선한 과일을 추천한다.

20　The _____ spread throughout the school.　　　그 소문은 학교 전체에 퍼졌다.

21　He hadn't eaten all day and felt a deep _____.　　　그는 하루 종일 아무것도 먹지 않아서 극심한 배고픔을 느꼈다.

22　Ethan _____ ate his breakfast and ran out the door.　　　Ethan은 서둘러 아침을 먹고 문밖으로 달려나갔다.

23　The detective found a _____ hair on the ground.　　　형사는 바닥에서 금발 머리카락을 발견했다.

24　Sofia _____ the meat with a fork.　　　Sofia는 포크로 고기를 찔렀다.

25　The full moon _____ in the sky.　　　보름달이 하늘에서 빛났다.

26　Make sure to follow the _____ on the package.　　　제품 포장의 지시사항을 따라 주십시오.

27　Evelyn was an _____ victim of the accident.　　　Evelyn은 그 사고의 무고한 희생자였다.

28　We arrived home at _____, exhausted.　　　우리는 해질녘에 지쳐서 집에 도착했다.

29　Jane stepped on a _____ of glass and cut her foot.　　　Jane은 유리 조각을 밟아서 발에 비였다.

30　Please don't hang out with those _____.　　　제발 그런 폭력배들과 어울리지 마라.

Level
76

레벨별 단어 사용 빈도

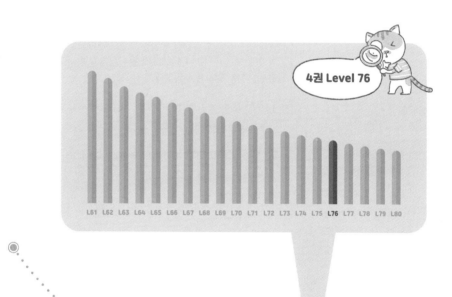

4권 Level 76

L61 L62 L63 L64 L65 L66 L67 L68 L69 L70 L71 L72 L73 L74 L75 **L76** L77 L78 L79 L80

LEVEL 1~20   LEVEL 21~40   LEVEL 41~60   **LEVEL 61~80**   LEVEL 81~100

2251

dice

[daɪs]

명 주사위 게임[놀이], 주사위

동 주사위 놀이를 하다,
노름으로 날리다

dice는 '주사위'를 뜻합니다. 원래 의미는 '주어진 것'이었는데, 어떤 결정을 내리기 위해 주어진 것을 지칭하다 보니 시간이 지나 '주사위'를 뜻하게 된 것으로 추정합니다. dice는 주사위를 가지고 노는 행위 자체를 나타내기도 합니다. 참고로 dice with death라는 표현이 있는데, 이는 '목숨을 걸다'라는 뜻입니다.

1 We need a pair of dice to play this game.
우리가 이 게임을 하려면 주사위 한 쌍이 필요하다.

2 Alice diced with death as she climbed the mountain without any safety equipment.
Alice는 안전 장비도 없이 산을 등반하면서 죽음을 각오하고 도전했다.

Plus + a pair of ~ 한 쌍   safety equipment 안전 장비

2252

judge

[dʒʌdʒ]

명 심판, 판사, 감식가

동 판단하다

judge는 주로 판단하는 행위 또는 그 행위를 수행하는 사람을 나타냅니다. 맥락에 따라 명사로는 '심판, 판사, 감식가', 동사로는 '판단하다'라는 의미로 쓰일 수 있습니다. judge를 활용한 유명한 표현으로 Don't judge a book by it's cover.가 있는데, 이는 '표지만 보고 책을 판단하지 마라.'라는 말로 겉모습만으로 사람을 판단하지 말라는 뜻입니다.

1 Nova is a judge in the Supreme Court.
Nova는 대법원의 판사다.

2 We shouldn't judge people by their appearance.
우리는 사람들을 겉모습으로 판단해서는 안 된다.

Plus + Supreme Court 대법원   appearance 명 (겉)모습, 외모

2253

throughout

[θruːˈaʊt]

전 ~의 도처에, ~ 동안[내내]

부 도처에, 처음부터 끝까지

throughout은 through(통과하는)와 out(바깥)이 합쳐진 단어입니다. 단순히 통과하는 과정이 아닌 통과해서 밖으로 빠져나가는 전체 과정을 나타냅니다. 그래서 throughout은 '전반적으로, 처음부터 끝까지' 등의 뉘앙스를 갖습니다. 물리적 위치뿐 아니라 추상적 개념까지 표현할 수 있지요.

1 Amy's dream is to travel throughout Europe.
Amy의 꿈은 유럽 전역을 여행하는 것이다.

2 Throughout the day, Jack felt a sense of unease.
하루 종일 Jack은 마음이 불안했다.

Plus + unease 명 불안(감)

2254

wring

[rɪŋ]

wrung - wrung

동 비틀다[짜다],
(돈, 눈물, 감동 등을) 억지로
끌어내다[짜내다],
(의미를) 왜곡하다, 괴롭히다

wring은 물건을 비틀어서 물 등의 액체를 짜내는 행위를 가리킵니다. 이 행위에서 추상적 의미가 파생되어 '(감정이나 눈물 등을) 짜내다'라는 뜻으로 쓰이기도 합니다. 핵심 논리는 '억지로' 짜낸다는 것입니다. 그래서 '의미를 왜곡하다, 괴롭히다'를 뜻하기도 합니다. 자연스럽지 않은 것은 곧 비뚤어진 것이니까요.

1 They had to wring out their clothes after getting caught in the rain.
그들은 비를 맞은 후 옷을 짜내야 했다.

2 Tom tried to wring the truth out of her.
Tom은 그녀에게서 진실을 끄집어내려고 했다.

Plus + try to V ~하려고 노력하다   truth 명 진실
wring out of ~에게서 억지로 쥐어짜다

2255

lace

[leɪs]

명 레이스(옷, 커튼 등의 가장자리
장식), (구두 등을 매는) 끈[줄],
(커피 등이 섞인) 소량의 술

동 끈으로 묶다,
레이스로 장식하다

lace는 기본적으로 섬세한 장식용 직물을 가리킵니다. 보통 그 모양과 패턴이 굉장히 복잡하다는 특징이 있죠. 원래는 '끈, 줄'만을 의미했지만 시간이 흐르면서 이런 특정 직물을 나타내게 되었습니다. lace는 동사로는 '끈으로 묶다, 레이스로 장식하다'라는 뜻을 나타냅니다.

1 The woman I met yesterday wore a beautiful dress with lace trim.
내가 어제 만났던 그 여자는 레이스 장식이 있는 아름다운 드레스를 입고 있었다.

2 Helen laced her shoes tightly before the race.
Helen은 경기 전에 신발 끈을 꽉 매었다.

Plus + trim 명 장식 (재질)   tightly 부 꽉, 단단히

2256

satisfaction

[ˌsætɪsˈfækʃn]

명 만족, 만족을 주는 것,
(욕구 등의) 충족,
배상[부채의 상환]

satisfaction은 '충분하게 하다'라는 뜻에서 출발했습니다. 그래서 어떠한 욕구나 기대, 요구 등이 충족되었을 때의 감정 상태를 나타냅니다. 맥락에 따라 개인의 느낌을 나타낼 수도 있고, 상품이나 서비스에 대한 고객의 만족도를 표현하기도 합니다.

1 Various factors should combine to increase work satisfaction.
업무 만족도를 올리려면 다양한 요소가 결합되어야 한다.

2 Customer satisfaction is always our top priority.
고객 만족은 항상 우리의 최우선 과제다.

Plus + factor 명 요소   combine 동 결합되다
priority 명 우선 사항

2257

pump
[pʌmp]

명 양수기[펌프]

동 펌프로 퍼올리다,
펌프로 주입하다,
주입하다[쑤셔 넣다]

pump는 명사로 물, 공기, 오일 등의 액체나 기체를 이동시키는 장치를 뜻하고, 동사로는 그와 관련된 행위를 나타냅니다. 특정 물질을 이동시키는 행위를 나타내다 보니 맥락에 따라 어떤 정보나 자원을 대량으로 주입하는 행위를 나타내기도 합니다.

1 This pump is used to move water from the well to the house.
이 펌프는 우물에서 집으로 물을 옮기는 데 사용된다.

2 We pumped the tires before we could ride our bikes.
우리는 자전거를 타기 전에 펌프로 타이어에 바람을 넣었다.

Plus + move 동 옮기다, 움직이다   well 명 우물

2258

signal
['sɪɡnəl]

명 신호, 징조[징후]

동 신호를 보내다, 시사[암시]하다

signal은 명사로 물리적인 '신호'를 의미합니다. signal이 가리키는 대상은 교통 신호, 라디오 신호, 통신 신호 등 맥락에 따라 다양합니다. 추상적인 맥락에서는 어떤 사건 또는 상태의 '징조, 징후'를 나타내기도 하지요. signal은 동사로는 메시지를 전달하는 행위를 묘사하며 '신호를 보내다, 시사하다, 암시하다' 등의 의미로 쓰일 수 있습니다.

1 The traffic signal suddenly turned green.
교통 신호가 갑자기 녹색으로 바뀌었다.

2 The sudden drop in sales is a signal that the market is changing.
판매량의 하락은 시장이 변하고 있다는 신호다.

Plus + turn 동 (~한 상태로) 변하다   drop 명 하락, 감소

2259

damp
[dæmp]

형 (습기가 있어) 축축한[눅눅한]

명 축축함[눅눅함],
습기[수증기],
낙담[낙심, 실망]

damp는 원래 '수증기, 안개' 등을 의미하다가 이후 이러한 특성에 기인하여 '(습기가 있어서) 축축한, 눅눅한' 상태를 설명하는 단어가 되었습니다. 또한 이러한 의미가 비유적인 맥락에서 확장되어 '낙담, 낙심, 실망' 등도 의미하게 되었습니다. 어딘가 마음이 축축해진 상태를 그려낸 것 같지 않나요?

1 The clothes were still damp from the wash.
그 옷들은 빨아서 그런지 여전히 축축했다.

2 There was damp all over the room.
방 전체에 습기가 가득했다.

Plus + wallpaper 명 벽지   peel 동 벗겨지다

2260

convent

['kɑ:nvent, 'kɑ:nvənt]

圀 수녀원[회], 수도원[회]

convent는 주로 가톨릭교회의 '수녀원'이나 '수도원'을 의미합니다. 원래는 '모이다, 함께 오다'라는 말에서 출발했고, 오늘날에는 신앙생활을 영위하면서 동시에 세상에서 고립된 곳에서 삶을 살아가는 여성 수도승들의 집단을 나타냅니다.

1 Emily decided to enter a convent and become a nun.
   Emily는 수녀원에 들어가서 수녀가 되기로 결심했다.

2 The old convent has been transformed into a school.
   그 오래된 수녀원은 학교로 개조되었다.

Plus + enter 圄 들어가다   nun 圀 수녀
transform 圄 (외양 등을) 변형시키다

2261

reflection

[rɪ'flekʃn]

圀 반사, 반영, 반향, 심사숙고

reflection은 '돌아보다, 회귀하다'라는 뜻의 동사 reflect에서 파생된 단어입니다. 그래서 '돌아봄, 회귀' 정도의 의미를 나타내지요. 이를 물리적 현상에 적용하면 빛이나 소리, 이미지 등이 다른 표면에 부딪쳐서 반사되는 현상을 나타내게 됩니다. 추상적으로는 '심사숙고'와 같은 의미를 나타낼 수 있습니다.

1 The reflection of the sun on the water is blinding.
   물 위에 비친 태양의 모습은 눈부시다.

2 Sally saw her reflection in the mirror.
   Sally는 거울에 비친 자신의 모습을 바라보았다.

Plus + blinding 圈 눈이 부신, 눈을 뜰 수 없을 정도인

2262

beak

[bi:k]

圀 부리[주둥이],
   부리[주둥이] 같은 것,
   뱃머리, 치안 판사

beak은 일반적으로 새의 '부리'를 가리키며, 비유적으로 부리 모양의 물체 또는 도구를 나타내기도 합니다. 예를 들어, 배의 끝, 즉 '뱃머리'를 beak이라 부르기도 하지요. 아울러 은어로 '법률 전문가'를 beak라고 하기도 합니다. 이는 과거 판사들이 부리 모양이 달린 복면을 썼던 것에서 유래했다고 하네요.

1 The bird used its beak to pick up the berry.
   그 새는 부리를 사용하여 열매를 주워 먹었다.

2 The ship's beak is cutting through the waves.
   선박의 뱃머리가 파도를 가르며 나아가고 있다.

Plus + pick up ~을 집다   cut through ~ 사이로 길을 내다
wave 圀 파도, 물결

2263

someday

[sʌ́mdèi]

부 언젠가

someday는 some(일부)과 day(날)가 결합한 단어입니다. 직역하면 '특정하지 않은 미래의 어떤 날'이 되겠군요. 이처럼 someday는 명확한 시간을 지정한 것이 아닌, 미래의 '어떤 순간'을 의미하는 부사입니다. 주로 기대, 희망, 미래에 대한 불확실한 감정을 내포하고 있습니다.

1 Someday, I hope to travel all around the world.

언젠가, 나는 전 세계를 여행하고 싶다.

2 Harry dreams of becoming a successful writer someday.

Harry는 언젠가 성공한 작가가 되는 것을 꿈꾼다.

Plus + hope **동** 바라다, 희망하다   dream **동** (바라는 일을) 꿈꾸다

2264

glorious

[ˈɡlɔːriəs]

형 영예로운,
매우 아름다운[장엄한],
대단히 기쁜, 햇살이 눈부신

glorious는 '영광'을 의미하는 명사 glory에서 파생된 단어입니다. 무언가 영예롭거나 아름다운, 또는 눈부신 상태를 나타내는 형용사이지요. 그래서 glorious는 물리적 맥락에서 물체나 현상이 매우 아름답고 장엄한 경우를 묘사하기도 하고, 추상적 맥락에서는 사람이 기쁨과 행복을 느낄 때의 감정을 표현하기도 합니다.

1 The general was sure it would be a glorious victory.

장군은 그것이 영예로운 승리가 될 것이라고 확신했다.

2 The view from the top of the mountain is glorious.

산꼭대기에서 보는 경치가 매우 아름답다.

Plus + general **명** 장군   sure **형** 확신하는
victory **명** 승리

2265

pilot

[ˈpaɪlət]

명 조종사, 도선사

동 조종하다, 안내[지도]하다

pilot은 두 가지 주요 의미를 가지고 있습니다. 첫 번째는 '조종사'입니다. 항공기나 비행선을 조종하는 사람을 의미하죠. 두 번째는 '도선사'인데, 배를 안전하게 항해하도록 도와주는 사람을 가리킵니다. 그래서 pilot을 동사로 쓰면 '조종하다' 또는 '안내하다'라는 뜻이 됩니다.

1 Avery always dreamed of becoming a pilot.

Avery는 항상 조종사가 되는 것을 꿈꿨다.

2 Do you know how to pilot a plane?

비행기를 조종할 줄 아십니까?

Plus + guide **동** (장소로) 안내하여 데려가다

2266

merchant

[ˈmɜːrtʃənt]

명 상인, 무역상, ~광(狂)

형 상인의

merchant는 원래 '상품을 취급하는 사람'을 뜻했습니다. merchandise(상품)라는 단어가 녹아들어 있는 걸 볼 수 있습니다. 그래서 merchant는 '상인, 무역상' 등을 나타냅니다. 가끔 무언가를 광적으로 좋아하는 사람을 뜻하기도 하는데, 이는 상인들의 판매에 대한 집념에서 유래한 비유적 표현으로 추정합니다.

1 Ann is a merchant who sells rare artifacts.
Ann은 희귀한 공예품을 파는 상인이다.

2 Venice was famous in the past for being a merchant city.
베니스는 과거에 상인의 도시로 유명했다.

Plus + rare 형 희귀한, 드문   artifact 명 공예품

2267

butt

[bʌt]

명 (손잡이 등의) 뭉툭한 끝부분, 남은 토막, 엉덩이, (조롱의) 대상

butt은 옛 프랑스어에서 '목표'를 의미했는데 특히 사냥꾼이 활을 쏘아 맞히는 목표점을 지칭했습니다. 이러한 의미가 점점 물체의 끝부분 전반을 뜻하는 식으로 확장되어서 결국 사람의 엉덩이까지 의미하게 되었습니다. 그리고 butt이 '쏘아 맞추는 목표점'을 뜻했다는 것을 기억하시면 '조롱의 대상'을 의미한다는 것도 쉽게 이해가 되실 겁니다.

1 The butt of the rifle recoiled into her shoulder.
소총의 끝부분이 그녀의 어깨에 반동을 주었다.

2 Jamie tossed the cigarette butt into the trash can.
Jamie는 담배꽁초를 쓰레기통에 던졌다.

Plus + rifle 명 소총   recoil 동 (발사할 때) 반동이 생기다
toss 동 (가볍게) 던지다   cigarette 명 담배

2268

crew

[kruː]

명 승무원, (함께 일을 하는) 팀, 패거리[일당]

동 승무원으로 근무하다

crew의 원래 의미는 '군중, 집단'이었습니다. 오늘날에도 한 팀 또는 그룹을 나타내는데 특히 공동의 목표나 임무를 가진 사람들의 집합을 지칭합니다. 주로 항공기나 선박, 또는 영화 제작과 같은 특정 프로젝트에 참여하는 '팀'을 나타내거나 '패거리, 일당'을 의미하기도 합니다.

1 The film crew worked tirelessly to finish the project on time.
영화 제작진은 시간 내에 프로젝트를 마치기 위해 지칠 줄 모른 채 일했다.

2 The fully-crewed boat set sail at dawn.
승무원이 모두 탑승한 배가 새벽에 출항했다.

Plus + tirelessly 부 지칠 줄 모르고, 끊임없이   on time 시간을 어기지 않고
set sail 출항하다   dawn 명 새벽

2269

kitten

['kɪtn]

명 새끼 고양이,
(토끼 등 작은 동물의) 새끼,
말괄량이

kitten은 일반적으로 '어린 고양이'를 의미합니다. 영어권에서는 kitten이 상당히 귀여운 느낌을 가진 단어로 인식됩니다. 그래서 playful as a kitten, 즉 '아기 고양이처럼 발랄한'이라는 표현도 있지요. 사람에게 kitten이라고 하면 '말괄량이, 귀여운 어린아이' 정도의 뜻을 나타냅니다.

1 Alex found a stray kitten on his way home.
Alex는 집으로 가는 길에 길을 잃은 새끼 고양이를 발견했다.

2 The kittens are playing with a ball of yarn.
새끼 고양이들이 실뭉치를 가지고 놀고 있다.

Plus+ stray 형 길을 잃은, 주인이 없는   ball 명 뭉치
yarn 명 실

2270

scurry

['skɜːri]

동 허둥지둥[종종걸음으로, 급히]
가다, (눈, 잎 등이 바람에)
흩날리다

명 종종걸음[허둥대기, 잰 걸음],
(눈, 잎 등이) 흩날리기

scurry는 급하게 허둥지둥 움직이는 모습을 나타내는 단어입니다. 급하거나 흥분한 상황을 묘사할 때 주로 사용됩니다. 또한 눈이나 잎 등이 바람에 흩날리는 모습을 나타내기도 하지요. 어딘가 어수선한 느낌을 표현하는 식으로 의미가 확장된 것으로 추정됩니다.

1 The children scurried to their classrooms.
아이들은 허둥지둥 서둘러 교실로 갔다.

2 The leaves scurried across the road in the wind.
바람에 나뭇잎이 도로 위로 흩날렸다.

Plus+ leaf 명 (나뭇)잎 (pl. leaves)

2271

stamp

[stæmp]

명 우표[인지], 도장[소인],
흔적[자국], 특징[특질]

stamp는 아주 옛날부터 '물체를 격렬하게 누르거나 찍는 동작'을 의미했습니다. 그러다 시간이 흘러 그렇게 눌러 찍는 대상인 '우표, 도장' 등을 의미하게 되었지요. 이후에는 자연스럽게 무언가를 찍은 '흔적, 자국'이라는 뜻도 나타내게 되었고, 무언가에 각인된 '특징, 특질'이라는 의미도 나타내게 되었습니다. 아주 일관된 언어 논리에 따라 움직이는 단어죠?

1 Make sure to put a stamp on this letter.
이 편지에 우표를 꼭 붙여 주십시오.

2 Leah used a stamp to mark the documents.
Leah는 문서에 표시를 하기 위해 도장을 사용했다.

Plus+ mark 동 표시하다   document 명 문서, 서류

2272

retrieve

[rɪ'triːv]

동 회수하다[가져오다], 회복[구제, 수습]하다

retrieve는 '다시 찾아내다'라는 뜻에서 유래했습니다. 그래서 주로 물건이나 정보를 원래 위치나 상태로 되돌리는 것을 의미합니다. 그러다 시간이 지나면서 의미가 확장되어 물건을 되찾는 것뿐만 아니라 무언가 회복하거나 수습하는 것까지 나타내게 되었습니다.

1 The dog has been trained to retrieve the ball.
그 개는 공을 되찾아 오도록 훈련받았다.

2 Divers began to retrieve the lost treasure.
잠수부들이 잃어버린 보물을 되찾기 시작했다.

Plus + train 동 훈련하다　　　　　　treasure 명 보물

2273

nation

['neɪʃn]

명 국가, 국민, 민족

nation은 '국가, 국민, 민족' 등을 뜻하는 명사입니다. 자세히 보면 '자연'을 의미하는 nature와 형태가 비슷합니다. 원래 nat-이 들어간 단어들이 '태어남, 탄생', 즉 '원래 그러함'을 뜻하는 경우가 많습니다. 그러고 보니 nation이 왜 '국가, 국민'을 나타내는지 직관적으로 와닿는군요.

1 The United Nations is an international organization formed by independent nations.
국제 연합(UN)은 독립된 국가들로 구성된 국제기구다.

2 The entire nation was united in celebrating the victory.
온 국민이 한마음으로 승리를 축하했다.

Plus + independent 형 독립된　　　　unite 동 하나가 되다, 합체하다

2274

intense

[ɪn'tens]

형 격렬한, 극심한, 치열한, 열정적인

intense는 주로 상황이나 감정 등이 극단적이거나 강렬한 상태를 묘사하는 형용사로 중심 의미는 '팽팽한'입니다. 이를 어떤 맥락에 적용하는지에 따라 '격렬한, 극심한, 치열한'이라는 다소 부정적인 뜻이 되기도 하고, '열정적인'이라는 긍정적인 의미를 나타내기도 합니다.

1 Mike has an intense passion for music.
Mike는 음악에 대한 열정이 매우 강하다.

2 The game became more intense in the second quarter.
경기는 2쿼터에 들어 더 치열해졌다.

Plus + passion 명 열정　　　　quarter 명 쿼터 (한 경기를 네 등분한 것의 한 부분)

2275

diner

[ˈdaɪnə(r)]

명 작은[간이] 식당,
식사하는 사람[손님]

diner는 원래 옛 프랑스어로 '점심을 먹다'라는 뜻이었다가 영어로 넘어오면서 일반적으로 '식사하는 사람'이나 '식당'을 의미하게 되었습니다. diner는 다소 소박한 어감이 있어 주로 '작은 식당, 간이식당'을 지칭할 때 쓰입니다.

1 Annie is a regular diner at this restaurant.
Annie는 이 식당의 단골손님이다.

2 They decided to have lunch at a small diner downtown.
그들은 시내의 작은 식당에서 점심을 먹기로 결정했다.

Plus + regular 명 단골손님 형 규칙적인, 정기적인   have 동 먹다
downtown 부 시내에[로]

2276

bruise

[bru:z]

동 멍들게 하다,
(감정 등을) 상하게 하다
명 타박상[멍], (마음의) 상처

bruise는 원래 '짓누르다'라는 뜻에서 출발했습니다. 그래서 주로 멍 자국을 가리켰습니다. 그러다 시간이 지나면서 감정 등이 상하거나 그로 인해 생긴 상처 등도 나타내게 되었습니다. 그래서 bruise는 명사로 '(신체의) 멍, 마음의 상처'를 의미하고, 동사로는 '멍들게 하다, (감정 등을) 상하게 하다'라는 뜻을 나타냅니다.

1 Stella bruised her knee when she fell.
Stella는 넘어져서 무릎에 멍이 들었다.

2 His rejection bruised Bella's ego.
그의 거절은 Bella의 자존심을 상하게 했다.

Plus + knee 명 무릎   fall 동 넘어지다
rejection 명 거절   ego 명 자존심

2277

scare

[sker]

동 겁주다[위협하다],
겁먹다[무서워하다],
위협하여[겁주어] ~시키다
명 (갑자기) 놀람[공포]

scare는 '겁주다'라는 뜻을 나타내는 동사입니다. 맥락에 따라 다양한 뜻으로 쓰이는데 '겁주다'라는 의미가 확장되어 '위협하여 ~시키다'라는 뜻을 나타내기도 합니다. 비슷한 단어로는 frighten(겁먹게 하다), terrify(무섭게 하다) 등이 있습니다. 명사로는 갑자기 놀란 상태 자체를 나타내기도 합니다.

1 The loud noise scared the dogs away.
큰 소리에 개들이 겁을 먹고 도망쳤다.

2 We were so scared by the sudden thunder.
우리는 갑작스러운 천둥소리에 너무 무서웠다.

Plus + noise 명 소음   sudden 형 갑작스러운
thunder 명 천둥 같은 소리

2278

beef

[biːf]

명 소[쇠]고기, 불평

동 불평하다

beef는 '소고기'를 뜻하지만 미국 영어에서는 정말 의외의 뜻으로 쓰이는 경우가 있는데 바로 '불평'입니다. beef가 미국인들에게는 상당히 중요한 식재료이기 때문에 그 중요성에 기인하여 특정 문제에 대한 불평이나 불만을 나타내는 표현으로도 사용하게 된 것으로 추정합니다.

1 John prefers beef to chicken.

John은 닭고기보다 소고기를 더 선호한다.

2 Mark is always beefing about somebody or something.

Mark는 항상 누군가 혹은 무언가에 대해 불평한다.

Plus+ prefer A to B B보다 A를 더 좋아하다, 선호하다

2279

pony

['pouni]

명 조랑말, (같은 종류 중에)
작은 것, 25파운드, 자습서

pony는 '작은 말'을 지칭하는 단어입니다. 이 '작은 말'의 이미지에 착안하여 작은 것들을 나타내는 일반적인 표현으로도 사용됩니다. pony는 영국에서 '25파운드'를 뜻하기도 하는데, 이는 이 화폐의 액면가가 낮은 것에서 유래한 것으로 추정합니다. 그 밖에도 pony는 '간단한 가이드'나 '요약본'을 의미하는데 이 또한 크기가 작다는 특징이 있습니다.

1 Joe bought a pony for his daughter's birthday.

Joe는 딸의 생일 선물로 조랑말을 사 주었다.

2 Harry is training his pony to raise it as a racehorse.

Harry는 그의 조랑말을 경주마로 키우기 위해 훈련시키는 중이다.

Plus+ raise 동 기르다   racehorse 명 경주마

2280

fame

[feɪm]

명 명성, 평판[세평]

동 ~의 명성을 떨치다,
유명하게 하다

fame은 원래 '소문'이라는 뜻에서 출발했습니다. 그러다가 시간이 지나면서 '널리 알려진 상태'를 묘사하게 되었죠. 그래서 오늘날 fame은 '명성, 평판' 등의 뜻을 나타냅니다. 동사로는 어떤 사람이나 사건이 유명해지는 과정을 설명하기도 합니다.

1 Her fame spread all over the world after Mia won the Nobel Prize.

Mia가 노벨상을 받은 후 그녀의 명성은 전 세계로 퍼졌다.

2 Lee rose to fame as a movie actor.

Lee는 영화배우로서 명성을 날렸다.

Plus+ prize 명 상   rise to fame 명성을 날리다

우리말에 맞게 빈칸에 알맞은 단어를 쓰세요.　　　　　　　　(정답은 본문을 확인하세요.)

1　We need a pair of ＿＿＿＿＿ to play this game.　　　우리가 이 게임을 하려면 주사위 한 쌍이 필요하다.

2　Nova is a ＿＿＿＿＿ in the Supreme Court.　　　Nova는 대법원의 판사다.

3　Amy's dream is to travel ＿＿＿＿＿ Europe.　　　Amy의 꿈은 유럽 전역을 여행하는 것이다.

4　Tom tried to ＿＿＿＿＿ the truth out of her.　　　Tom은 그녀에게서 진실을 끄집어내려고 했다.

5　Helen ＿＿＿＿＿ her shoes tightly before the race.　　　Helen은 경기 전에 신발 끈을 꽉 매었다.

6　Customer ＿＿＿＿＿ is always our top priority.　　　고객 만족은 항상 우리의 최우선 과제다.

7　We ＿＿＿＿＿ the tires before we could ride our bikes.　　우리는 자전거를 타기 전에 펌프로 타이어에 바람을 넣었다.

8　The traffic ＿＿＿＿＿ suddenly turned green.　　　교통 신호가 갑자기 녹색으로 바뀌었다.

9　The clothes were still ＿＿＿＿＿ from the wash.　　　그 옷들은 빨아서 그런지 여전히 축축했다.

10　Emily decided to enter a ＿＿＿＿＿ and become a nun.　　Emily는 수녀원에 들어가서 수녀가 되기로 결심했다.

11　The ＿＿＿＿＿ of the sun on the water is blinding.　　　물 위에 비친 태양의 모습은 눈부시다.

12　The bird used its ＿＿＿＿＿ to pick up the berry.　　　그 새는 부리를 사용하여 열매를 주워 먹었다.

13　＿＿＿＿＿, I hope to travel all around the world.　　　언젠가, 나는 전 세계를 여행하고 싶다.

14　The general was sure it would be a ＿＿＿＿＿ victory.　　장군은 그것이 영예로운 승리가 될 것이라고 확신했다.

15　Avery always dreamed of becoming a ＿＿＿＿＿.　　　Avery는 항상 조종사가 되는 것을 꿈꿨다.

16　Ann is a ＿＿＿＿＿ who sells rare artifacts.　　　Ann은 희귀한 공예품을 파는 상인이다.

17　The ＿＿＿＿＿ of the rifle recoiled into her shoulder.　　소총의 끝부분이 그녀의 어깨에 반동을 주었다.

18　The fully-＿＿＿＿＿ boat set sail at dawn.　　　승무원이 모두 탑승한 배가 새벽에 출항했다.

19　Alex found a stray ＿＿＿＿＿ on his way home.　　Alex는 집으로 가는 길에 길을 잃은 새끼 고양이를 발견했다.

20　The children ＿＿＿＿＿ to their classrooms.　　　아이들은 허둥지둥 서둘러 교실로 갔다.

21　Make sure to put a ＿＿＿＿＿ on this letter.　　　이 편지에 우표를 꼭 붙여 주십시오.

22　Divers began to ＿＿＿＿＿ the lost treasure.　　　잠수부들이 잃어버린 보물을 되찾기 시작했다.

23　The entire ＿＿＿＿＿ was united in celebrating the victory.　온 국민이 한마음으로 승리를 축하했다.

24　The game became more ＿＿＿＿＿ in the second quarter.　경기는 2쿼터에 들어 더 치열해졌다.

25　Annie is a regular ＿＿＿＿＿ at this restaurant.　　　Annie는 이 식당의 단골손님이다.

26　Stella ＿＿＿＿＿ her knee when she fell.　　　Stella는 넘어져서 무릎에 멍이 들었다.

27　The loud noise ＿＿＿＿＿ the dogs away.　　　큰 소리에 개들이 겁을 먹고 도망쳤다.

28　John prefers ＿＿＿＿＿ to chicken.　　　John은 닭고기보다 소고기를 더 선호한다.

29　Joe bought a ＿＿＿＿＿ for his daughter's birthday.　　Joe는 딸의 생일 선물로 조랑말을 사 주었다.

30　Lee rose to ＿＿＿＿＿ as a movie actor.　　　Lee는 영화배우로서 명성을 날렸다.

Level
77

레벨별 단어 사용 빈도

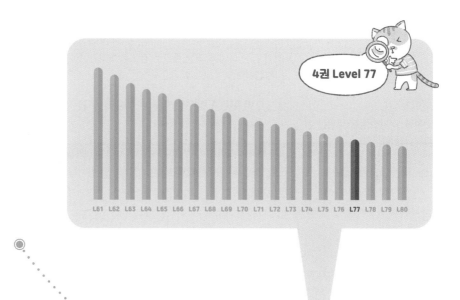

4권 Level 77

L61 L62 L63 L64 L65 L66 L67 L68 L69 L70 L71 L72 L73 L74 L75 L76 **L77** L78 L79 L80

LEVEL 1~20   LEVEL 21~40   LEVEL 41~60   **LEVEL 61~80**   LEVEL 81~100

2281

responsibility

[rɪˌspɑ:nsəˈbɪləti]

명 책임, 책무, 의무

responsibility는 일반적으로 '책임, 의무'를 가리킵니다. 가만히 보면 이 단어 속에는 response(응답하다)라는 말이 녹아 있습니다. responsibility는 원래 특정 문제와 임무에 응답할 수 있는 능력을 나타냈다고 합니다. 이것이 오늘날 '책임, 책무, 의무'라는 뜻으로 확장되어 굳어졌습니다.

1 James denied all responsibility for the accident.

James는 그 사고에 대한 모든 책임을 부인했다.

2 The director assumed full responsibility for the failure of the project.

그 담당자는 프로젝트 실패에 대한 책임을 전적으로 떠맡았다.

Plus + deny **동** 부인하다   director **명** (부서 등의) 책임자
assume **동** (책임을) 맡다   failure **명** 실패

2282

glitter

[ˈglɪtə(r)]

동 반짝반짝[화려하게, 현란하게] 빛나다

명 반짝하는 빛[번쩍임, 광휘], 휘황찬란함[광채]

glitter는 무언가 빛나거나 반짝이는 현상을 나타냅니다. 주로 긍정적인 맥락에서 물리적인 빛뿐만 아니라 비유적으로 휘황찬란함이나 화려함을 냅니다. 영어권에는 All that glitters is not gold.라는 표현이 있는데, 이는 '모든 빛나는 것이 금은 아니다.'라는 뜻으로 겉으로 화려한 것이 모두 가치 있는 것은 아님을 나타냅니다.

1 The stars glitter in the night sky.

별들이 밤하늘에서 반짝인다.

2 His eyes glittered with excitement.

그의 눈이 신나서 반짝였다.

Plus + excitement **명** 신남, 흥분

2283

sag

[sæg]

동 축 늘어지다, 낙심하다, 약해지다, (땅 등이) 함몰되다

sag는 주로 무언가 늘어져 있거나 약해진 상태를 설명하며 물리적 상태뿐만 아니라 정서적인 상태까지 묘사할 수 있습니다. 그래서 맥락에 따라 '축 늘어지다, 낙심하다, 약해지다' 등으로 다양하게 표현됩니다. 또한 땅이나 지면이 내려앉는 것을 나타내기도 합니다.

1 The branches of the tree began to sag under the weight of the snow.

나뭇가지들이 눈의 무게로 인해 축 늘어지기 시작했다.

2 After hearing the bad news, Wendy's spirits sagged.

안 좋은 소식을 듣고 나서 Wendy의 기분은 가라앉았다.

Plus + weight **명** 무게   spirit **명** 기분

2284

congregation

[ˌkɑːŋɡrɪˈɡeɪʃn]

명 (종교적) 집회, 모임[집합], 신자[신도]들

congregation은 '모이다'라는 뜻의 동사에서 파생되었습니다. 중세 시대에는 교회에 모인 사람들을 의미하기도 했습니다. 그 뜻이 오늘날까지 이어져 맥락에 따라 '종교 집회, 모임, 집합' 또는 '신자, 신도들' 등 다양한 뜻을 나타낼 수 있습니다.

1 The congregation has gathered for Sunday Mass.
일요일 미사를 위해 신도들이 모였다.

2 There is a large congregation of people at the concert.
콘서트 장에 한 무리의 많은 사람들이 모여 있다.

Plus + gather 동 모이다　　　　mass 명 (특히 로마 가톨릭교에서) 미사

2285

research

[ˈrɪːsɜːrtʃ] [rɪˈsɜːrtʃ]

명 연구, 조사
동 연구[조사]하다

research는 원래 '찾아내다'라는 뜻에서 출발했습니다. 지금은 물리적 탐색보다는 새로운 지식을 습득하거나 이미 알려진 사실을 확인하는 행위 등을 주로 나타냅니다. 한마디로 체계적인 방법을 사용하여 정보를 수집하고 분석하는 활동을 뜻하는 것이지요.

1 Kate is conducting research on lung cancer.
Kate는 폐암에 관해 연구하고 있다.

2 This claim needs to be researched before being implemented.
이 주장은 실행되기 전에 연구가 필요하다.

Plus + lung 명 폐　　　　cancer 명 암
　　　　　claim 명 주장　　　implement 동 실행하다

2286

emergency

[iˈmɜːrdʒənsi]

명 비상사태
형 비상[긴급]의

emergency는 emerge(나오다, 드러나다)라는 동사에서 파생되었습니다. 주로 예상치 못한 상황이나 위험한 상황이 발생했을 때를 나타냅니다. 우리말로는 '비상사태' 정도로 표현할 수 있겠군요. 맥락에 따라 예외적이고 긴급한 무언가를 묘사하는 형용사로 쓰이기도 합니다.

1 In case of emergency, break the glass with the hammer.
비상시에는 망치로 유리를 깨십시오.

2 The patients were rushed to the emergency room.
환자들이 응급실로 급히 이송되었다.

Plus + in case of ~의 경우　　　　hammer 명 망치
　　　　　rush 동 급히 수송하다

2287

wedge

[wedʒ]

- 명 쐐기, 분열의 원인
- 동 쐐기로 박다[고정시키다], (억지로) 밀어 넣다

wedge는 옛사람들이 쓰던 '삼각형 형태의 쐐기'를 뜻하는 단어였습니다. 그래서 지금도 '쐐기'라는 의미가 있지만 반드시 이것만을 지칭하지는 않습니다. 삼각형 모양으로 끝이 좁아지는 물체 전반을 뜻하거나 비유적으로는 '분열의 원인'이라는 의미를 나타내기도 합니다.

1 We used a wedge to split the log.
우리는 그 통나무를 쪼개기 위해 쐐기를 사용했다.

2 Irene wedged the door open with a small block of wood.
Irene은 작은 나뭇조각을 밀어 넣어 문을 열어 두었다.

Plus + split 동 쪼개다   log 명 통나무
block 명 사각형 덩어리   wood 명 나무

2288

customer

['kʌstəmə(r)]

- 명 손님, 고객

customer는 '손님, 고객'이라는 뜻을 나타내는 명사입니다. 보통 제품이나 서비스를 사는 사람을 가리키는데, 기업과 기업 간의 거래에서는 '고객사'를 뜻하기도 합니다. 참고로 The customer is always right.이라는 격언이 있는데 이게 그 유명한 '고객은 항상 옳다.'라는 말입니다.

1 The company always puts the customer's needs first.
그 회사는 언제나 고객이 원하는 것을 가장 중시한다.

2 They need to analyze customer feedback to improve their product.
제품을 개선하기 위해 그들은 고객의 피드백을 분석해야 한다.

Plus + put ~ first ~을 가장 중시하다, 우선하다   analyze 동 분석하다
improve 동 개선하다

2289

rot

[rɑːt]

- 동 부패하다[썩다], 못쓰게 만들다, 놀리다
- 명 부패

rot은 주로 '부패하다, 썩다'라는 뜻의 동사입니다. 실제 유기체가 썩고 부패하는 과정을 나타내기도 하지만 비유적으로는 무언가를 쓰지 못하게 만드는 행위도 묘사할 수 있습니다. 또한 '놀리다'라는 뜻을 나타내기도 하는데, 이는 rot이 가진 부정적 뉘앙스를 일상에 활용한 사례로 추정합니다.

1 The fruit began to rot after a few days.
과일들은 며칠이 지나자 부패하기 시작했다.

2 We must remove the rot from the wood.
우리는 나무에서 썩은 부분을 제거해야 한다.

Plus + begin 동 시작하다   remove 동 제거하다

2290

parade

[pəˈreɪd]

명 가두 행진, 퍼레이드, 열병식, (사건 등의) 연속적 표시[진술], 과시

parade는 원래 '보호, 방어'라는 군사 용어에서 유래되어 이러한 전술을 펼 때 군인들이 도열하는 모습에서 오늘날의 뜻이 파생했습니다. parade는 맥락에 따라 '가두 행진, 열병식'을 뜻하기도 하고, 어떤 일에 대한 '연속적 표시'나 '진술'을 의미하기도 합니다.

1 The king's annual parade was a huge event in the ancient city.

매년 열리는 왕의 행진은 그 고대 도시의 큰 행사였다.

2 The soldiers were standing at parade rest.

병사들이 행진 중 휴식을 취하고 있었다.

Plus + annual 형 매년의   huge 형 엄청난

2291

organize

[ˈɔːrɡənaɪz]

동 조직[편성]하다, 체계화하다, 창립[설립]하다

organize는 주로 '조직하다, 체계화하다, 창립하다, 설립하다' 등의 뜻을 나타내는 동사입니다. 참고로 organ과 관련 있는 단어들은 대부분 '조직'이라는 의미를 내포하며 대표적으로 '유기체'를 의미하는 명사 organism이 있습니다. 이렇게 보니 organize의 뜻이 더 직관적으로 이해되지요?

1 The government organized a team to deal with emergencies.

정부는 비상 상황에 대처하기 위해 팀을 조직했다.

2 We need to organize our thoughts before the meeting.

우리는 회의 전에 생각을 체계화할 필요가 있다.

Plus + deal with (문제 등을) 처리하다   emergency 명 비상(사태)

2292

huddle

[ˈhʌdl]

동 마구 끌어서 쑤셔 넣다, 밀집하다, 웅크리다, 아무렇게나 해치우다

huddle의 기본 의미는 '몸을 웅크리다'입니다. 가끔 다큐멘터리를 보면 펭귄들이 몸을 웅크리고 서로 붙어 있는 모습이 보이죠? 이를 huddling이라고 합니다. 이 장면을 기억하시면 '마구 끌어서 쑤셔 넣다'라는 뜻도 이해가 되실 겁니다. 추우면 최대한 쑤시고 들어가는 수밖에 없으니까요.

1 The teacher huddled the students for a quick tutorial.

선생님은 간단한 지도를 위해 급히 학생들을 끌어모았다.

2 The protesters huddled together on the cold winter day.

시위대는 추운 겨울날 서로 옹기종기 모여 있었다.

Plus + tutorial 명 지도   protester 명 시위대

2293

companion

[kəmˈpænjən]

명 동반자, 동료[친구],
(쌍을 이루고 있는 것의) 한쪽
[짝], (책 제목에서) 안내서

companion은 정말 재미있는 단어입니다. '함께'라는 뜻의 com-과 '빵'을 의미하는 pan이 결합한 단어로, 서로 빵을 나누어 먹는 사이라는 의미입니다. 이런 뜻이 확장되어 오늘날에는 '동반자, 동료, 친구'를 뜻하게 되었지요. 이렇게 함께 하는 이미지에서 '(쌍을 이루고 있는 것의) 한쪽'이라는 의미도 나타내게 되었습니다.

1 Jake is a constant companion in my journey.
Jake는 나의 여행에서 항상 함께하는 친구다.

2 My dog has always been a great companion.
내 반려견은 늘 훌륭한 동반자이다.

Plus + constant 형 변함없는, 끊임없는　　　　journey 명 여행

2294

intention

[ɪnˈtenʃn]

명 의도, 목적, 의지[의향], 고의

intention은 '의도하다'를 의미하는 동사 intend에서 파생한 단어입니다. 그래서 주로 '의도, 목적, 의지' 등을 뜻하며 '고의성 있는' 행동을 나타냅니다. intention 자체는 중립적인 의미를 나타내지만 good이나 bad를 앞에 붙여서 순수한 의도인지 불순한 의도인지 구분하는 경우가 많습니다.

1 Her intention was to help, not offend.
그녀의 의도는 너를 화나게 하려는 것이 아니라 돕는 것이었다.

2 What is your intention in learning German?
독일어를 배우려는 목적은 무엇입니까?

Tschüs

Plus + offend 동 성나게 하다, 기분을 상하게 하다　　　German 명 독일어

2295

haunt

[hɔːnt]

동 (유령 등이) 출몰하다,
~에 자주 드나들다,
(생각 따위가) ~에게 끊임없이
붙어 다니다, (오랫동안)
계속 문제가 되다[괴롭히다]

haunt를 자세히 보면 house, home과 형태가 비슷하지 않나요? 실제로 '집'을 뜻하는 단어에서 파생되었습니다. 그러다 집에 귀신이 자꾸 나온다는 말을 하면서 아예 '(유령 등이) 출몰하다'라는 의미를 갖게 되었지요. 이런 맥락에서 뜻이 확장되면서 haunt는 '~에게 끊임없이 붙어 다니다, 괴롭히다'라는 의미도 나타낼 수 있습니다.

1 The ghost haunted the old house for centuries.
유령은 수 세기 동안 그 오래된 집에 출몰했다.

2 The memory of her laughter haunted me for years.
그녀의 웃음소리에 대한 기억이 여러 해 동안 나를 괴롭혔다.

Plus + century 명 세기, 100년　　　　memory 명 기억
　　　　 laughter 명 웃음(소리)

2296

tax

[tæks]

명 세금

동 세금을 부과하다,
많은 부담을 지우다

tax는 정부나 공공기관에 의해 부과되는 '세금'을 의미합니다. 원래 '부과하다'라는 동사에서 출발했기 때문에 '세금을 부과하다, 많은 부담을 지우다'라는 뜻도 나타낼 수 있습니다. tax와 관련된 단어로는 taxation(과세), taxpayer(납세자) 등이 있습니다.

1   The government must tax the wealthy more.

정부는 부유층에 더 많은 세금을 부과해야 한다.

2   We need to file our tax return before the deadline.

우리는 마감일 전에 세금 신고서를 제출해야 한다.

Plus + the wealthy 부자들   file 동 (서류 등을) 제출하다
return 명 (정부 기관에 제출하는) 신고서   deadline 명 마감 일자

2297

spark

[spɑːrk]

명 불꽃, 활기[생기], 점화 장치

동 불꽃을 튀기다, 촉발시키다

spark는 '불꽃'을 의미하는 단어입니다. 원래는 자연에서 발생하는 불꽃만을 나타냈지만 시간이 흘러 기술이 발전함에 따라 '점화 장치'라는 뜻도 나타내게 되었습니다. 비유적으로는 '활기, 생기'를 뜻하기도 하며 동사로는 '불꽃을 튀기다' 또는 '촉발시키다'라는 의미를 나타냅니다.

1   The fireworks lit up the sky with sparks of various colors.

불꽃놀이가 다양한 색상의 불꽃으로 하늘을 밝혀 주었다.

2   The conversation sparked a lifelong friendship.

그 대화는 평생의 우정을 쌓는 계기가 되었다.

Plus + light up (빛, 색 등으로) 환하게 만들다[되다]   conversation 명 대화
lifelong 형 평생 동안의, 일생의   friendship 명 우정

2298

bible

['baɪbl]

명 성경(the Bible),
(어떤 분야의) 가장 중요한 책

bible은 원래 고대 그리스어로 '책'을 의미했습니다. 이후 라틴어를 통해 영어로 전해지면서 '성경'을 뜻하게 되었죠. 하긴 중세 유럽에서 유일무이하고 가장 중요한 책은 '성경'이었으니 이를 bible이라 불렀던 것은 당연해 보이긴 합니다.

1   Lily reads the Bible every night before bed.

Lily는 매일 밤 자기 전에 성경을 읽는다.

2   This book is considered the bible of English grammar.

이 책은 영어 문법에서 가장 중요한 책으로 여겨진다.

Plus + consider A (as) B (~을 …로) 여기다

2299

leak

[liːk]

동 새다, (비밀 등이) 누설되다

명 새는 구멍[곳], 누출

leak은 동사로는 '새다'라는 뜻을 나타내고 명사로는 '새는 곳'이나 '누출'을 의미합니다. 그 외에도 맥락에 따라 다양한 의미를 나타낼 수 있습니다. 예를 들어 water leak(누수)처럼 앞에 새는 대상에 해당하는 단어가 오는 경우가 많습니다. 비유적으로는 '(비밀 등이) 누설되다'라는 뜻을 나타내기도 합니다.

1 Mary didn't mean to leak the information.
Mary는 정보를 유출하려 한 것이 아니었다.

2 The old pipe has a leak.
오래된 파이프에 새는 곳이 있다.

Plus + mean 동 ~을 의도하다　　　　　pipe 명 관, 파이프

2300

column

[ˈkɑːləm]

명 기둥[원주],
(신문 등의) 정기 기고란,
세로줄[열]

column은 예로부터 '기둥'을 가리켰습니다. 우리는 보통 신문이나 잡지에 실리는 '칼럼'이라는 말로 이 단어를 많이 접하고 있는데, 이는 신문이나 잡지에 칼럼이 세로 방향으로 배열되었던 전통에서 유래했습니다. 그래서 오늘날 clumn은 '기둥' 외에 '세로줄[열]'과 같은 새로운 뜻도 갖게 되었습니다.

1 The building is supported by large stone columns.
그 건물은 큰 돌기둥으로 지탱되어 있다.

2 Owen writes a weekly column for the local newspaper.
Owen은 현지 신문에 주간 칼럼을 쓴다.

Plus + support 동 (넘어지지 않도록) 받치다　　　weekly 형 주간의

2301

frustration

[frʌˈstreɪʃn]

명 좌절(감), 낙담, 욕구 불만

frustration의 의미는 우리말의 '답답함'에 가장 가깝습니다. 이를 어떤 맥락에 쓰는지에 따라 '좌절감, 낙담, 욕구 불만' 등으로 표현할 수 있지요. 기본적으로 목표나 욕구를 충족하지 못할 때 발생하는 감정 상태를 나타낸다고 보시면 됩니다.

1 After ruining the presentation, Jim couldn't stand the frustration.
발표를 망친 후에 Jim은 좌절감을 견딜 수가 없었다.

2 Daniel protested the result in frustration.
Daniel은 결과에 낙담하며 이의를 제기했다.

Plus + ruin 동 망치다　　　　　　　　　　stand 동 견디다
protest 동 이의를 제기하다, 항의하다

2302

assign

[əˈsaɪn]

동 할당[배당]하다,
임명[선임]하다,
(사람을) 배치하다, 양도하다

assign을 자세히 보면 sign이 포함되어 있습니다. '표시하다'라는 뜻의 sign 앞에 a가 붙어 '~에게 어떠한 일을 하라고 명령하다'라는 뜻의 assign이 되었습니다. 누군가에게 어떤 일을 하라고 말과 행동으로 어떻게든 표시하는 뉘앙스이지요. 따라서 assign은 맥락에 따라 '할당하다, 임명하다' 등의 뜻으로 쓰입니다.

1 The hotel assigned us the wrong room.

호텔에서 우리에게 방을 잘못 배정하였다.

2 Emily was assigned the task of organizing the conference.

Emily는 회의를 준비하는 임무를 맡았다.

Plus + organize 동 (어떤 일을) 준비하다　　　conference 명 회의

2303

daily

[ˈdeɪli]

형 매일의, 나날의,
하루 작업[업무]량의

부 매일[일일]

daily는 day(날)에 -ly가 결합한 단어입니다. -ly로 끝나는 단어는 보통 부사로 쓰이지만, 옛 영어에는 형용사도 이런 형태였다고 하네요. 그래서 daily는 형용사로 '매일의, 나날의'를 의미하고, 부사로는 '매일'이라는 뜻을 나타내게 되었습니다.

1 Drinking tea every morning is a part of her daily routine.

매일 아침 차를 마시는 것은 그녀의 일상생활의 일부다.

2 Josh exercises daily to keep fit.

Josh는 건강을 유지하기 위해 매일 운동한다.

Plus + part 명 일부, 부분　　　routine 명 일상
fit 형 좋은 건강 상태인

2304

darling

[ˈdɑːrlɪŋ]

명 사랑스러운 사람[자기]

형 가장 사랑하는, 갈망하는

darling은 주로 애정을 표현하는 명사로 '사랑하는 사람, 사랑스러운 사람'을 뜻합니다. 일반적으로 연인이나 부부 사이에 애칭으로 많이 쓰이지요. 형용사로는 '매우 좋아하는, 사랑하는'을 의미합니다. 예를 들어 darling child라고 하면 '사랑하는 아이'라는 뜻이 됩니다.

1 I missed you so much, darling.

당신이 너무 보고 싶었어요, 여보.

2 Kate is the darling of the fashion world.

Kate는 패션계의 사랑받는 스타다.

Plus + miss 동 그리워하다

2305

consequence

[ˈkɑːnsəkwəns]

명 결과, 귀결, 중요성[중대함]

consequence는 주로 어떤 행동이나 사건이 일어난 후에 발생하는 '결과'를 뜻하는 명사입니다. 맥락에 따라 '결과, 귀결' 등의 의미로 쓰이지요. 무엇을 의도했든 '결과'가 중요하다는 논리에 의해 '중요성, 중대함'이라는 뜻도 나타내게 되었습니다.

1 Your decision is going to have significant consequences.

당신의 결정은 중대한 결과를 초래할 것이다.

2 Elena didn't consider the consequences of her actions.

Elena는 그녀의 행동이 초래할 결과를 고려하지 않았다.

Plus + significant 형 중요한, 커다란   consider 동 고려하다
action 명 행동

2306

chunk

[tʃʌŋk]

명 (두툼한) 덩어리, 상당한 양[액수]

동 덩어리로 자르다[만들다]

chunk는 '덩어리'라는 뜻을 나타냅니다. 영어권에서 땅콩버터를 사러 가면 보통 chunky와 creamy 두 종류의 상품이 있습니다. chunky는 땅콩이 씹히는 제품이고 creamy는 그렇지 않은 것을 가리킵니다. 한편 chunk의 '덩어리'라는 뜻이 확장되어 '상당한 양, 액수'를 의미하기도 하고, 동사로는 '덩어리로 자르다'라는 뜻을 나타냅니다.

1 Aaron cut the bread into large chunks.

Aaron은 빵을 큰 덩어리로 잘랐다.

2 She spent a chunk of her savings on her new car.

그녀는 저축한 돈의 상당 부분을 새 차를 사는 데 썼다.

Plus + spend 동 (돈을) 쓰다   savings 명 저축한 돈, 예금

2307

quilt

[kwɪlt]

명 퀼트[누비이불, 침대보]

동 누비이불[침대보]을 만들다, (속을 넣고) 누비다

quilt는 원래 '베개' 등을 뜻하는 단어였습니다. 그런데 옛날에는 베개를 만들 때 주로 속에 솜을 넣고 천으로 감싸는 누빔으로 만들다 보니 '누비이불, 침대보' 등도 뜻하게 되었습니다. 그래서 quilt는 동사로는 '누비이불[침대보]을 만들다, 누비다'라는 의미를 나타냅니다.

1 Mike covered the bed with a colorful quilt.

Mike는 알록달록한 누비이불로 침대를 덮었다.

2 I learned to quilt from my grandmother.

나는 할머니께 퀼트(누비이불 만드는 것)를 배웠다.

Plus + cover 동 덮다

2308

astonish

[əˈstɑːnɪʃ]

통 (깜짝) 놀라게 하다

astonish는 '(깜짝) 놀라게 하다'라는 뜻을 가진 동사입니다. 보통 정도가 아니라 아주 깜짝 놀라게 하는 것을 의미합니다. 그도 그럴 것이 원래 astonish는 '번개로 기절시키다'라는 뜻이었습니다. 정말 예상치 못한 일이 발생했을 때 사용해야겠죠?

1 His performance in the final astonished everyone.
결승전에서 그의 활약은 모두를 놀라게 했다.

2 The view from the top of the mountain astonished them.
산 정상에서의 전망은 그들을 감탄하게 했다.

Plus + performance 명 성과, 성취   final 명 결승전

2309

excellent

[ˈeksələnt]

형 훌륭한[뛰어난], 탁월한

excellent는 주로 '훌륭한, 뛰어난, 탁월한'이라는 뜻을 나타내는 형용사입니다. 물건, 사람, 행위, 상황 등 다양한 맥락에 쓸 수 있습니다. 예를 들어 in excellent health라고 하면 '매우 건강한 상태'를 나타내며 '큰 진전을 보이다'는 make excellent progress라고 표현합니다.

1 Anthony has an excellent command of the English language.
Anthony는 영어 실력이 아주 뛰어나다.

2 This restaurant is known for its excellent service and food.
이 식당은 훌륭한 서비스와 음식으로 유명하다.

Plus + command 명 (특히 언어) 능력, 구사력   be known for ~로 유명하다

2310

gulp

[gʌlp]

통 꿀꺽꿀꺽 마시다[삼키다],
(분통 따위를) 삼키다,
(이야기 따위를) 맹신하다

명 꿀떡[꿀꺽꿀꺽] 마시기

gulp는 원래 음식이나 음료를 삼키는 소리를 묘사하는 의성어에서 유래하여 동사로는 '꿀꺽꿀꺽 삼키다'라는 뜻을 나타내고, 명사로는 그렇게 마시는 행위 자체를 나타냅니다. 그리고 꼭 음식을 먹는 행위뿐 아니라 놀라움이나 분노 따위를 삼키는 모습을 묘사할 수도 있습니다.

1 The wolf was gulping his saliva down outside the window.
늑대가 창밖에서 군침을 삼키고 있었다.

2 Henry was thirsty and gulped the juice down.
Henry는 목이 말라 주스를 꿀꺽꿀꺽 마셨다.

Plus + gulp down one's saliva 군침을 삼키다   thirsty 형 목이 마른

우리말에 맞게 빈칸에 알맞은 단어를 쓰세요.　　　　　　　　　(정답은 본문을 확인하세요.)

1　James denied all _____ for the accident.　　　James는 그 사고에 대한 모든 책임을 부인했다.

2　The stars _____ in the night sky.　　　별들이 밤하늘에서 반짝인다.

3　After hearing the bad news, Wendy's spirits _____.　　　안 좋은 소식을 듣고 나서 Wendy의 기분은 가라앉았다.

4　The _____ has gathered for Sunday Mass.　　　일요일 미사를 위해 신도들이 모였다.

5　Kate is conducting _____ on lung cancer.　　　Kate는 폐암에 관해 연구하고 있다.

6　In case of _____, break the glass with the hammer.　　　비상시에는 망치로 유리를 깨십시오.

7　We used a _____ to split the log.　　　우리는 그 통나무를 쪼개기 위해 쐐기를 사용했다.

8　The company always puts the _____'s needs first.　　　그 회사는 언제나 고객이 원하는 것을 가장 중시한다.

9　The fruit began to _____ after a few days.　　　과일들은 며칠이 지나자 부패하기 시작했다.

10　The soldiers were standing at _____ rest.　　　병사들이 행진 중 휴식을 취하고 있었다.

11　The government _____ a team to deal with emergencies.　　　정부는 비상 상황에 대처하기 위해 팀을 조직했다.

12　The teacher _____ the students for a quick tutorial.　　　선생님은 간단한 지도를 위해 급히 학생들을 끌어모았다.

13　Jake is a constant _____ in my journey.　　　Jake는 나의 여행에서 항상 함께하는 친구다.

14　Her _____ was to help, not offend.　　　그녀의 의도는 너를 화나게 하려는 것이 아니라 돕는 것이었다.

15　The ghost _____ the old house for centuries.　　　유령은 수 세기 동안 그 오래된 집에 출몰했다.

16　We need to file our _____ return before the deadline.　　　우리는 마감일 전에 세금 신고서를 제출해야 한다.

17　The conversation _____ a lifelong friendship.　　　그 대화는 평생의 우정을 쌓는 계기가 되었다.

18　Lily reads the _____ every night before bed.　　　Lily는 매일 밤 자기 전에 성경을 읽는다.

19　The old pipe has a _____.　　　오래된 파이프에 새는 곳이 있다.

20　The building is supported by large stone _____.　　　그 건물은 큰 돌기둥으로 지탱되어 있다.

21　Daniel protested with the result in _____.　　　Daniel은 결과에 낙담하며 이의를 제기했다.

22　The hotel _____ us the wrong room.　　　호텔에서 우리에게 방을 잘못 배정하였다.

23　Josh exercises _____ to keep fit.　　　Josh는 건강을 유지하기 위해 매일 운동한다.

24　I missed you so much, _____.　　　당신이 너무 보고 싶었어요, 여보.

25　Your decision is going to have significant _____.　　　당신의 결정은 중대한 결과를 초래할 것이다.

26　Aaron cut the bread into large _____.　　　Aaron은 빵을 큰 덩어리로 잘랐다.

27　Mike covered the bed with a colorful _____.　　　Mike는 알록달록한 누비이불로 침대를 덮었다.

28　His performance in the final _____ everyone.　　　결승전에서 그의 활약은 모두를 놀라게 했다.

29　Anthony has an _____ command of the English language.　　　Anthony는 영어 실력이 아주 뛰어나다.

30　The wolf was _____ his saliva down outside the window.　　　늑대가 창밖에서 군침을 삼키고 있었다.

Level 78

레벨별 단어 사용 빈도

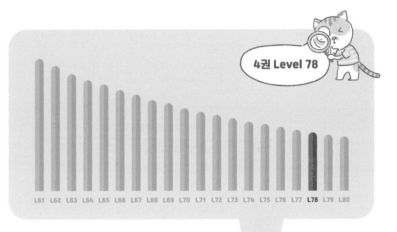

4권 Level 78

L61 L62 L63 L64 L65 L66 L67 L68 L69 L70 L71 L72 L73 L74 L75 L76 L77 **L78** L79 L80

LEVEL 1~20 LEVEL 21~40 LEVEL 41~60 **LEVEL 61~80** LEVEL 81~100

2311

squawk

[skwɔːk]

- 동 꽥꽥거리다, (꽥꽥거리듯이) 불평하다
- 명 꽥꽥거리는 소리, 큰 소리로 하는 불평

squawk은 주로 새가 날카롭게 꽥꽥거리는 것을 묘사하는 단어입니다. 상당히 높고 날카로운, 그래서 대체적으로 불쾌한 소리를 가리킵니다. 여기서 뜻이 파생되어 사람이 뭔가 크게 불만을 표시하거나 시끄럽게 불평할 때 squawk을 사용하기도 합니다.

1 The bird's squawk surprised everyone in the room.

새의 꽥꽥거리는 소리에 방 안에 있던 모두가 깜짝 놀랐다.

2 Claire squawked in surprise when she saw the bill.

Claire는 청구서를 보고 놀라서 큰 소리로 불평했다.

Plus + bill 명 청구서

2312

lightning

['laɪtnɪŋ]

- 명 번개, 예기치 못한 행운

lightning은 lighten(빛을 발하다)이라는 동사에서 파생된 명사입니다. 흔히 '번개'를 뜻하며 비유적으로는 '예기치 못한 행운'을 나타내기도 합니다. 하긴 번개나 행운이나 예기치 못하게 번쩍 찾아오는 것은 매한가지라는 생각이 드는군요.

1 Lightning lit up the dark sky.

번개가 어두운 하늘을 밝혔다.

2 The tree was struck by lightning and split in half.

그 나무는 번개를 맞고 반으로 쪼개졌다.

Plus + strike 동 (빛 따위가) 부딪치다, 닿다   split 동 쪼개다
in half 반으로

2313

rod

[rɑːd]

- 명 막대(기), 작은 가지, 회초리, 피뢰침

rod의 기본 의미는 '작은 가지'입니다. 과거에는 보통 자연 상태에 있는 '나뭇가지' 등을 의미했습니다. 그러다 시간이 지나면서 장작이나 인위적으로 만들어진 막대기까지 rod라고 지칭하게 되었습니다. 막대기를 어떻게 활용하는지에 따라 그 이름이 달라지겠죠? 그래서 맥락에 따라 '회초리'를 의미하기도 하고 '피뢰침'과 같은 특수한 장비를 뜻하기도 합니다.

1 Julian picked up a rod to defend himself.

Julian은 자신을 방어하기 위해 막대기를 집어 들었다.

2 Penelope used a rod to point at the map.

Penelope는 지도를 가리키려고 작은 가지를 사용했다.

Plus + defend 동 방어하다   point 동 가리키다

2314

pail

[peɪl]

명 양동이,
양동이 하나 가득한 양

pail은 주로 '양동이'를 의미합니다. 다른 단어들이 그렇듯이 pail도 시간이 지나면서 마치 양을 측정하는 하나의 단위처럼 '양동이 하나 가득한 양'이라는 뜻을 갖기 시작했습니다. 예를 들어, a pail of water라고 하면 '물 한 양동이'를 의미합니다.

1 Christian filled the pail with water.

Christian은 양동이에 물을 가득 채웠다.

2 Stella spilled a whole pail of water on the floor.

Stella는 바닥에 물 한 통을 통째로 쏟았다.

Plus + fill with ~으로 가득 채우다   spill 동 쏟다
whole 형 모든, 전부의   floor 명 바닥

2315

victory

['vɪktəri]

명 승리

victory는 원래 '이기다'라는 동사에서 파생된 단어로 '승리'를 뜻하는 명사입니다. 과거에는 주로 전쟁에서 승리하는 것을 뜻했지만, 오늘날은 어떤 경쟁에서 우위를 점하거나 경기 또는 논쟁 등에서 승리하는 경우에도 쓰일 수 있습니다.

1 Michael returned after winning a decisive victory in the battle.

Michael은 전투에서 결정적인 승리를 거두고 돌아왔다.

2 The taste of victory is always sweet.

승리의 맛은 늘 달콤하다.

Plus + decisive 형 결정적인   taste 명 맛

2316

pressure

['preʃə(r)]

명 압력, 압박, 기압
동 압력을 가하다

pressure는 press(누르다)라는 단어에서 파생된 단어입니다. 명사로는 '압력, 압박'을 뜻하지요. pressure는 물리적인 압력뿐만 아니라 정신적 스트레스를 의미하기도 합니다. 동사로는 '압력을 가하다'라는 뜻을 나타냅니다.

1 The pressure of the water at the bottom of the ocean is super high.

바다 밑바닥의 수압은 매우 높은 편이다.

2 Amy has been under a lot of pressure at work recently.

최근에 Amy는 직장에서 많은 압박을 받고 있다.

Plus + bottom 명 바닥   super 부 매우, 극도로
under pressure 압박감을 느끼는

2317

afford

[əˈfɔːrd]

图 ~할 여유가 있다,
~을 할 수 있다, 제공하다,
산출하다

afford는 주로 무언가 구매할 돈이 있거나 시간, 노력 등을 투자할 여유가 있는 경우에 쓰이는 동사입니다. 예를 들어 afford a car라고 하면 '차를 살 여유가 있다'라는 뜻이 되고, afford an opportunity는 '기회를 제공하다'라는 의미가 됩니다. 이처럼 afford는 물리적 개념과 추상적 개념 모두에 쓰일 수 있습니다.

1 I can't afford to buy a new car.

나는 새 차를 살 여유가 없다.

2 Harry can't afford to waste any more time.

Harry는 더 이상 시간 낭비할 여유가 없다.

Plus + waste 图 낭비하다

2318

pickle

[ˈpɪkl]

圆 피클, 난처한 입장, 개구쟁이,
미량

pickle은 주로 식초나 소금물에 절인 식품을 가리키는 명사입니다. 오늘날에는 이러한 의미에서 다소 특이한 의미들이 파생되었는데 무언가를 절이는 과정이 힘들고 복잡하며 한번 시작하면 돌이킬 수 없다는 관점에서 '난처한 입장' 같은 의미가 나오기도 했습니다. 예를 들어 in a pickle이라고 하면 '어려운, 곤란한 상황에 있는'이라는 뜻이 됩니다.

1 Lisa complained that she couldn't eat pizza without pickles.

Lisa는 피클 없이는 피자를 먹을 수 없다고 불평했다.

2 They are in a real pickle now.

그들은 이제 정말 난처한 상황에 처했다.

Plus + complain 图 불평하다

2319

victim

[ˈvɪktɪm]

圆 피해자, 희생자, 제물[희생물]

victim은 주로 불행한 상황이나 재해, 범죄 등에 희생당한 사람을 뜻하는 명사입니다. 원래 의미는 '희생물, 제물'이었는데, 이는 과거 종교 의식에서 제물로 무언가를 바치던 전통을 반영한 뜻입니다. 오늘날 victim은 주로 물리적, 정서적, 또는 재정적으로 피해를 입은 사람을 나타냅니다.

1 Nick was the victim of a brutal attack.

Nick은 잔혹한 공격의 피해자였다.

2 A lot of people fell victim to the hurricane.

많은 사람들이 허리케인의 희생자가 되었다.

Plus + brutal 图 잔혹한, 악랄한   attack 圆 공격
fall 图 (특정한 상태가) 되다

2320

blossom

['blɑːsəm]

명 꽃, 꽃이 만발함[전성기]

동 꽃이 피다, 번영[번창]하다

blossom은 대개 어떤 것이 성장하거나 번영하는 상황을 나타냅니다. 일반적으로는 꽃이 피는 것을 나타내지만, 비유적 맥락에서는 무언가 긍정적으로 발전하거나 성장하는 것을 의미하기도 합니다. 그래서 명사로는 '꽃, 꽃이 만발함'을 뜻하고 동사로는 '꽃이 피다, 번영하다'라는 뜻을 나타냅니다.

1 The magnolia tree was in full blossom.
목련 나무에 꽃이 만발했다.

2 His talent for painting blossomed at an early age.
그의 그림에 대한 재능은 어린 나이에 꽃이 피었다.

Plus + magnolia 명 목련　　　　　　in full blossom (꽃이) 만발하여
early 형 (보통보다) 이른, 아직 젊은

2321

wilderness

['wɪldərnəs]

명 황야[황무지, 광야, 미개지], 무수[다수], (자연 등의) 망망히 펼쳐진 것

wilderness는 개척되지 않은 자연환경을 가리킵니다. 즉, 사람의 손길이 닿지 않은 지역을 의미하지요. 우리말로 '황야, 황무지' 등으로 나타내는 경우가 많습니다. 보통 사람의 손길이 닿지 않는 야생의 동식물이 살아가는 곳이기 때문에 은유적으로 어떤 지역이나 상황이 어지럽고 혼란스러운 상태를 표현하기도 합니다.

1 Cindy survived for three weeks in the wilderness.
Cindy는 황야에서 3주 동안 살아남았다.

2 The boy scouts spent a night in the wilderness.
보이스카우트 대원들은 광야에서 하룻밤을 보냈다.

Plus + survive 동 살아남다

2322

via

['vaɪə]

전 ~을 경유하여, ~을 거쳐서, ~을 통해서

via는 원래 라틴어로 '도로, 길'을 뜻하는 단어입니다. 그러다 영어로 들어오면서 '~을 경유하여, 거쳐서, 통해서'라는 전치사로 쓰이게 되었습니다. 결국 어떤 '방법, 길'을 거친다는 말이니 의미는 일맥상통합니다.

1 Joe sent the file to you via email.
Joe는 이메일을 통해 파일을 보냈다.

2 When the fire broke out, people escaped via the emergency exit.
불이 나자 사람들은 비상구를 통해 탈출했다.

Plus + break out 발발[발생]하다　　　　escape 동 탈출하다
exit 명 출구

2323

knit

[nɪt]

knitted/knit - knitted/knit

동 (털실 등을) 짜다[뜨다],
접합[결합]하다,
(얼굴 등을) 주름지게 하다,
(계획, 사상 등을) 생각해 내다

knit는 주로 털실 등을 '짜다, 뜨다'라는 뜻을 나타내는 동사입니다. 추상적인 의미로는 사람과 사람 또는 생각과 생각을 연결하는 것을 나타내기도 하지요. 그 밖에도 실을 짜는 모습에서 착안하여 '(얼굴 등을) 주름지게 하다'나 무언가를 '생각해 내다'라는 뜻을 나타내기도 합니다.

1 Her grandmother taught Sue how to knit.
할머니는 Sue에게 뜨개질 하는 법을 가르쳐 주셨다.

2 Lincoln knits his brows in concentration.
Lincoln은 집중하느라 눈썹을 찌푸렸다.

Plus + brow 명 눈썹　　　　　concentration 명 집중

2324

refrigerator

[rɪˈfrɪdʒəreɪtə(r)]

명 냉장고, 냉각[냉동] 장치

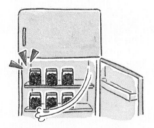

refrigerator는 '(음식 등을) 냉장하다, 냉동 보관하다'라는 뜻의 동사 refrigerate에서 파생된 명사로 '냉장고'를 뜻합니다. 사실 영어권에서는 fridge라는 줄임말을 주로 쓰는 편입니다. 그 외에 냉각이나 냉동 장치를 나타내기도 합니다.

1 The refrigerator was full of jam made by mom.
냉장고는 엄마가 만든 잼으로 가득 차 있었다.

2 The company manufactures refrigerators and other home appliances.
그 회사는 냉장고 및 다른 가정용 전자제품을 제조한다.

Plus + be full of ~이 가득하다　　　　manufacture 동 제조하다
appliance 명 전기 제품[기구]

2325

constant

[ˈkɑːnstənt]

형 끊임없는, 불변의[일정한],
확고한[흔들림이 없는]

명 (수학) 상수(常數)

constant는 주로 끊임없이 계속되거나 변치 않는 것을 나타냅니다. 무언가 일정하고 흔들림이 없는 상태를 의미하지요. 이것이 사람의 신념 등을 묘사하면 '확고한' 등의 뜻을 나타냅니다. 수학에서 constant는 값이 변하지 않고 항상 일정한 '상수'를 의미하기도 합니다.

1 My uncle was a constant source of support for me.
삼촌은 내게 변함없는 지지의 원천이었다.

2 In this equation, 'C' is a constant.
이 방정식에서 'C'는 상수다.

Plus + source 명 원천, 근원　　　　support 명 지지
equation 명 방정식

2326

regret

[rɪˈɡret]

통 후회하다,
섭섭하게[유감으로] 생각하다,
~을 가엾게[딱하게] 생각하다

명 유감

regret은 원래 '울음소리를 내다'라는 뜻에서 출발했습니다. 이러한 의미가 확장되어 '후회하다, 섭섭하게 생각하다'라는 뜻을 나타내게 되었지요. regret은 주로 과거의 행동이나 선택에 대한 부정적인 반응을 나타내기 때문에 명사로는 '유감'을 뜻하기도 합니다.

1 I really regret not studying harder for the exam.
나는 시험공부를 더 열심히 하지 않은 것을 정말로 후회한다.

2 Despite the difficulties, Jamie lived a life without regret.
역경에도 불구하고 Jamie는 후회 없는 삶을 살았다.

Plus + despite 전 ~에도 불구하고　　difficulty 명 어려움, 장애

2327

issue

[ˈɪʃuː]

명 쟁점, 사안, 발행

통 공표하다

issue는 '나가다'라는 뜻의 동사에서 파생되었습니다. 즉, 원래 상태에서 무언가 튀어 나가는 것을 의미하면서 '쟁점, 사안'과 같이 '문제'를 암시하는 뉘앙스를 띠게 되어 결국 오늘날의 뜻으로 정착되었습니다. 동사로는 '공표하다'를 뜻합니다.

1 Climate change is a critical issue that needs global attention.
기후 변화는 세계적인 관심이 필요한 중대한 문제다.

2 The institution issued a statement denying the allegations.
그 단체는 혐의를 부인하는 성명을 공표했다.

Plus + critical 형 중대한　　institution 명 단체
statement 명 성명　　allegation 명 혐의

2328

entry

[ˈentri]

명 입장[출입], 가입, 입구,
참가[출전]

entry는 주로 '입장, 출입' 등을 뜻하는 명사입니다. 물리적으로는 건물이나 방으로 들어가는 행동이나 위치를 나타내기도 하지만, 추상적으로 어떤 행사나 활동에 참가 또는 가입하는 것을 의미하기도 합니다.

1 There is no entry fee for this museum.
이 박물관에는 입장료가 없다.

2 The number of entries for the contest exceeded expectations.
그 경연에 참가한 사람들의 수는 예상을 뛰어넘었다.

Plus + fee 명 요금, 수수료　　the number of ~의 수
exceed 통 넘어서다　　expectation 명 예상

2329

vegetable

[ˈvedʒtəbl]

명 채소[야채], 무기력한 사람

형 식물의

vegetable은 생각보다 활동적인 단어입니다. 원래 '생명을 가진, 성장하는'이라는 뜻에서 파생되었기 때문입니다. 생각해 보면 식물은 늘 성장하고 있지요? 그래서 vegetable은 '채소, 야채'라는 뜻을 품게 되었습니다. 하지만 식물은 한 곳에 자리 잡으면 이동하지 않으므로 멈춰 있는 느낌도 줍니다. 그래서인지 '무기력한 사람' 등을 의미하기도 합니다.

1 Jake made a salad with vegetables grown by himself.
Jake는 직접 키운 채소로 샐러드를 만들었다.

2 I enjoy making a vegetable soup using fresh ingredients.
나는 신선한 재료를 사용하여 야채 수프를 만드는 것을 즐긴다.

Plus + by oneself 혼자, 도움을 받지 않고   ingredient 명 (특히 요리 등의) 재료

2330

pardon

[ˈpɑːrdn]

명 (죄인에 대한) 사면[특사], 용서

동 용서하다[눈감아 주다], 사면[특사]하다

pardon은 명사로 '용서, 사면'을 뜻하고, 동사로는 '용서하다, 눈감아 주다'라는 의미를 나타냅니다. 일상생활에서 Pardon?이라 말하면 제대로 듣지 못했으니 다시 말해 달라는 뜻이 되는데 원래는 '제가 못 들었는데 좀 눈감아 주세요.'라는 뜻을 내포한 표현입니다.

1 Kim was granted a pardon by the governor.
Kim은 주지사로부터 사면을 받았다.

2 I pardoned Ivy's rude behavior because she was under a lot of stress.
나는 Ivy가 스트레스를 많이 받았기 때문에 그녀의 무례한 행동을 눈감아 주었다.

Plus + grant 동 (탄원 따위를) 승낙하다   governor 명 주지사
behavior 명 행동

2331

pork

[pɔːrk]

명 돼지고기

pork는 원래 '돼지'를 뜻하는 프랑스어였습니다. 그러다 중세에 영어로 들어오면서 '돼지고기'만을 뜻하게 되었지요. 당시 영국이 프랑스의 지배를 받고 있었고, '돼지고기'는 프랑스어를 사용하는 귀족들이 먹었습니다. 그래서 일반 서민들이 키우는 '돼지(pig)'와 구분하여 pork는 '돼지고기'만을 의미하게 된 것으로 추정됩니다.

1 Leo decided to make pork steak for dinner.
Leo는 저녁 식사로 돼지고기 스테이크를 만들기로 결정했다.

2 Sophia cannot eat pork because of her religious beliefs.
Sophia는 종교적 신념 때문에 돼지고기를 먹을 수 없다.

Plus + religious 형 종교의   belief 명 신념, 믿음

2332

pure

[pjʊr]

형 순수한, 깨끗한, 순혈[순종]의, 순결한

pure는 일반적으로 혼합물이 없는, 단일 요소나 특성만을 가지고 있는 상태를 뜻합니다. 우리는 보통 이런 상태를 '순수하다'라고 하죠. 또한 물리적으로 '순수한, 깨끗한' 상태뿐 아니라 도덕적으로나 윤리적으로 '깨끗한' 것을 뜻하기도 합니다.

1 The ring is made of pure gold.

그 반지는 순금으로 만들어졌다.

2 Jake has a pure heart, helping others selflessly.

Jake는 순수한 마음을 가지고 있고, 다른 사람들을 사심없이 돕는다.

Plus + heart 명 마음　　　　　selflessly 부 사심없이

2333

soothe

[suːð]

동 달래다, 진정시키다, 완화하다, 만족시키다

soothe는 일반적으로 무언가 완화시키거나 진정시키는 행위를 의미하는 동사입니다. 통증과 같은 신체적인 불편함을 완화시키는 경우를 나타내는 것은 물론 감정적인 불안이나 스트레스를 줄이는 것도 soothe라고 표현할 수 있습니다.

1 Applying this ointment can soothe the pain.

이 연고를 바르면 통증을 완화시킬 수 있다.

2 Harry sang a lullaby to soothe the crying baby.

Harry는 우는 아기를 달래기 위해 자장가를 불렀다.

Plus + apply 동 (크림 등을) 바르다　　　ointment 명 연고
pain 명 통증, 고통　　　　　　　lullaby 명 자장가

2334

shaft

[ʃæft]

명 (망치, 도끼 등의) 손잡이, 화살대, (건축) 기둥 몸체, 수갱

shaft는 주로 어떤 물체의 긴 부분이나 중심부 또는 손잡이를 가리킵니다. 맥락에 따라 망치나 도끼의 '손잡이'를 가리키거나 '화살대'를 나타내기도 합니다. 이 밖에도 건물의 '기둥'이나 광산의 '수직 통로' 등을 뜻하기도 합니다.

1 The shaft of this hammer is made of wood.

이 망치의 손잡이는 나무로 만들어졌다.

2 The arrow's shaft is straight and long.

그 화살대는 곧고 길다.

Plus + be made of ~으로 만들어지다　　　straight 형 곧은, 똑바른

2335

department

[dɪˈpɑːrtmənt]

명 부서, 학과

department는 depart(나누다, 구분하다)라는 단어에서 파생했습니다. 보통 특정 기능이나 업무를 담당하는 조직, 또는 특정 학문 분야를 가르치는 대학의 한 부분을 department라고 표현합니다. 예를 들어 fire department라고 하면 '소방서'를 뜻하고, department of education은 '교육부'를 의미합니다.

1 I heard that there are several openings in the marketing department.

나는 마케팅 부서에 공석이 몇 자리 있다고 들었다.

2 Yuri is studying in the department of linguistics.

Yuri는 언어학과에서 공부하고 있다.

Plus + opening 명 (사람을 쓸 수 있는) 공석, 결원   linguistics 명 언어학

2336

deny

[dɪˈnaɪ]

동 부인[부정]하다, 거부하다

deny는 '부인하다, 거부하다'라는 뜻의 옛 프랑스어 *denoiir*에서 유래했습니다. 그래서 기본적으로 '부인하다, 거부하다'를 뜻합니다. 일반적으로 어떤 주장이나 이론, 사실 등을 인정하지 않는 경우에 쓰이며 특정한 요구나 요청 등을 거절하는 맥락에서도 쓰일 수 있습니다.

1 Ann denied the allegations made against her.

Ann은 자신에게 제기된 혐의를 부인했다.

2 The government denied Jack's access to the classified information.

정부는 Jack의 기밀 정보에 대한 접근을 거부했다.

Plus + allegation 명 혐의   access 명 접근
classified 형 기밀의

2337

responsible

[rɪˈspɑːnsəbl]

형 책임이 있는, 원인이 되는, 신뢰[신용]할 수 있는

responsible은 동사 response(응답하다)에서 파생되었습니다. 주로 '책임이 있는'이라는 의미를 나타냅니다. 생각해 보면 어떤 의무에 응답할 수 있는 사람이 그 일을 책임지고 있는 사람이겠죠? responsible은 맥락에 따라 '원인이 되는, 신뢰할 수 있는'이라는 뜻을 나타내기도 합니다. 결국 '응답하다'라는 기본 의미와 맥락에서 모두 파생된 셈입니다.

1 Jacob is responsible for the project's success.

Jacob은 이 프로젝트의 성공에 책임이 있다.

2 Drinking and driving is responsible for many car accidents.

음주 운전은 많은 자동차 사고의 원인이다.

Plus + drinking and driving 음주 운전

2338

worm

[wɜ:rm]

- 명 벌레, 유충
- 동 꿈틀꿈틀 나아가다,
  (비밀 따위를) 교묘히 캐내다

worm은 주로 '벌레'나 '유충'을 의미합니다. 지금은 뭔가 하찮은 것을 가리키는 느낌이 있지만 원래는 '용'이나 '뱀'을 의미했다고하니 단어의 신세가 많이 안 좋아졌군요. worm은 벌레나 유충의 움직임에 착안하여 '꿈틀꿈틀 나아가다' 또는 '비밀 따위를 교묘히 캐내다'라는 동사로 쓰이기도 합니다.

1 I was eating an apple and found a worm in it.
   나는 사과를 먹다가 그 안에 있는 벌레를 발견했다.

2 Jane wormed out the secret of the organization.
   Jane은 그 집단의 비밀을 교묘히 캐냈다.

Plus + worm out a secret 비밀을 캐다   organization 명 집단, 단체

2339

demon

['di:mən]

- 명 악마, 악마 같은 사람,
  (악마 같은) 재능을 가진 사람
- 형 악마의

demon은 참 역설적인 단어입니다. 원래 고대 그리스어에서 '신'을 의미했지만 유럽이 기독교화되면서 '악마'를 의미하게 되었습니다. 오늘날에는 악마나 악령 이외에도 누군가를 괴롭히거나 해치는 존재 전반을 나타냅니다. 때로는 악마같이 엄청난 능력이나 재능을 가진 사람을 가리키기도 합니다.

1 The girl was possessed by a demon.
   그 소녀는 악마에게 홀린 상태였다.

2 Ben plays tennis like a demon.
   Ben은 테니스를 귀신같이 잘 친다.

Plus + possess 동 사로잡다, 지배하다   play 동 (경기 등을) 하다

2340

nun

[nʌn]

- 명 수녀, 여승

nun은 기독교에서 종교에 헌신하는 생활을 선택한 여성을 의미합니다. 보통 우리말로는 '수녀'라고 하지요. nun은 원래 라틴어로 '할머니' 또는 '노부인'을 뜻했는데 무언가 수녀원의 성숙하고 지혜로운 분위기가 느껴지는군요.

1 Sarah became a nun and devoted her life to serving others.
   Sarah는 수녀가 되어 다른 사람들을 섬기는 데 평생을 바쳤다.

2 The nuns live in the convent and follow a strict routine.
   수녀들은 수도원에서 살며 엄격한 일과를 따른다.

Plus + devote A to B A를 B에 바치다, 헌납하다   serve 동 (사람을) 섬기다
convent 명 수녀원   strict 형 엄격한

우리말에 맞게 빈칸에 알맞은 단어를 쓰세요.　　　　　　(정답은 본문을 확인하세요.)

1　The bird's _____ surprised everyone in the room.　　　새의 꽥꽥거리는 소리에 방 안에 있던 모두가 깜짝 놀랐다.

2　_____ lit up the dark sky.　　　번개가 어두운 하늘을 밝혔다.

3　Julian picked up a _____ to defend himself.　　　Julian은 자신을 방어하기 위해 막대기를 집어 들었다.

4　Stella spilled a whole _____ of water on the floor.　　　Stella는 바닥에 물 한 통을 통째로 쏟았다.

5　The taste of _____ is always sweet.　　　승리의 맛은 늘 달콤하다.

6　Amy has been under a lot of _____ at work recently.　　　최근에 Amy는 직장에서 많은 압박을 받고 있다.

7　I can't _____ to buy a new car.　　　나는 새 차를 살 여유가 없다.

8　They are in a real _____ now.　　　그들은 이제 정말 난처한 상황에 처했다.

9　Nick was the _____ of a brutal attack.　　　Nick은 잔혹한 공격의 피해자였다.

10　The magnolia tree was in full _____.　　　목련 나무에 꽃이 만발했다.

11　Cindy survived for three weeks in the _____.　　　Cindy는 황야에서 3주 동안 살아남았다.

12　Joe sent the file to you _____ email.　　　Joe는 이메일을 통해 파일을 보냈다.

13　Her grandmother taught Sue how to _____.　　　할머니는 Sue에게 뜨개질 하는 법을 가르쳐 주셨다.

14　The _____ was full of jam made by mom.　　　냉장고는 엄마가 만든 잼으로 가득 차 있었다.

15　My uncle was a _____ source of support for me.　　　삼촌은 내게 변함없는 지지의 원천이었다.

16　I really _____ not studying harder for the exam.　　　나는 시험공부를 더 열심히 하지 않은 것을 정말로 후회한다.

17　The institution _____ a statement denying the allegations.　　　그 단체는 혐의를 부인하는 성명을 공표했다.

18　There is no _____ fee for this museum.　　　이 박물관에는 입장료가 없다.

19　Jake made a salad with _____ grown by himself.　　　Jake는 직접 키운 채소로 샐러드를 만들었다.

20　Kim was granted a pardon by the _____.　　　Kim은 주지사로부터 사면을 받았다.

21　Leo decided to make _____ steak for dinner.　　　Leo는 저녁 식사로 돼지고기 스테이크를 만들기로 결정했다.

22　The ring is made of _____ gold.　　　그 반지는 순금으로 만들어졌다.

23　Applying this ointment can _____ the pain.　　　이 연고를 바르면 통증을 완화시킬 수 있다.

24　The _____ of this hammer is made of wood.　　　이 망치의 손잡이는 나무로 만들어졌다.

25　Yuri is studying in the _____ of linguistics.　　　Yuri는 언어학과에서 공부하고 있다.

26　Ann _____ the allegations made against her.　　　Ann은 자신에게 제기된 혐의를 부인했다.

27　Drinking and driving is _____ for many car accidents.　　　음주 운전은 많은 자동차 사고의 원인이다.

28　I was eating an apple and found a _____ in it.　　　나는 사과를 먹다가 그 안에 있는 벌레를 발견했다.

29　The girl was possessed by a _____.　　　그 소녀는 악마에게 홀린 상태였다.

30　The _____ live in the convent and follow a strict routine.　　　수녀들은 수도원에서 살며 엄격한 일과를 따른다.

Level 79

레벨별 단어 사용 빈도

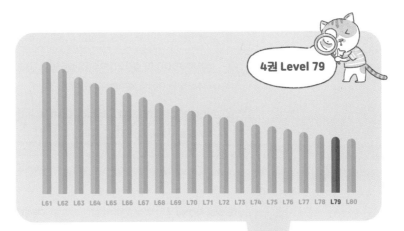

4권 Level 79

L61 L62 L63 L64 L65 L66 L67 L68 L69 L70 L71 L72 L73 L74 L75 L76 L77 L78 **L79** L80

LEVEL 1~20　　LEVEL 21~40　　LEVEL 41~60　　**LEVEL 61~80**　　LEVEL 81~100

2341

dot

[dɑːt]

명 점

동 점을 찍다, 점점이 산재시키다

dot은 일반적으로 작은 둥근 '점'을 의미합니다. 그래서 그림, 글자, 그래픽 등 다양한 매체에서 찾아볼 수 있는 모든 '점'을 다 나타낼 수 있습니다. dot은 동사로는 문서나 그림에 작은 점을 찍는 행위를 의미합니다.

1 A tiny purple dot marked the location of the city on the map.

작은 보라색 점이 지도에서 그 도시의 위치를 나타냈다.

2 There are lots of Korean restaurants dotted around New York.

뉴욕시 주변에는 많은 한국 식당들이 산재해 있다.

Plus + tiny 형 아주 작은   mark 동 나타내다, 표시하다
location 명 위치

2342

education

[ˌedʒʊˈkeɪʃn]

명 교육, 훈련

education은 '교육하다, 가르치다'라는 뜻의 동사 educate에서 파생된 명사입니다. 원래 의미는 '밖으로 끌어내다'로, 즉 개인이 가진 능력을 이끌어 내는 행위를 '교육'이라 본 것이죠. 새삼 진정한 교육이란 무엇인가 생각해 보게 되는군요.

1 Education is often considered the key to success.

교육은 종종 성공의 열쇠로 여겨진다.

2 Henry claims that education is a universal right.

Henry는 교육이 보편적인 권리라고 주장한다.

Plus + key 명 열쇠, (성공 등의) 비결   claim 동 (권리 등을) 주장하다
universal 형 보편적인   right 명 권리

2343

commence

[kəˈmens]

동 시작[개시, 착수]하다,
(영국) 학위를 받다

commence의 가장 보편적인 의미는 '시작하다'입니다. 주로 격식을 갖춰야 하는 상황에서 쓰는 단어입니다. 예를 들어 commence proceedings라고 하면 '법적 절차를 시작하다'라는 뜻이 됩니다. 영국에서는 '학위를 받다'를 뜻하기도 합니다. 아마도 학위를 받고 나서 진짜 사회생활이 시작되기 때문이 아닌가 하는 생각이 드네요.

1 The meeting is going to commence at 10 a.m.

그 회의는 오전 10시에 시작될 예정이다.

2 Nick commenced his speech with a quote from Shakespeare.

Nick은 셰익스피어의 인용구로 그의 연설을 시작했다.

Plus + speech 명 연설, 담화   quote 명 인용문[구]

2344

rack

[ræk]

명 받침대[선반],
고문대[형벌대],
(건물 따위의) 파괴[황폐]

rack은 일반적으로 '받침대, 지지대'를 의미합니다. 우리 주변에서 흔히 볼 수 있는 rack으로는 자전거를 매어 놓는 쇠기둥이 있습니다. 영어권에서는 주로 물건을 보관하거나 진열하기 위한 선반을 의미하지요. 끔찍하게도 rack은 '고문대' 등을 뜻하기도 합니다. 결국 물건 자체보다는 이를 어떻게 쓰는지가 중요한 것 같습니다.

1 Amy placed the dishes on the rack.
Amy는 접시들을 선반에 두었다.

2 In medieval times, this type of rack was a common form of torture.
중세 시대에는 이런 형태의 고문대가 일반적인 고문 수단이었다.

Plus + place 동 두다 medieval 형 중세의
common 형 흔한, 보통의 torture 명 고문

2345

sip

[sɪp]

동 (음료 등을) 찔끔찔끔 마시다, 핥다

명 (아주 적은 양의) 한 모금

sip은 주로 '찔끔찔끔 마시다'라는 뜻을 나타내는 동사입니다. 음료수를 조금씩, 천천히 마시는 모습을 표현하지요. 또한 명사로는 '한 모금'이라는 의미를 나타내기도 하는데 이럴 때는 a sip of라는 덩어리 표현으로 쓰입니다. 예를 들어 a sip of water라고 하면 '물 한 모금'이라는 뜻이 됩니다.

1 Emily sipped her coffee while reading the newspaper.
Emily는 신문을 읽으면서 커피를 홀짝홀짝 마셨다.

2 Jake sighed and took a sip of the hot tea.
Jake는 한숨을 쉬더니 뜨거운 차를 한 모금 마셨다.

Plus + while 접 ~하는 동안[사이] sigh 동 한숨을 쉬다
take 동 마시다, 먹다

2346

newly

['nu:li]

부 최근에, 요즈음, 새로이

newly는 '최근에, 요즈음, 새로이' 등의 뜻을 나타내는 부사입니다. new라는 형용사에 -ly가 붙은 형태이며 주로 형용사 앞에 쓰여 다양한 표현을 나타냅니다. 예를 들어 newly married라고 하면 '막 결혼한'이라는 의미가 되고, newly discovered라고 하면 '새롭게 발견된'이라는 뜻이 되는 식이지요.

1 This is a newly discovered species of fish.
이것은 최근에 발견된 물고기 종이다.

2 Kate was newly appointed as the CEO of the company.
Kate는 그 회사의 CEO로 새로 임명되었다.

Plus + discover 동 발견하다 species 명 종
appoint 동 임명하다

2347

range

[reɪndʒ]

명 범위, 사정거리, 산맥, 전자레인지

range는 원래 '행렬을 세우다'라는 뜻에서 유래하여 '(무언가를) 일렬로 나란히 놓다'라는 뜻을 나타냅니다. 그러다 보니 '범위, 사정거리'라는 뜻을 가진 명사로 의미가 확장되었습니다. 참고로 range는 '전자레인지'를 의미하기도 하는데, 이는 미국 영어에서만 볼 수 있는 특징입니다.

1 The missile has a range of 200 kilometers.
그 미사일의 사정거리는 200킬로미터다.

2 The Rocky Mountains range extends from Canada to New Mexico.
로키산맥의 범위는 캐나다에서 뉴멕시코까지 뻗어 있다.

Plus + missile 명 미사일　　　　extend 통 (특정 지역 또는 거리를) 포괄하다

2348

cuff

[kʌf]

명 (셔츠 등의) 소맷부리, 수갑, (혈압을 잴 때의) 가압대, (손바닥으로 살짝) 때림[침]

cuff는 옷의 '소맷부리'를 뜻하는 명사입니다. 그런데 보통 경찰이 범인에게 수갑을 채울 때 이 부분에 채우다 보니 아예 '수갑'이라는 뜻을 나타내게 되었습니다. 그 밖에도 혈압을 측정할 때 쓰이는 '가압대'를 의미하기도 하는데, 모두 옷의 '소맷부리'라는 하나의 뜻에서 파생한 셈입니다.

1 Sarah buttoned the cuff of her shirt.
Sarah는 셔츠의 소맷부리 단추를 잠갔다.

2 The police officers put the suspect in cuffs.
경찰관들이 용의자에게 수갑을 채웠다.

Plus + button 통 단추를 잠그다　　　　suspect 명 용의자

2349

sore

[sɔː(r)]

형 (염증 등이 생겨서) 아픈 [따가운], 상심한

명 (염증 등이 생겨서 빨갛게 된) 상처, (심리적) 고통

sore는 주로 물리적 통증이나 심리적인 고통을 나타냅니다. 형용사로 '아픈, 따가운' 정도의 뜻을 나타내고, 명사로는 '상처, 고통' 등의 의미를 나타낼 수 있습니다. 일반적으로 염증이 생겨서 느끼는 고통을 표현하는데, 예를 들어 목이 아프다고 말할 때는 I have a sore throat.이라고 할 수 있습니다.

1 Her muscles were sore from lifting weights.
그녀는 근력 운동으로 근육이 아팠다.

2 Mindy has a sore on her back from lying down too long.
Mindy는 너무 오래 누워있어서 허리에 염증이 생겼다..

Plus + muscle 명 근육　　　　lie down 누워 있다

2350

surge

[sɜːrdʒ]

통 급등[급증]하다,
(갑자기) 밀려오다,
(감정이) 끓어오르다

명 (감정이) 치밀어 오름
[온몸을 휩쌈]

surge는 원래 '물이 솟구치다'라는 뜻이었습니다. 이러한 의미에서 확장되어 '급등하다, 급증하다'라는 뜻을 나타내게 되었습니다. 주로 갑작스럽고 강렬한 변화나 움직임을 표현합니다. surge는 명사로는 무언가 치밀어 오르는 것을 나타내는데, 그것은 일반적인 움직임일 수도 있고 감정 상태가 될 수도 있습니다.

1 There has been a surge in demand for electric cars.
전기 자동차에 대한 수요가 급증했다.

2 Interest in the product surged after the TV commercial.
TV 광고 이후 그 제품에 대한 관심이 급증했다.

Plus + demand 명 수요
interest 명 관심

electric 형 전기의
commercial 명 (텔레비전 등의) 광고

2351

dime

[daɪm]

명 10센트 동전, 단돈 한 푼[닢]

dime은 미국의 화폐 단위인 '10센트 동전'을 뜻합니다. 그리고 액면가가 매우 낮은 것에서 '단돈 한 푼'이라는 비유적인 표현으로도 쓰이게 되었습니다. 예를 들어 영어권에서는 저렴한 상품을 주로 판매하는 상점을 dime store라 부르기도 합니다.

1 This book cost me just a dime.
이 책을 사는 데 단돈 10센트밖에 안 들었다.

2 Annie doesn't have a dime to her name.
Annie는 한 푼도 가진 것이 없었다.

Plus + cost 통 (값이나 비용이) 들다, ~이다   to one's name 자기 소유물[재산]로

2352

foster

['fɔːstə(r), 'fɑːstə(r)]

통 촉진하다, 육성[조성]하다,
마음에 품다,
(남의 아이를) 수양하다

foster는 주로 '촉진하다, 육성하다'라는 뜻을 나타내는 동사입니다. 기본 의미는 '배양하다, 키우다'에 가까운데, 대상에 따라 물리적, 추상적으로 모두 쓰입니다. 그래서 foster는 '마음에 품다' 또는 '(남의 아이를) 키우다'를 뜻하기도 합니다.

1 They fostered good relations with neighboring countries.
그들은 주변 국가들과 좋은 관계를 조성했다.

2 They decided to foster after realizing they couldn't have a baby.
그들은 아이를 가질 수 없다는 것을 깨닫고 입양을 결심했다.

Plus + relation 명 관계
realize 통 깨닫다

neighboring 형 인접한, 근처의

2353

scorpion

[ˈskɔːrpiən]

명 전갈, 전갈 같은 사람
[음흉한 사람], (역사) 투석기,
전갈 채찍

scorpion은 '전갈'을 의미하는 명사입니다. 그런데 전갈이 맹독을 지닌 동물이다 보니 비유적으로 무언가 부정적인 상징성을 가진 사람이나 물건, 상황을 지칭하기도 합니다. scorpion은 또한 '투석기'와 같은 중세의 무기를 가리킬 때 사용되기도 하는데, 이는 그 무기의 모습이 전갈을 닮았기 때문이라 추정합니다.

1 Some scorpions have a deadly poison in their tails.
어떤 전갈들은 꼬리에 치명적인 독을 가지고 있다.

2 Roman soldiers often used scorpions in their battles.
로마 군인들은 그들의 전투에서 종종 투석기를 사용했다.

Plus + deadly 형 치명적인   poison 명 독
battle 명 전투

2354

seal

[siːl]

동 봉인을 하다, 밀봉[밀폐]하다,
도장을 찍다

명 직인[도장]

seal은 원래 '아주 작은 표시'를 뜻했습니다. 옛날에는 중요한 문서를 봉인하거나 인증하는 데 이런 표시를 사용했습니다. 이후 이러한 의미가 확장되어 '봉인하다, 밀봉하다'라는 뜻을 가진 동사로도 쓰이게 되었습니다. seal은 명사로는 '직인, 도장'이라는 뜻이 됩니다.

1 Make sure to seal the envelope before mailing it.
우편으로 보내기 전에 반드시 봉투를 밀봉해 주십시오.

2 The king put his seal on the confidential document.
왕은 기밀문서에 도장을 찍었다.

Plus + envelope 명 봉투   mail 동 (우편으로) 보내다
confidential 형 기밀의   document 명 문서

2355

stain

[steɪn]

명 얼룩, 오점, 착색

동 얼룩지다

stain을 자세히 보면 어딘가 stone과 비슷하지 않나요? 실제로 옛날 사람들이 돌을 갈고 빻아서 색이나 얼룩을 만들어 내는 과정에서 stain이라는 단어가 생겨난 것으로 추정합니다. 또한 stain은 '얼룩, 오점, 착색' 등 다양한 의미로 쓰이며 물리적 얼룩뿐 아니라 은유적으로 누군가의 명예나 품위를 손상시키는 것을 나타내기도 합니다.

1 I spilled coffee and it left a stain on my shirt.
커피를 쏟아서 셔츠에 얼룩이 생겼다.

2 The scandal will be a stain on the politician's reputation.
그 추문은 그 정치인의 명성에 오점이 될 것이다.

Plus + spill 동 엎지르다, 쏟다   politician 명 정치인
reputation 명 명성, 평판

2356

indicate

[ˈɪndɪkeɪt]

동 나타내다, 가리키다,
은연중 나타내다, 시사하다

indicate는 기본적으로 '가리키다, 지시하다'라는 뜻을 나타내는 동사입니다. 물리적으로 어떤 물체나 사람 또는 위치를 가리킬 때도 indicate가 쓰이지만, 추상적으로 무언가를 '나타내다, 시사하다'라는 뜻을 표현할 때도 이 단어를 쓸 수 있습니다.

1 The data indicates a strong correlation between smoking and cancer.

이 데이터는 흡연과 암 사이에 강한 상관관계가 있음을 나타낸다.

2 Jane indicated her approval with a nod.

Jane은 고개를 끄덕이며 찬성 의사를 나타냈다.

Plus + correlation 명 상관관계   cancer 명 암
approval 명 찬성, 승인   nod 명 (고개를) 끄덕임

2357

insult

[ɪnˈsʌlt] [ˈɪnsʌlt]

동 모욕하다,
~에게 무례한 짓을 하다

명 모욕[무례]

insult는 원래 '도발하다, 공격하다'라는 말에서 유래했습니다. 예전에는 실제로 물리적인 공격을 가하는 것도 의미했지만 오늘날에는 감정적으로 '모욕하다'라는 뜻을 주로 나타냅니다. 즉, insult는 불쾌하거나 모욕적인 말이나 행동으로 인해 다른 사람의 기분을 나쁘게 하는 것 전반을 가리킵니다.

1 Timothy insulted Yumi by calling her a coward.

Timothy는 Yumi를 겁쟁이라고 비난하며 모욕했다.

2 I didn't mean to insult Ann at all.

나는 Ann을 모욕할 의도는 전혀 없었다.

Plus + coward 명 겁쟁이   mean 동 의도하다
(not) at all 전혀 (~이 아닌)

2358

behave

[bɪˈheɪv]

동 처신[행동]하다,
예의 바르게 행동하다,
작용하다[반응을 나타내다]

behave의 기본 의미는 '행동하다'입니다. 일회성 행동보다는 일반적으로 어떻게 행동하는지를 나타내지요. 그래서 behave는 '처신하다, 예의 바르게 행동하다' 등의 뜻으로 쓰입니다. 또한 '작용하다' 또는 '반응을 나타내다'라는 뜻도 있는데 주어진 상황에서 특정 방식으로 행동한다는 맥락에서 이 의미가 파생되었습니다.

1 Cooper always behaves politely at social events.

Cooper는 사교적인 모임에서 항상 예의 바르게 행동한다.

2 Paul and Mike have been told to behave themselves at the party.

Paul과 Mike는 파티에서 얌전히 있으라는 당부의 말을 들었다.

Plus + politely 부 예의 바르게   social 형 사교적인
behave oneself 예의 바르게 행동하다

2359

apprentice

[əˈprentɪs]

명 도제[견습생]

동 도제[견습생]로 삼다

apprentice는 '배우다'라는 뜻의 동사에서 유래했습니다. 원래 '배우는 사람' 전반을 의미했지만 시간이 지나면서 '특정 기술을 배우는 사람'을 뜻하게 되었습니다. 따라서 apprentice는 명사로 '도제, 견습생' 등을 의미하기도 합니다. 동사로는 '도제, 견습생으로 삼다'라는 뜻을 나타낼 수 있습니다.

1 Joe started her career as an apprentice in a small workshop.

Joe는 소규모 작업장에서 도제로서 경력을 시작했다.

2 Jack was apprenticed to a renowned chef to learn the culinary arts.

Jack은 요리를 배우기 위해 유명한 셰프의 견습생이 되었다.

Plus + renowned 형 유명한, 명성 있는   culinary arts 요리(법)

2360

capital

[ˈkæpɪtl]

명 (국가의) 수도, 자본, 대문자

형 자본의

capital은 원래 '머리'를 뜻하는 단어에서 유래했습니다. 그래서 한 국가의 '머리'나 다름없는 '수도'를 의미하게 되었고, 곧 모든 부의 근원인 '자본'도 뜻하게 되었습니다. 또한 보통 문장의 처음에 대문자가 온다는 점에서 '대문자'라는 의미까지 나타내게 되었습니다.

1 London is the capital of the United Kingdom.

런던은 영국의 수도다.

2 The company is seeking additional capital for its expansion.

그 회사는 확장하기 위해 추가 자본을 구하는 중이다.

Plus + seek 동 (필요한 것을 얻으려고) 구하다   additional 형 추가의

expansion 명 확장

2361

capable

[ˈkeɪpəbl]

형 ~을 할 수 있는, 유능한[능력 있는], 수용할 수 있는

capable은 원래 '잡을 수 있는'이라는 뜻에서 출발했습니다. 다시 말해 어떤 일을 '처리할 수 있는' 능력을 나타냈던 것이지요. 그래서 오늘날 capable은 '~을 할 수 있는, 유능한' 등의 뜻을 나타내는 형용사가 되었습니다. 또한 어떤 장소가 특정 인원을 '수용할 수 있는' 경우에도 capable을 쓸 수 있습니다.

1 Dylan is capable of finishing the job on his own.

Dylan은 혼자서도 그 일을 마칠 수 있는 능력이 있다.

2 This van is capable of reaching high speeds.

이 밴은 고속으로 달릴 수 있다.

Plus + be capable of ~할 수 있다   on one's own 혼자서

reach 동 (특정 속도 등에) 달하다

2362

dismiss

[dɪsˈmɪs]

통 해고하다, 해산시키다,
(생각 등을) 떨쳐 버리다,
묵살[일축]하다

dismiss는 주로 '해고하다, 해산시키다'라는 뜻을 나타내는 동사입니다. 보통 무언가를 '보내다'라는 뜻을 가진 단어들에 mit이 들어 있는 경우가 많죠? 대표적인 예가 '전송하다'라는 뜻의 transmit입니다. dismiss에도 철자는 조금 다르지만 mit이 녹아 있습니다. 보내긴 보내는데, '떠나보내다'라는 의미라고 생각하시면 쉬울 것 같네요.

1 I heard that our boss decided to dismiss the employee.

나는 대표님이 그 직원을 해고하기로 결정했다고 들었다.

2 The judges dismissed the case due to lack of evidence.

재판관들은 증거 부족으로 인해 그 사건을 기각했다.

Plus + judge 명 판사 　　　　　　　　 due to ~ 때문에
　　　　　lack 명 부족, 결핍 　　　　　　 evidence 명 증거

2363

clump

[klʌmp]

명 집단[덩어리], 숲,
(쿵 하는) 발걸음 소리,
일격[강타]

clump는 주로 '덩어리'나 '뭉치'를 뜻하는 명사입니다. 그리고 무언가 큰 덩어리나 뭉치가 움직이면 쿵쿵거리는 소리가 난다는 것에 착안하여 '(쿵 하는) 발걸음 소리' 등도 뜻하게 되었습니다. 그리고 이런 소리의 강력한 느낌에서 '일격, 강타'라는 뜻도 파생되었죠.

1 Jamie found a clump of hair in the shower drain.

Jamie는 샤워실 배수구 쪽에서 머리카락 뭉치를 발견했다.

2 They walked with a heavy clump.

그들은 쿵쿵거리며 걸었다.

Plus + drain 명 배수구

2364

statement

[ˈsteɪtmənt]

명 성명(서), 진술(서)

statement는 기본적으로 어떤 사실을 명확하게 나타내는 문장이나 표현을 의미합니다. 우리말로는 '성명, 주장, 선언' 등으로 나타낼 수 있죠. 개인이나 조직이 그들의 입장이나 사고를 표현하는 공식적인 방법 전반을 의미하는 단어라고 보시면 됩니다.

1 Maria made a statement to the press about the incident.

Maria는 그 사건에 대해 언론에 성명을 발표했다.

2 The witness gave his statement to the police.

목격자는 경찰에 진술했다.

Plus + press 명 언론 　　　　　　　　 incident 명 사건, 일
　　　　　witness 명 목격자

2365

nonsense

[ˈnɑːnsəns, ˈnɑːnsns]

명 허튼소리[난센스]

형 무의미한

nonsense는 non-과 sense가 결합한 단어로, 논리적으로 이해가 가지 않거나 상식에 어긋나는 내용을 가리키는 말입니다. 그래서 명사로 '허튼소리'라는 의미를 나타내기도 하고, 형용사로는 '무의미한, 가치 없을'을 뜻하기도 합니다. 흔히 터무니없는 말장난을 이용해 만든 퀴즈를 nonsense quiz라고 말하지요.

1 Stop talking nonsense and just get to the point.

쓸데없는 소리 그만하고 요점만 말해라.

2 Sam filled his diary with nonsense words and phrases.

Sam은 일기를 무의미한 단어와 문구로 가득 채웠다.

Plus + get to the point 요점을 언급하다　　　　fill with ~로 채우다
phrase 명 구, 구절

2366

lecture

[ˈlektʃə(r)]

명 강의, 강연, 설교, 잔소리

lecture는 원래 '읽기'라는 뜻에서 출발했습니다. 과거의 수업 방식은 대개 교사가 학생들에게 책을 읽어 주는 형태였기 때문에 lecture가 '강의, 강연'이라는 뜻을 갖게 되었습니다. 물론 좋은 내용만 전달하면 좋겠지만 lecture는 '설교'나 '잔소리'라는 뜻으로도 쓰입니다. 맥락에 따라 교육이 되기도 하도 스트레스가 되기도 하는군요.

1 The lecture was informative but absolutely boring.

그 강의는 유익하지만 정말 지루했다.

2 I took an interesting lecture on history last week.

나는 지난주에 역사에 대한 흥미로운 강의를 들었다.

Plus + informative 형 유익한　　　　history 명 역사

2367

wag

[wæg]

동 (개가 꼬리를) 흔든다,
(비난의 표시로 손가락이나
머리를) 흔든다

명 (꼬리 등을) 흔들기

wag는 주로 꼬리를 흔드는 동작을 묘사하는 동사입니다. 보통 개가 꼬리를 흔드는 경우에 이 단어를 쓰는데 사람에게 이 단어를 쓰면 비난의 표시로 손가락이나 머리를 흔드는 동작을 나타냅니다. 어떤 느낌인지 감이 오시나요? 명사로는 꼬리 등을 흔드는 동작 자체를 뜻합니다.

1 My dog wags its tail when I come home.

우리 개는 내가 집에 오면 꼬리를 흔든다.

2 Mark wagged his finger at me in disapproval.

Mark는 못마땅하다는 듯이 내게 손가락을 흔들었다.

Plus + disapproval 명 못마땅함, 반감

2368

political

[pəˈlɪtɪkl]

형 정치적인, 정당의, 정략적인

political은 아주 깊은 역사를 가지고 있습니다. 고대 그리스에는 시민들이 모여 사는 곳을 polis(폴리스)라고 했는데, 여기서 이 단어가 나왔습니다. political은 주로 '정치적인, 정당의' 등을 뜻합니다. 정당이나 정치와 직접적인 관련이 있을 때뿐만 아니라 어떤 개인이나 집단의 행동이 정치적 목적을 가질 때도 쓰입니다.

1 Riley is a political science major at university.
Riley는 대학에서 정치학을 전공하고 있다.

2 We are discussing the American political system.
우리는 미국의 정치 체제에 대해 토론하고 있다.

Plus+ major 명 전공, (특정 분야를) 전공하는 학생　　discuss 동 토론하다
system 명 체제

2369

stern

[stɜːrn]

형 엄중[근엄]한,
단호한[인정사정없는],
가차없는

명 (배의) 선미(船尾)

stern의 원래 의미는 배의 뒷부분, 즉 '선미'를 나타냈는데, 이러한 기본 의미에서 다양한 의미들이 파생된 것으로 추정됩니다. 형용사로는 '엄중한', '단호한'이라는 뜻으로 사람의 특성이나 행동의 특징을 기술할 때 쓰입니다. 때로는 '인정사정없는, 가차없는'이라는 냉혹한 느낌을 나타내기도 합니다.

1 Ann's stern face made me nervous.
Ann의 단호한 표정은 나를 불안하게 만들었다.

2 The captain is standing at the stern of the ship.
선장은 배의 선미에 서 있다.

Plus+ nervous 형 불안해하는　　captain 명 선장

2370

cram

[kræm]

동 (좁은 곳에) 쑤셔 넣다,
포식하다,
주입식으로 가르치다

cram은 기본적으로 아주 많은 양의 물건을 좁은 공간에 쑤셔 넣는 행위를 뜻합니다. 원래는 물리적으로 이렇게 채우는 행위만을 뜻했지만, 시간이 지나면서 정보를 강제로 주입시키는 것도 나타내게 되었습니다. 그래서 cram은 맥락에 따라 '쑤셔 넣다, 포식하다, 주입식으로 가르치다' 등 다양한 의미로 쓰입니다.

1 William crammed his suitcase with clothes.
William은 여행 가방에 옷을 가득 쑤셔 넣었다.

2 Nora crammed for her English test the night before.
Nora는 전날 밤에 영어 시험을 대비해서 벼락치기로 공부했다.

Plus+ suitcase 명 여행 가방　　cram for ~을 대비해서 벼락치기 공부를 하다

우리말에 맞게 빈칸에 알맞은 단어를 쓰세요.　　　　　　　(정답은 본문을 확인하세요.)

1　There are lots of Korean restaurants ＿＿＿＿＿ around New York.　뉴욕시 주변에는 많은 한국 식당들이 산재해 있다.

2　＿＿＿＿＿ is often considered the key to success.　교육은 종종 성공의 열쇠로 여겨진다.

3　Nick ＿＿＿＿＿ his speech with a quote from Shakespeare.　Nick은 셰익스피어의 인용구로 그의 연설을 시작했다.

4　Amy placed the dishes on the ＿＿＿＿＿.　Amy는 접시들을 선반에 두었다.

5　Emily ＿＿＿＿＿ her coffee while reading the newspaper.　Emily는 신문을 읽으면서 커피를 홀짝홀짝 마셨다.

6　This is a ＿＿＿＿＿ discovered species of fish.　이것은 최근에 발견된 물고기 종이다.

7　The missile has a ＿＿＿＿＿ of 200 kilometers.　그 미사일의 사정거리는 200킬로미터다.

8　Sarah buttoned the ＿＿＿＿＿ of her shirt.　Sarah는 셔츠의 소맷부리 단추를 잠갔다.

9　Her muscles were ＿＿＿＿＿ from lifting weights.　그녀는 근력 운동으로 근육이 아팠다.

10　There has been a ＿＿＿＿＿ in demand for electric cars.　전기 자동차에 대한 수요가 급증했다.

11　This book cost me just a ＿＿＿＿＿.　이 책을 사는 데 단돈 10센트밖에 안 들었다.

12　They ＿＿＿＿＿ relations with neighboring countries.　그들은 주변 국가들과 좋은 관계를 조성했다.

13　Some ＿＿＿＿＿ have a deadly poison in their tails.　어떤 전갈들은 꼬리에 치명적인 독을 가지고 있다.

14　Make sure to ＿＿＿＿＿ the envelope before mailing it.　우편으로 보내기 전에 반드시 봉투를 밀봉해 주십시오.

15　I spilled coffee and it left a ＿＿＿＿＿ my shirt.　커피를 쏟아서 셔츠에 얼룩이 생겼다.

16　Jane ＿＿＿＿＿ her approval with a nod.　Jane은 고개를 끄덕이며 찬성 의사를 나타냈다.

17　Timothy ＿＿＿＿＿ Yumi by calling her a coward.　Timothy는 Yumi를 겁쟁이라고 비난하며 모욕했다.

18　Cooper always ＿＿＿＿＿ politely at social events.　Cooper는 사교적인 모임에서 항상 예의 바르게 행동한다.

19　Joe started her career as an ＿＿＿＿＿ in a small workshop.　Joe는 소규모 작업장에서 도제로서 경력을 시작했다.

20　London is the ＿＿＿＿＿ of the United Kingdom.　런던은 영국의 수도다.

21　Dylan is ＿＿＿＿＿ of finishing the job on his own.　Dylan은 혼자서도 그 일을 마칠 수 있는 능력이 있다.

22　I heard that our boss decided to ＿＿＿＿＿ the employee.　나는 대표님이 그 직원을 해고하기로 결정했다고 들었다.

23　Jamie found a ＿＿＿＿＿ of hair in the shower drain.　Jamie는 샤워실 배수구 쪽에서 머리카락 뭉치를 발견했다.

24　Maria made a ＿＿＿＿＿ to the press about the incident.　Maria는 그 사건에 대해 언론에 성명을 발표했다.

25　Stop talking ＿＿＿＿＿ and just get to the point.　쓸데없는 소리 그만하고 요점만 말해라.

26　I took an interesting ＿＿＿＿＿ on history last week.　나는 지난주에 역사에 대한 흥미로운 강의를 들었다.

27　My dog ＿＿＿＿＿ its tail when I come home.　우리 개는 내가 집에 오면 꼬리를 흔든다.

28　Riley is a ＿＿＿＿＿ science major at university.　Riley는 대학에서 정치학을 전공하고 있다.

29　Ann's ＿＿＿＿＿ face made me nervous.　Ann의 단호한 표정은 나를 불안하게 만들었다.

30　William ＿＿＿＿＿ his suitcase with clothes.　William은 여행 가방에 옷을 가득 쑤셔 넣었다.

Level 80

레벨별 단어 사용 빈도

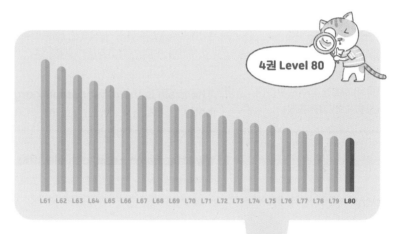

4권 Level 80

L61 L62 L63 L64 L65 L66 L67 L68 L69 L70 L71 L72 L73 L74 L75 L76 L77 L78 L79 **L80**

LEVEL 1~20 LEVEL 21~40 LEVEL 41~60 **LEVEL 61~80** LEVEL 81~100

2371

telegram

[ˈtelɪɡræm]

명 전보[전신]

telegram은 그리스어 *tele*(먼)와 *gram*(글씨)이 결합한 단어입니다. 즉, '멀리 글씨를 보내다'라는 뜻을 나타내는데, 19세기에 전신과 전보가 널리 사용되기 시작하면서 생긴 단어입니다. 과거에는 긴급한 정보를 전달하기 위해 주로 쓰였지만 오늘날에는 전화의 발명으로 인해 그 쓰임새가 많이 줄었다고 하네요.

1 In the past, people used telegrams to send messages.

과거에 사람들은 메시지를 보내기 위해 전보를 사용했다.

2 Jake announced his arrival by telegram to his family.

Jake는 가족에게 전보로 그의 도착을 알렸다.

Plus+ announce 동 알리다　　　　arrival 명 도착

2372

organ

[ˈɔːrɡən]

명 (인체 내의) 장기[기관],
　(악기) 오르간, 파이프 오르간,
　(정부 등의) 기관[조직]

organ은 정말 여러 뜻을 나타내는 단어입니다. 이는 모두 라틴어 *organum*에서 유래했는데 원래 의미는 '기구, 도구' 등이었습니다. 그러다 영어로 들어오면서 맥락에 따라 '(인체의) 장기, 오르간, (정부 등의) 기관'까지 나타내게 되었지요. 가만히 생각해 보면 모두 특정한 역할을 하는 기구나 도구라는 공통점이 있습니다.

1 The brain is the most complex organ in the human body.

뇌는 인체에서 가장 복잡한 장기다.

2 My little sister, Leah, can play the organ well.

내 여동생인 Leah는 오르간을 잘 연주할 수 있다.

Plus+ brain 명 뇌　　　　complex 형 복잡한

2373

upright

[ˈʌpraɪt]

형 똑바른[수직의, 직립의],
　(심성이) 곧은[올바른, 고결한]

명 똑바른 것, 직립[수직]

upright은 매우 직관적입니다. '위로'라는 뜻의 up과 '올바른'을 의미하는 right이 결합한 단어인데 우리가 위로 똑바로 앉은 자세를 떠올리시면 됩니다. 그래서 upright은 '똑바른, 수직의, 직립의' 등을 뜻하는 형용사로 많이 쓰이지요. 비유적인 맥락에서는 성격이나 행동이 '올바르다'는 의미를 나타내기도 합니다.

1 Mom told me to sit upright.

엄마는 내게 똑바로 앉으라고 말씀하셨다.

2 Luca was impressed by Ruby's upright conduct.

Luca는 Ruby의 고결한 행동에 감동했다.

Plus+ impress 동 감동을 주다　　　　conduct 명 행동

2374

parrot

[ˈpærət]

명 앵무새 (같은 사람)

동 (앵무새처럼) 뜻도 모르고 흉내 내다

parrot은 주로 '앵무새'를 의미합니다. 실제 앵무새뿐만 아니라 앵무새처럼 남의 말을 따라 하는 사람을 가리키기도 하지요. 그래서 parrot을 동사로 쓰면 '뜻도 모르고 흉내 내다'라는 뜻을 나타냅니다. parrot과 관련된 표현으로 play the parrot이 있는데, 이는 '남의 흉내를 내다'라는 의미입니다.

1 The parrot mimicked his speech.
앵무새는 그의 말을 흉내 냈다.

2 The kids simply parroted the teacher's words.
아이들은 단순히 선생님의 말을 앵무새처럼 되풀이했다.

Plus+ mimic 동 흉내 내다   speech 명 말, 구어(口語)
simply 부 단순히

2375

zoo

[zuː]

명 동물원

zoo는 '동물원'을 뜻하는 명사입니다. 사실 이 단어는 zoology(동물학)라는 단어를 줄인 것으로 더 정확하게는 zoological garden, 즉 '동물학적 정원'이라는 공식 명칭을 줄여서 만든 것입니다. 지금은 대부분의 사람들이 그냥 '동물원'이라는 뜻으로만 알고 있지요.

1 I'm planning to go to the zoo with my family this Friday.
나는 이번 주 금요일에 가족들과 동물원에 갈 계획이다.

2 Thomas petted and fed giraffes at the zoo.
Thomas는 동물원에서 기린을 쓰다듬고 먹이를 주었다.

Plus+ pet 동 (동물 등을) 쓰다듬다   feed 동 먹이를 주다
giraffe 명 기린

2376

odor

[ˈoʊdər]

명 (특히 불쾌한) 냄새,
기미[낌새], 평판[명성]

odor는 '냄새'를 뜻합니다. 냄새를 뜻하는 단어는 smell이나 scent도 있습니다. odor는 그중에서도 '불쾌한 냄새'를 나타냅니다. 그래서 비유적으로 '기미, 낌새'라는 뜻으로 쓰이거나 맥락에 따라 '평판, 명성' 등을 의미하기도 합니다.

1 The residents are worried about the noxious odor coming from the factory.
주민들은 그 공장에서 나오는 악취로 인해 걱정하고 있다.

2 The garbage can is putting out a strong odor.
그 쓰레기통에서는 심한 냄새가 난다.

Plus+ resident 명 주민   noxious 형 유해한
garbage 명 쓰레기

2377

friendship

['frendʃɪp]

명 우정[우애], 교우 관계, 우호[친선]

friendship은 friend와 -ship이 결합된 단어입니다. 원래 -ship은 '상태, 조건' 등을 나타내는 말입니다. 그래서 friendship은 '친구인 상태'라는 뜻에 가깝습니다. 우리는 이것을 '우정'이라고 부르죠. 주로 개인 간의 우정을 나타내지만, 국가 간 우호적인 관계를 나타낼 때도 friendship을 쓸 수 있습니다.

1 Their friendship began in high school and has lasted for over 20 years.

그들의 우정은 고등학교 때 시작되어 20년 넘게 계속되고 있다.

2 The friendship between the two nations is strong.

두 나라의 우호 관계는 강력하다.

Plus + last 통 (특정한 기간 동안) 계속되다   nation 명 국가

2378

temper

['tempə(r)]

명 기질, 기분, 화, 평정[침착]

temper는 라틴어로 '적절한 비율로 혼합하다'라는 뜻의 동사에서 유래했습니다. 즉, 감정이 평형 상태를 이루고 있는 것을 temper라고 합니다. 그런데 재미있게도 이러한 원래 의미에서 벗어나 오늘날에는 '화'라는 뜻까지 나타내게 되었습니다.

1 Helen has a good temper and always stays calm.

Helen은 성격이 좋고 항상 차분하다.

2 Joe's temper used to flare up at the slightest provocation.

Joe는 아주 사소한 일에도 화를 내곤 했다.

Plus + stay 통 (어떤 상태에) ~인 채로 있다   flare up 벌컥 화를 내다
slightest 형 최소의   provocation 명 화낼 이유, 자극

2379

fabric

['fæbrɪk]

명 천[직물], 구조[체제], 구조물

fabric은 주로 '천, 직물'을 나타내는 명사입니다. 원래는 무언가를 만드는 작업 자체를 의미했기 때문에 오늘날에도 '구조, 체제, 구조물'이라는 뜻이 남아 있습니다. 무언가를 만들어 내는 것이 '제작'이고 그 결과가 보통 '구조물'이 되는 셈이죠.

1 Michael bought some fabric to make a new table cloth.

Michael은 새 식탁보를 만들기 위해 천을 조금 샀다.

2 The fabric of society has been completely changed by the pandemic.

그 전염병으로 인해 사회의 구조가 완전히 바뀌었다.

Plus + cloth 명 (특정 용도의) 천   completely 부 완전히
pandemic 명 전국적인[전 세계적인] 전염병

2380

delivery

[dɪˈlɪvəri]

📖 배달, 인도[전달], 출산, 말솜씨[말투]

delivery는 de-(완전히)와 *liberare*(자유롭게 하다)가 결합한 단어로, 라틴어가 프랑스어를 통해 영어로 들어온 경우입니다. '자유롭게 하다, 해방시키다'라는 맥락에서 '배달, 전달, 출산'이라는 뜻의 공통점이 보이시나요? 또한 delivery는 '말솜씨, 말투'를 뜻하기도 합니다. 결국 말을 어떻게 '전달'하는지를 묘사하지요.

1 The delivery of the package has been delayed due to bad weather.
좋지 못한 날씨 때문에 상품 배달이 지연되고 있다.

2 Jenny has been in the delivery room for twelve hours.
Jenny는 12시간 동안 분만실에 있었다.

Plus+ delay 통 지연시키다　　　　　　　　　due to ~ 때문에
delivery room (병원의) 분만실

2381

comrade

[ˈkɑːmræd]

📖 동무[동지], 동료[벗]

comrade는 '동료, 벗'을 나타냅니다. 원래는 '같은 방을 나누는 사람'이라는 뜻이었습니다. 그렇게 생각하니 뭔가 '동지'라는 말이 잘 와닿죠? comrade는 정치적 맥락에서는 국가나 조직의 일원을 가리키는 표현으로 쓰이는데 특히 공산주의 국가에서 '동지, 동무'를 뜻합니다.

1 They fought together as comrades.
그들은 동지로서 함께 싸웠다.

2 Harry lost his best comrade in the battle and wailed.
Harry는 전쟁에서 절친한 전우를 잃고 울부짖었다.

Plus+ fight 통 싸우다　　　　　　　　　lose 통 ~을 잃다
wail 통 (슬픔 등으로) 울부짖다

2382

shrimp

[ʃrɪmp]

📖 새우, (경멸적으로) 왜소한 사람

통 작은 새우를 잡다

shrimp는 원래 '좁은, 얇은'이라는 뜻을 나타냈는데, 새우의 생김새가 이와 비슷하여 결국 '새우'를 뜻하게 되었다고 해요. '새우'를 뜻하는 비슷한 단어로는 prawn도 있으니 함께 알아 두셔도 좋겠습니다. 그 밖에도 '왜소한 사람'이라는 뜻도 있는데 다소 비아냥거리는 뉘앙스를 나타냅니다.

1 I'm allergic to shrimp, so I can't eat this salad.
나는 새우 알레르기가 있어서 이 샐러드를 먹을 수 없다.

2 The crew left early in the morning to go shrimping.
선원들은 아침 일찍 새우잡이를 하러 떠났다.

Plus+ allergic to ~에 대해 알레르기가 있는　　　　　　　crew 명 선원

2383

garbage

[ˈɡɑːrbɪdʒ]

명 쓰레기

garbage는 일반적으로 '쓰레기'를 뜻하는 명사입니다. 원래는 중세 시대에 '내장'을 뜻하던 단어였는데, 당시에는 내장은 먹을 수 없는, 한마디로 쓸모 없는 부분이었기 때문에 '쓰레기'라는 뜻으로 발전하게 되었습니다.

1 Please take out the garbage when you leave.

나갈 때 쓰레기를 버려 주십시오.

2 The stray cats were rummaging through the garbage.

길고양이들이 쓰레기를 뒤지고 있었다.

Plus+ take out 가지고 나가다   stray 형 길잃은, 방황하는
rummage through ~을 샅샅이 뒤지다

2384

missile

[ˈmɪsl]

명 날아가는 무기, 유도탄, 미사일

형 발사할 수 있는

missile은 '보내다'라는 뜻의 동사에서 유래한 단어로 원래는 '비행하는 물체'를 뜻했습니다. 그러다 '발사된 물체'를 나타내게 되었지요. 오늘날에는 특히 군사적 맥락에서 조종 가능한 폭탄이나 로켓을 뜻합니다. 형용사로는 '발사할 수 있는' 정도의 의미를 나타내지요.

1 The country is developing advanced missile technology.

그 나라는 첨단 미사일 기술을 개발하고 있다.

2 The missile seems to have been launched from a remote location.

그 미사일은 멀리 떨어진 장소에서 발사된 것으로 보인다.

Plus+ advanced 형 첨단의   launch 동 발사하다
remote 형 멀리 떨어진   location 명 장소

2385

chuckle

[ˈtʃʌkl]

동 (빙그레, 쿡쿡) 웃다, (닭이) 꼬꼬 울다, 만족해하다

명 (빙그레, 쿡쿡) 웃기

chuckle은 사람이 '쿡쿡쿡' 하고 웃는 소리를 묘사한 의성어로 출발했습니다. 사람이 웃는 소리는 다 비슷한가 봅니다. 오늘날 chuckle은 '쿡쿡 웃다'라는 동사로도 쓰이고 그런 웃음을 나타내는 명사로도 쓰입니다. 또한 닭이 꼬꼬 울어대는 소리를 묘사하기도 합니다.

1 Mary chuckled softly at the joke.

Mary는 그 농담에 부드럽게 빙그레 웃었다.

2 I could hear Tim chuckling in the next room.

나는 옆방에서 Tim이 쿡쿡 웃는 소리를 들을 수 있었다.

Plus+ softly 부 부드럽게   joke 명 농담

2386

gin

[dʒɪn]

뗑 진(호밀 등으로 만든 증류주), 조면기(목화씨를 분리하는 기계)

gin은 두 가지 주요 의미를 가지고 있습니다. 첫 번째로 주로 호밀과 보리를 이용하여 만든 증류주를 가리킵니다. 두 번째로는 초기 산업혁명 시대에 발명된 목화 씨앗을 분리하는 데 사용되는 기계를 지칭합니다. 다만 이 두 의미는 서로 다른 유래를 가지고 있어서 연관성은 없는 것으로 추정합니다.

1 Ethan ordered a gin and tonic.

Ethan은 진 토닉을 주문했다.

2 The invention of the cotton gin truly revolutionized the cotton industry.

목화 조면기의 발명은 목화 산업에 진정한 혁명을 일으켰다.

Plus + order 통 주문하다   cotton 명 목화
revolutionize 통 대변혁[혁신]을 일으키다   industry 명 산업

2387

dire

[daɪə(r)]

뗑 대단히 심각한, 무서운, 무시무시한, 지독한

dire는 주로 매우 심각하거나 우려스러운 상황을 설명하는 형용사입니다. 대개 위험, 위기, 또는 아주 심각한 결과에 대해 경고하는 뉘앙스를 가지고 있습니다. 원래 '끔찍한, 흉조의'라는 뜻에서 유래했다고 하니 얼마나 불길한 단어인지 감이 오시죠?

1 The company is actually in dire financial straits.

그 회사는 실제로 심각한 자금난에 처해 있다.

2 There will be dire consequences for the failure of the project.

그 프로젝트를 실패하면 무시무시한 결과가 있을 것이다.

Plus + financial 형 재정의   strait 명 (특히 경제적인) 곤경
consequence 명 결과   failure 명 실패

2388

shave

[ʃeɪv]

뗑 면도하다, 깎다[낮추다], (어음 등을) 대폭 할인하여 사다

shave는 원래 '깎다'라는 뜻이었습니다. 꼭 수염뿐만이 아니라 무엇이든 깎는 행위를 나타냈습니다. 그러다 시간이 지나며 점점 '면도하다'라는 뜻으로 의미가 좁아졌지요. 하지만 원래 의미가 이어져서 무언가를 깎거나 낮추는 행위를 나타낼 때도 쓰입니다.

1 Jack shaves his face every morning.

Jack은 매일 아침 그의 얼굴을 면도한다.

2 The bank has finally decided to shave the interest rates.

은행이 마침내 이자율을 낮추기로 결정했다.

Plus + interest 명 이자   rate 명 비율, 율

2389 ☐☐

basin

['beɪsn]

명 양푼[대야],
웅덩이[작은 연못],
(배의) 정박지[계류장],
(지리) 분지

basin은 주로 '양푼'이나 '대야'와 같이 물 등을 담는 데 사용되는 넓고 깊은 용기를 뜻하는 명사입니다. 원래는 '깊이'를 뜻하는 단어였습니다. 그래서인지 지금도 더 넓은 의미에서는 '웅덩이, 연못'을 비롯하여 '배의 정박지'나 지리학적인 '분지'를 뜻하기도 합니다.

1 **Tony filled the basin with warm water.**
Tony는 대야에 따뜻한 물을 채웠다.

2 **My hometown is a village located in a small basin surrounded by mountains.**
내 고향은 산으로 둘러싸인 작은 분지에 위치한 마을이다.

Plus + hometown 명 고향　　　　village 명 마을
locate 동 (~에) 위치시키다, 두다　　surround 동 둘러싸다

2390 ☐☐

pad

[pæd]

명 패드[덧대는 것],
(동물의) 발바닥 살,
(한 장씩 떼어 쓰는) 종이 철

동 패드[보호대]를 대다

pad는 매우 다양한 뜻을 가진 단어입니다. 원래는 동물의 발바닥 살을 뜻했습니다. 오늘날에는 일반적으로 무언가를 부드럽게 하거나 보호하기 위해 덧대는 물건도 의미합니다. 이 같은 뜻은 동물의 발바닥 살이 부드러운 점에서 파생된 것이라고 하네요.

1 **I need to buy a new mouse pad for the computer.**
나는 컴퓨터용 마우스 패드를 새로 사야 한다.

2 **Thomas padded the crib for his baby.**
Thomas는 아기를 위해 유아용 침대에 패드를 댔다.

Plus + crib 명 유아용 침대

2391 ☐☐

scissors

['sɪzərz]

명 가위

scissors는 '가위'를 뜻하는 명사로 '자르다'를 뜻하는 단어에서 유래했습니다. 가위가 두 개의 날로 이루어져 있기 때문에 scissors는 늘 복수 형태로 쓰입니다. 따라서 '가위 한 자루'라고 하려면 a pair of scissors라고 해야 합니다.

1 **Max cut the rope with scissors.**
Max는 가위로 밧줄을 잘랐다.

2 **Could you hand me the scissors, please?**
가위 좀 넘겨주시겠습니까?

Plus + rope 명 밧줄　　　　hand 동 건네주다

Level 80

2392 extraordinary

[ɪkˈstrɔːrdəneri]

형 기이한, 비범한, 비상한, 임시의

extraordinary는 extra(밖에)와 ordinary(평범한)가 결합한 단어입니다. 즉, 평범함에서 벗어난 상태를 나타내지요. 맥락에 따라 '기이한, 비범한, 비상한' 등으로 표현됩니다. 또한 extraordinary는 '임시의'라는 뜻을 나타내기도 하는데, 이 또한 일상적인 상황에서 벗어나 있음을 나타낸다고 볼 수 있습니다.

1 Ann's ability to remember facts is extraordinary.

사실을 기억하는 Ann의 능력은 비범하다.

2 The city's real estate market experienced an extraordinary boom.

그 도시의 부동산 시장은 엄청난 호황을 경험했다.

Plus+ ability 명 능력   real estate 부동산
boom 명 호황

2393 similar

[ˈsɪmələ(r)]

형 비슷한, 닮은, 동류[동종]의

similar는 '비슷한, 닮은, 동류의' 등을 의미하는 형용사입니다. 어떤 대상이나 사건이 다른 대상이나 사건과 같거나 비슷한 특징을 가지고 있는 경우를 나타내지요. 보통 similar to라는 표현을 활용하여 '~와 비슷한'이라는 의미를 나타냅니다.

1 These items all look similar to each other.

이 제품들은 모두 서로 비슷하게 생겼다.

2 Sam and I have similar taste in music.

Sam과 나는 음악에 대한 취향이 비슷하다.

Plus+ each other 서로   taste 명 취향, 기호

2394 crumb

[krʌm]

명 (빵 등의) 부스러기[조각], 조금[약간], 빵의 속, (곤충) 이

crumb은 원래 '가루' 또는 '작은 부분'을 의미하는 단어였는데, 그러다 시간이 지나면서 점점 '(빵 등의) 부스러기'를 뜻하게 되었고 이것이 오늘날 crumb의 주요 의미가 되었습니다. 하지만 여전히 crumb은 어떤 것의 아주 작은 부분을 나타내는 말로도 쓰입니다.

1 Cindy dropped a crumb of bread on the floor.

Cindy가 바닥에 빵 부스러기를 떨어뜨렸다.

2 Eric didn't leave a crumb of information for us.

Eric은 우리에게 조금의 정보도 남기지 않았다.

Plus+ drop 동 떨어뜨리다   floor 명 바닥
leave 동 남기다

2395

firm
[fɜːrm]

- 형 단단한[딱딱한], 확고한, 단호한
- 명 회사

firm은 원래 '강한'이라는 뜻의 고대 프랑스어 *ferm*에서 유래했습니다. 이후 비유적으로 '확고한, 단호한'이라는 의미도 나타내게 되었지요. 18세기에 들어서는 의미가 더욱 확장되어 '회사'라는 뜻의 명사로도 쓰이게 되었습니다. 예를 들어, a well-established firm이라고 하면 '자리를 확실히 잡은 회사'를 뜻하지요.

1 The mattress was too firm to sleep on.
그 매트리스는 너무 딱딱해서 잠을 잘 수 없었다.

2 Jack joined the firm right after graduation.
Jack은 졸업 후 바로 회사에 입사했다.

Plus+ too ~ to ... 너무 ~해서 …할 수 없다　　　　　join 통 입사하다
graduation 명 졸업

2396

reputation
[ˌrepjuˈteɪʃn]

- 명 평판, 명성

reputation은 원래 '고려하다, 회상하다, 기억하다'라는 말에서 출발했습니다. 그러다 시간이 지나 사람들이 어떤 대상이나 사물을 어떻게 생각하는지를 나타내게 되면서 자연스럽게 '평판, 명성'이라는 뜻을 갖게 되었습니다. 흔히 '명망 있는 사람'을 a man of reputation이라고 하지요.

1 The cafe has a terrible reputation due to its poor service.
그 카페는 형편없는 서비스때문에 평판이 좋지 않다.

2 Smith was looking for a chance to restore his reputation.
Smith는 그의 명성을 되찾을 기회를 노리고 있었다.

Plus+ due to ~때문에　　　　　look for ~를 찾다
restore 통 (지위 등을) 되찾게 하다

2397

limp
[lɪmp]

- 동 다리를 절뚝거리다[절다], 느리게 진행되다[진척이 잘 되지 않다]
- 명 절뚝거림
- 형 흐느적거리는[흐물흐물한]

limp는 원래 '불안하게 걷다'라는 뜻이었다고 합니다. 그러다 점차 다양한 의미가 파생되어 단순히 사람이 불안하게 절뚝거리며 걷는 것뿐이 아니라 어떤 일이나 사건이 잘 진행되지 않는, 즉 진척이 잘되지 않는 상태를 나타내게 되었습니다. 또한 형용사로는 무언가 흐느적거리거나 흐물흐물한 느낌을 표현하기도 합니다.

1 Stella limped away with a broken leg.
Stella는 다리가 부러져 절뚝거리며 걸어갔다.

2 The project has been limping along for years.
그 프로젝트는 수년간 진척이 없이 느리게 진행되고 있다.

Plus+ broken 형 부러진　　　　　for years 수년간

2398

fireplace

['faɪərpleɪs]

몡 벽난로

fireplace는 fire(불)와 place(장소)가 결합된 단어로 불을 피울 수 있는 장소를 의미합니다. 아주 옛날부터 불을 피우는 장소라는 뜻으로 쓰였고 지금까지 그 의미를 유지하고 있습니다. 그래서 오늘날에는 주로 '벽난로'를 가리키는 단어로 쓰입니다. 예를 들어, kindle a fire in a fireplace라고 하면 '벽난로에 불을 피우다'라는 뜻이 되지요.

1 The living room has a large stone fireplace.

거실에는 돌로 만든 큰 벽난로가 있다.

2 Noah was sitting by the fireplace, reading a book.

Noah는 책을 읽으며 벽난로 옆에 앉아 있었다.

Plus+ sit by ~ 옆에[곁에] 앉다

2399

sprint

[sprɪnt]

통 (단거리를) 전력 질주하다

몡 단거리 경주,
(결승점이나 골 직전에서의)
전력 질주

sprint는 원래부터 '빠르게 달리다'라는 의미를 나타냈습니다. 그러다 19세기에 들어서면서 스포츠에서 사용되는 단어로 변모하게 되었고, '(단거리를) 전력 질주하다'라는 뜻으로 의미가 좁아졌습니다. sprint는 명사로는 '단거리 경주'나 '전력 질주' 등을 의미합니다. 그래서 a 100-meter sprint라고 하면 '100미터 단거리 경주'를, the sprint relay는 '단거리 계주'를 의미합니다.

1 Lisa had to sprint to catch the bus.

Lisa는 버스를 타기 위해 전력 질주해야 했다.

2 Alex won the 100-meter sprint.

Alex는 100미터 단거리 경주에서 우승했다.

Plus+ catch 통 (버스 등을 시간 맞춰) 타다

2400

blaze

[bleɪz]

몡 불꽃[화염], 섬광,
(감정 따위의) 폭발[격앙],
화려함[눈부심]

blaze는 원래 '밝게 빛나다'라는 뜻을 나타내던 단어입니다. 그러다 시간이 지나면서 점점 '강렬한 불꽃'이나 '눈부신 빛'을 의미하게 되었지요. 비유적으로는 '(감정의) 폭발' 등을 나타내기도 합니다. 흔히 불같이 화를 내는 행동을 blaze up이라고 표현합니다.

1 The blaze could be seen from miles away.

그 불길은 수 마일 떨어진 곳에서도 볼 수 있었다.

2 The blaze of the flash blinded us for a moment.

번쩍이는 섬광으로 인해 우리는 잠시 앞이 안 보였다.

Plus+ flash 몡 번쩍임, 섬광   blind 통 (잠시) 앞이 안 보이게 만들다

우리말에 맞게 빈칸에 알맞은 단어를 쓰세요.   (정답은 본문을 확인하세요.)

1   In the past, people used _____ to send messages.   과거에 사람들은 메시지를 보내기 위해 전보를 사용했다.

2   The brain is the most complex _____ in the human body.   뇌는 인체에서 가장 복잡한 장기다.

3   Mom told me to sit _____.   엄마는 내게 똑바로 앉으라고 말씀하셨다.

4   The _____ mimicked his speech.   앵무새는 그의 말을 흉내 냈다.

5   Thomas petted and fed giraffes at the _____.   Thomas는 동물원에서 기린을 쓰다듬고 먹이를 주었다.

6   The garbage can is putting out a strong _____.   그 쓰레기통에서는 심한 냄새가 난다.

7   The _____ between the two nations is strong.   두 나라의 우호 관계는 강력하다.

8   Helen has a good _____ and always stays calm.   Helen은 성격이 좋고 항상 차분하다.

9   Michael bought some _____ to make a new table cloth.   Michael은 새 식탁보를 만들기 위해 천을 조금 샀다.

10 Jenny has been in the _____ room for twelve hours.   Jenny는 12시간 동안 분만실에 있었다.

11 Harry lost his best _____ in the battle and wailed.   Harry는 전쟁에서 절친한 전우를 잃고 울부짖었다.

12 I'm allergic to _____, so I can't eat this salad.   나는 새우 알레르기가 있어서 이 샐러드를 먹을 수 없다.

13 Please take out the _____ when you leave.   나갈 때 쓰레기를 버려 주십시오.

14 The country is developing advanced _____ technology.   그 나라는 첨단 미사일 기술을 개발하고 있다.

15 I could hear Tim _____ in the next room.   나는 옆방에서 Tim이 쿡쿡 웃는 소리를 들을 수 있었다.

16 Ethan ordered a _____ and tonic.   Ethan은 진 토닉을 주문했다.

17 The company is actually in _____ financial straits.   그 회사는 실제로 심각한 자금난에 처해 있다.

18 Jack _____ his face every morning.   Jack은 매일 아침 면도를 한다.

19 Tony filled the _____ with warm water.   Tony는 대야에 따뜻한 물을 채웠다.

20 I need to buy a new mouse _____ for the computer.   나는 컴퓨터용 마우스 패드를 새로 사야 한다.

21 Could you hand me the _____, please?   가위 좀 넘겨주시겠습니까?

22 Ann's ability to remember facts is _____.   사실을 기억하는 Ann의 능력은 비범하다.

23 These items all look _____ to each other.   이 제품들은 모두 서로 비슷하게 생겼다.

24 Cindy dropped a _____ of bread on the floor.   Cindy가 바닥에 빵 부스러기를 떨어뜨렸다.

25 The mattress was too _____ to sleep on.   그 매트리스는 너무 딱딱해서 잠을 잘 수 없었다.

26 The cafe has a terrible _____ due to its poor service.   그 카페는 형편없는 서비스때문에 평판이 좋지 않다.

27 Stella _____ away with a broken leg.   Stella는 다리가 부러져 절뚝거리며 걸어갔다.

28 The living room has a large stone _____.   거실에는 돌로 만든 큰 벽난로가 있다.

29 Lisa had to _____ to catch the bus.   Lisa는 버스를 타기 위해 전력 질주해야 했다.

30 The _____ could be seen from miles away.   그 불길은 수 마일 떨어진 곳에서도 볼 수 있었다.

Index

영어독립
VOCA 3000 ④